JN098040

ビジネス能力検定ジョブパス　実施要項

■試験の変更

2013年から「ビジネス能力検定試験」が「ジョブパス」に変わりました。

■受験要項

① 実施方式

1級はCBT方式

2，3級はCBT方式またはペーパー方式

※ペーパー方式は会場団体のみ。

② 受験資格

どなたでも受験できます。

③ 試験時間

実施級	試験時間
1級	CBT方式90分間
2級	CBT方式90分間 または　ペーパー方式 13：00〜14：30（90分間）
3級	CBT方式60分間 または　ペーパー方式 10：30〜11：30（60分間）

※ 試験は各級とも前期と後期の年2回あります。試験日は実施方式などでそれぞれ異なるので，公式ホームページ等でご確認ください（右記「■問合せ」参照）。

④ 受験料

1級：8,500円　2級：4,200円　3級：3,000円

■合格基準

原則として1級は60%，2級は65%，3級は70%以上の得点をもって合格とします。

■出題形式と配点

1　級：記述入力方式，配点100点

2　級：多肢選択方式，配点100点

3　級：多肢選択方式，配点100点

■電卓の使用について

1級の試験では電卓を使用することができます。

ただし，下記の機種については，使用できません。

〈使用を認めない電卓〉

1．電池式（太陽電池を含む）以外の電卓

2．文字表示領域が複数行ある電卓（計算状態表示の一行は含まない）

3．プログラムを組み込む機能がある電卓

4．電卓が主たる機能ではないもの
＊パソコン，携帯電話，PHS，電子手帳，電子メモ，電子辞書，翻訳機能付き電卓，音声応答のある電卓，電卓付き腕時計等

5．その他試験監督者が不適切と認めるもの

※　2級，3級は使用不可

■合格証書類の発行

合 格 証：合格者に合格証（カード）が自動的に無料で交付されます。

合格証書：希望者には合格証書（A4判）を発行します。（発行手数料1,100円/税・送料込み）

合格証明書：就職や単位認定等のために，検定の合格を証明する必要に応じて発行します。（発行手数料600円/税・送料込み）

■出願方法

個人で出願する場合は，インターネット（下記URL）からの受付。

■問合せ

(一財)職業教育・キャリア教育財団　検定試験センター

TEL：03-5275-6336

https://bken.sgec.or.jp/

文部科学省 後援

B検 | **JOb pass** ビジネス能力検定 B検 ジョブパス

要点と演習

ビジネス能力検定

【ジョブパス】

3級

business manners / communication
teamwork / active listening
speech / management
cash flow / filing / internet
computer network
etc.

実教出版

※本書掲載の新聞記事は，日本経済新聞社の許諾を得て掲載されたものであり，無断で複写・転載を禁じます。

◆まえがき◆

　文部科学省後援のビジネス能力検定（B検）ジョブパス3級は，社会人としての常識やマナー，ビジネスに関する基礎的な知識などを学習することによって，企業の求める人材を育成することを目指しています。

　これから社会人になろうとする学生にとって，学生生活と企業での生活とのちがいはどういったことなのか，今後求められる知識や技術がどのようなものなのかを知ることは，大変重要なことです。3級では，自らの職業観や勤労観といった概念の形成を前提に，ビジネス常識および，基本的なコミュニケーションの情報活用など，将来，職業人として適応するために身につけておくべき知識を評価します。

　折しも日本の経済界は，いゆわるバブル経済の崩壊とともに大変な不況に見舞われ，業務の見直しや合理化が多く見られるようになりました。社員の採用にあたっても，即戦力となる人材を厳選していくという傾向が見られ，学生の就職活動は非常に厳しい状況におかれています。

　本書により，こうした社会状況のなかで生きていくための広い視野と問題解決能力を養い，検定合格の栄冠を得て社会人としての第一歩を踏みだされることを期待しています。

●構成と特色

1．学習と問題演習がこの1冊でできる

　各章とも「要点」と「演習」で構成。テキストと問題集を1冊にまとめました。授業にも自学自習にも最適です。

2．ビジュアルで，わかりやすい学習の「要点」

　「要点」では，図や表を多用し内容をビジュアル化。キーワード・エピソードは「コラム」で簡潔にまとめ，わかりやすさを出しました。

3．「演習」による学習内容の定着とくわしい「アドバイス」

　「演習」では，穴埋め問題のほか，実戦形式の択一問題までを網羅。多くの問題を解くことにより，学習内容の定着をはかれるようにしました。「アドバイス」（側注段）を同時に読むことによって，より深い内容まで習得することができます。

4．巻末に「模擬試験問題」を掲載

　巻末には，実際の検定問題の出題形式・出題数にそった「模擬試験問題」を掲載。総合的な演習が行えるようにしました。

5．時事問題・用語解説・英略語・解答（別冊）などの「付録」つき

　新聞記事を読む姿勢や情報収集の技術など実践的な能力を養えるよう，巻末に時事問題や時事用語・英略語などを「付録」としてまとめました。別冊に演習，模擬試験問題の解答ものせました。

第**1**編 ビジネスマナーと コミュニケーションの基本

1 キャリアと仕事へのアプローチ

▌社会人として充実した仕事生活を送るために，大切なことは何か，考えてみよう。
▌将来の目標のために現在の生活を考えてみよう。

1 キャリアとは仕事へのアプローチ

▶▶ キャリアとは何か

キャリア形成		
	❶生き方	→ これから自分が何をして生きていくか，社会に対して何ができるか，何をやって自分が社会から認められるかを決めるもの。
	❷可能性	→ 真剣に取り組めば，自分の能力を限りなく伸ばし，力を発揮することができる。
	❸経済基盤	→ 自分と家族の生活を経済的に支えてくれる重要なもの。
	❹生きがい	→ 自分の生活の一部，生きがいになる。仕事と個人の生活が相互に充実することで，初めて豊かな生活を創り出せる。

2 将来の自分・数年先の自分

▶▶ 将来の仕事について考えてみよう。

仕事を考える		
	❶何をしたいか	→ 自分が何をやりたいか，自分にとって大切なものは何かを考える。
	❷適性と意義	→ その仕事は自分に向いているかの判断をする。たとえ向いていなくても，その仕事の社会的意義があればその仕事を選ぶ価値がある。
	❸具体的な研究	→ その仕事の内容を具体的に研究し，必要な技術や能力を身につける努力をする。
	❹インターンシップの活用	→ 在学中に自分の専攻や将来の進路と関連した就業体験をする制度があれば積極的に活用する。

▶▶ 将来の仕事を選択するというのはどういうことだろうか。

仕事・職場・会社の選択		
	❶仕事につく	→ 仕事につくのは，単に会社を選ぶことではない。何の仕事をするかを選ぶこと。
	❷時代への対応	→ 変化のはげしい社会では，一生同じ会社で働くとは限らない。
	❸スキルアップ	→ たとえ会社を離れても，仕事を通じて培った能力や経験を生かして働ける能力を身につける。能力と機会があれば，独立して会社を起こす（起業）ことも可能になる。

▶▶ 企業の雇用制度は大きく変化している。

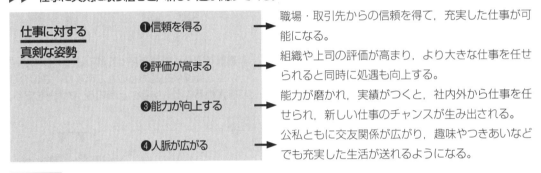

雇用制度の変化	❶職種別採用	→	採用してから配属先を決めるのではなく，配属する職種に必要な力を持った人を採用する。
	❷通年採用	→	4月の一括採用ではなく，企業が求める能力を持った人を，年間を通じて採用する。
	❸仕事採用	→	一生その会社に勤める「終身雇用」を前提にした「会社」採用から「仕事」採用に。
	❹契約雇用	→	特定の目的，期間での業務達成を前提に，契約雇用制度が広がり，給与形態も，実績による年間給与（年俸制）が広がっている。

3 仕事への取り組み方

▶▶ 仕事に真剣に取り組むと，新しい道が開けてくる。

仕事に対する真剣な姿勢	❶信頼を得る	→	職場・取引先からの信頼を得て，充実した仕事が可能になる。
	❷評価が高まる	→	組織や上司の評価が高まり，より大きな仕事を任せられると同時に処遇も向上する。
	❸能力が向上する	→	能力が磨かれ，実績がつくと，社内外から仕事を任せられ，新しい仕事のチャンスが生み出される。
	❹人脈が広がる	→	公私ともに交友関係が広がり，趣味やつきあいなどでも充実した生活が送れるようになる。

4 仕事には責任がともなう

▶▶ 組織（チーム）の構成メンバーである自覚を持って仕事に取り組もう。

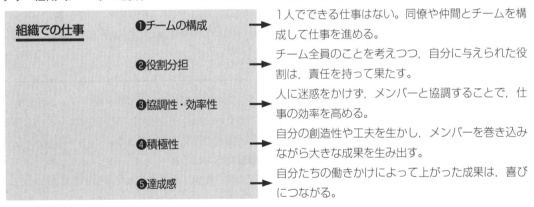

組織での仕事	❶チームの構成	→	1人でできる仕事はない。同僚や仲間とチームを構成して仕事を進める。
	❷役割分担	→	チーム全員のことを考えつつ，自分に与えられた役割は，責任を持って果たす。
	❸協調性・効率性	→	人に迷惑をかけず，メンバーと協調することで，仕事の効率を高める。
	❹積極性	→	自分の創造性や工夫を生かし，メンバーを巻き込みながら大きな成果を生み出す。
	❺達成感	→	自分たちの働きかけによって上がった成果は，喜びにつながる。

▶▶ 仕事での「達成」にはどのようなことが要求されるだろうか。

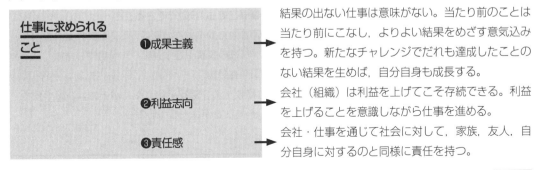

仕事に求められること	❶成果主義	→	結果の出ない仕事は意味がない。当たり前のことは当たり前にこなし，よりよい結果をめざす意気込みを持つ。新たなチャレンジでだれも達成したことのない結果を生めば，自分自身も成長する。
	❷利益志向	→	会社（組織）は利益を上げてこそ存続できる。利益を上げることを意識しながら仕事を進める。
	❸責任感	→	会社・仕事を通じて社会に対して，家族，友人，自分自身に対するのと同様に責任を持つ。

5　仕事とストレス

▶▶ 健康管理は，社会人としての責任を果たすために重要である。

健康管理		
❶健康診断	→	定期的に健康診断を受ける。
❷十分な睡眠	→	0時前には眠るように心がける。
❸規則正しい食生活	→	バランスのよい食事をとり，お酒は適量を。
❹適度な運動	→	歩くこと，体を動かすことはストレス解消にもなる。
❺ストレス解消	→	いつまでもくよくよせず，前向きな姿勢を持つ。

睡眠

酒

アルコール濃度比較

ウィスキー　ワイン　しょうちゅう

3〜5%　15.5〜17%　37〜43%　　12〜14%　20〜45%

適量を守り，節度を持って飲むようにする。酒席は人間関係を深めることもあるが，逆にひびを入れることもあることを知り，マナーを守る。

運動

●エスカレーター，エレベーターだけでなく，階段も使う

●すぐ車に乗らずに，歩く

●いい汗流そう

成年年齢は18歳

　民法の一部改正により，2022年4月1日から成年年齢が18歳に引き下げられた。高校生でも，成年となる。

●可能になること

①クレジットカードやキャッシング，携帯電話の"契約"が自分の意思で可能になる。

②親の同意を得ずに結婚ができる年齢が男女とも18歳。

③10年有効のパスポートの取得ができる。

④公認会計士や司法書士などの国家資格にもとづく職業につくことができる（合格が条件）。

⑤性別の取り扱いの変更審判を受けることができる。

⑥外国人の帰化申請ができる。

●変わらないこと

①飲酒，喫煙，公営ギャンブルなどはできない。

②年金の支払いは20歳から。（働いている場合は年齢加減なし）

●現在でも18歳でできること

①普通自動車免許の取得　　②国民投票の投票

③選挙の投票や選挙運動　　④男性の結婚

⑤深夜労働　　　　　　　　⑥パチンコ

（高校生の「深夜労働」や「パチンコ」は学校や企業などが禁止している）

1 自己分析（その1）

1. あなたは将来どのような仕事につき，どのような生活を送りたいと思いますか。将来を考える前に，過去の自分を振り返り，自分を分析しましょう。

〔記入例〕

時期	楽しい思い出 いやな思い出	その理由	当時の夢	どんな性格だったか
小学校	⑯ ●自転車に乗れるようになった。 ●遠足（バス）	遠くに遊びに行けるようになったから。 乗り物酔いがいやだったから。	●プロ野球選手 ●医者	明るく，だれとでも仲よくできた。 社交的だったが，少しおっちょこちょいだった。
	⑪ ●誕生会を開いた。 ●親友が引っ越した。	クラスに友だちが増えたから。 親友と別れるのがつらかった。		
	⑯ ●野球をよくやっていた。 ●ゲームに夢中になりすぎた。	チームワークを学べたから。 先生によくしかられたから。		

時期	楽しい思い出 いやな思い出	その理由	当時の夢	どんな性格だったか
小学校				
中学校				
高等学校				

2. 次に，現在のあなたの生活を自己分析しましょう。

	楽しいこと いやなこと	その 理 由	夢	どんな性格か
現 在				

3. あなたが現在抱いている「夢」について，その夢を抱いた理由，きっかけをまとめましょう。

4. あなたが，将来つきたいと考えている職業には，どんな能力・資格が必要なのか調べましょう。

2 自己分析（その2）

1. あなたの長所と短所を5個以上あげましょう。その長所・短所は，学校生活においてどんな影響がありますか？　また，それは社会に出たらどのような影響を与えると思いますか？

〔記入例〕

長　　　所	学校生活で	社会生活で
●協調性がある。	友だちと仲よくできる。	上司や同僚と協力できる。
●ポジティブな考え方をする。	明るい。	逆境に負けない。
●反骨精神を持っている。	学校以外の活動もする。	自分の考えを言える。
●オリジナリティが豊か。	学園祭の企画が通った。	創造的な仕事ができる。
●夢を持ちつづけている。	理想の仕事をめざせる。	チャレンジ精神を失わない。

短　　　所	学校生活で	社会生活で
●自己主張が強い。	後輩に恐がられる。	上司や先輩に失礼になる。
●人から頼まれると断れない。	できないことまで引き受ける。	残業が多くなる。
●字が下手。	事務室の人が文字を読めない。	手書きの手紙が書けない。
●メカに弱い。	インターネットは使えない。	仕事でパソコンが使えない。
●だらしない。	遅刻が多い。	信用を得られない。

長　　　所	学校生活で	社会生活で
●		
●		
●		
●		
●		
●		
●		
●		

短　　　所	学校生活で	社会生活で
●		
●		
●		
●		
●		
●		
●		
●		

2. 他人から見た自分の長所・短所について，家族や友人にたずねましょう。

〔記入例〕

月/日	氏名・性別ほか	長所・具体例	短所・具体例
1/18	田中和子さん(女) （クラスの友人）	真面目でしっかりしている。 文化祭できちんと計画を立てて企画を成功させた。	何ごとも自分から遠慮してしまう。 クラス委員をどうしても引き受けなかった。
/			

月/日	氏名・性別ほか	長所・具体例	短所・具体例
/			
/			
/			
/			

3. あなた自身が思っていた長所・短所とまわりの人から受けた評価でちがった点，同じだった点を書きましょう。

❸ 顧客意識

1. あなたが⑴学校生活を送る学生として，⑵商品やサービスを受ける消費者として，⑶アルバイト先で，それぞれの立場で不満に思ったことを書きましょう。

⑴ 学生としての不満

⑵ 消費者・顧客としての不満

⑶ アルバイト先での不満

2. 上に書いた不満を解消するには，どうすればよいと思いますか？　あなたの考えを書きましょう。

3. 逆に，あなたが⑴学校生活を送る学生として，⑵商品やサービスを受ける消費者として，⑶アルバイト先で，「よかった」と評価したことがあったらまとめましょう。

学　校　で	お　店　で	アルバイト先で

2 会社活動の基本

■ 組織人にとって不可欠な8つの意識を理解する。
■ 効率的な業務と変化への対応の必要性を学ぶ。

1 組織人としての重要な心がまえ

▶▶ 仕事には基本となる8つの意識がある

| 企業では | 「顧客意識」が基本。プラス品質，納期，コスト，協調，目標，時間，改善の意識が重要 →個人的なものから全社的なものに広げる努力。 |

2 「お客さま第一」を貫く（顧客意識）

▶▶ お客さま第一主義とは，会社（自分）の事情よりお客さま（相手）の事情を優先するという考え方である。

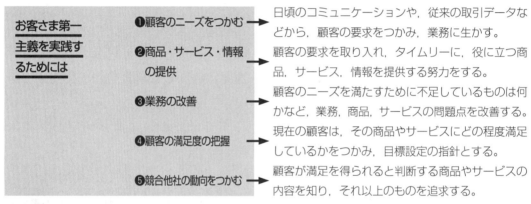

お客さま第一主義を実践するためには

❶顧客のニーズをつかむ → 日頃のコミュニケーションや，従来の取引データなどから，顧客の要求をつかみ，業務に生かす。

❷商品・サービス・情報の提供 → 顧客の要求を取り入れ，タイムリーに，役に立つ商品，サービス，情報を提供する努力をする。

❸業務の改善 → 顧客のニーズを満たすために不足しているものは何かなど，業務，商品，サービスの問題点を改善する。

❹顧客の満足度の把握 → 現在の顧客は，その商品やサービスにどの程度満足しているかをつかみ，目標設定の指針とする。

❺競合他社の動向をつかむ → 顧客が満足を得られると判断する商品やサービスの内容を知り，それ以上のものを追求する。

3 仕事の要求条件を確認する（品質意識）

▶▶ 仕事には，必ず要求される条件があり，その要求レベルを満たす品質を保つことが重要である。

仕事における品質の2つの考え方

❶商品・製品の品質 → 決められた規格を完全に一致させ，正確で，質のよい仕上がりの商品を生産する。

❷仕事・サービスの質 → 仕事の質，サービスの質は，仕事をする人の質によって決まり，その人の質で企業が評価される。

▶▶ 品質を向上させるためには，相手が何を期待しているのか，事前に察知することである。

品質向上をはかるためのポイント

❶顧客の動向を把握する → その商品を購入，利用する顧客はどのような人たちかを研究し，その像をつねに念頭に置いておく。

❷仕事の要求条件を確認する → 生産にかけられる経費や期間などのほか，求められているレベルを知り，それ以上の仕事を心がける。

❸仕事の方法を理解する → 与えられた仕事は，単独で行うものではなく，大勢のなかで完成されていくことを自覚し，方法を学ぶ。

❹仕事の内容を再点検する → 仕事の結果については，自分自身の反省点，他からの評価を含め，次の仕事に生かす。

❺クレームには耳を傾ける → 顧客や他部門からクレームなどが出た場合，その原因を解明し，再発を防ぐ。

4 　仕事の納期管理は信頼の源（納期意識）

▶▶ どんなにレベルの高い仕事でも，納期に遅れたら価値がなくなる。納期の管理は重要である。

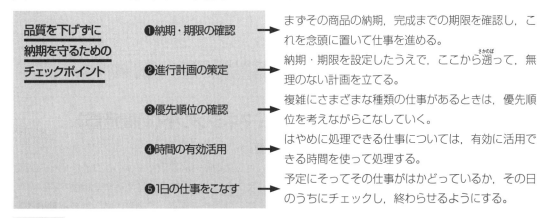

品質を下げずに 納期を守るための チェックポイント		
❶納期・期限の確認	→	まずその商品の納期，完成までの期限を確認し，これを念頭に置いて仕事を進める。
❷進行計画の策定	→	納期・期限を設定したうえで，ここから遡って，無理のない計画を立てる。
❸優先順位の確認	→	複雑にさまざまな種類の仕事があるときは，優先順位を考えながらこなしていく。
❹時間の有効活用	→	はやめに処理できる仕事については，有効に活用できる時間を使って処理する。
❺1日の仕事をこなす	→	予定にそってその仕事がはかどっているか，その日のうちにチェックし，終わらせるようにする。

5 　最小のコストで最大の成果をねらう（コスト意識）

▶▶ 経費の増大が利益を圧迫することを考え，コスト管理の意識を高める。

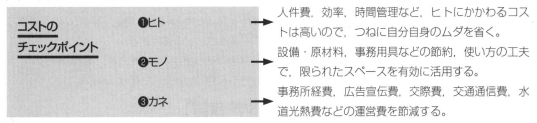

コストの チェックポイント		
❶ヒト	→	人件費，効率，時間管理など，ヒトにかかわるコストは高いので，つねに自分自身のムダを省く。
❷モノ	→	設備・原材料，事務用具などの節約，使い方の工夫で，限られたスペースを有効に活用する。
❸カネ	→	事務所経費，広告宣伝費，交際費，交通通信費，水道光熱費などの運営費を節減する。

6 　全体の利益のために協力する（協調意識）

▶▶ 協調意識は，全体の利益の向上に役立つ重要な要素である。

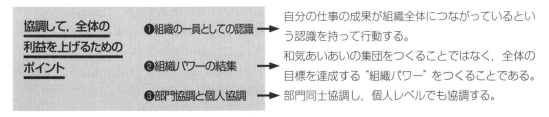

協調して，全体の 利益を上げるための ポイント		
❶組織の一員としての認識	→	自分の仕事の成果が組織全体につながっているという認識を持って行動する。
❷組織パワーの結集	→	和気あいあいの集団をつくることではなく，全体の目標を達成する"組織パワー"をつくることである。
❸部門協調と個人協調	→	部門同士協調し，個人レベルでも協調する。

7 　ゴールを設定して仕事に取り組む（目標意識）

▶▶ 仕事に取り組む際には，最終的な到達点を見定めることが重要である。

目標設定の際の ポイント		
❶段階ごとに分ける	→	会社で立てた目標を，それぞれの部門の目標，その部門内の社員（個人）の目標としてとらえ直す。
❷期間ごとに分ける	→	目標の期間設定には「長期」「中期」「短期」があり，それぞれの期間ごとでのチェックが必要である。
❸具体的に設定する	→	具体的に数値で設定し，5W2Hなどを明確にする。

●業務における具体的な目標設定の例

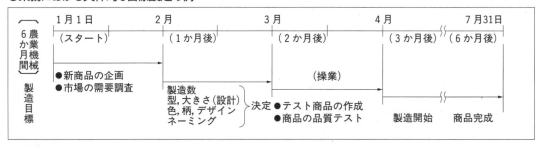

8 　迅速な仕事と合理的なタイムマネジメント（時間意識）

▶▶ 仕事は迅速に，しかし，タイミングと時間管理が必要。

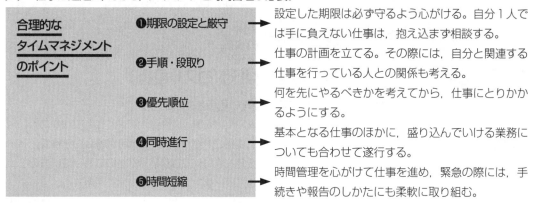

合理的な タイムマネジメント のポイント	❶期限の設定と厳守	設定した期限は必ず守るよう心がける。自分1人では手に負えない仕事は，抱え込まず相談する。
	❷手順・段取り	仕事の計画を立てる。その際には，自分と関連する仕事を行っている人との関係も考える。
	❸優先順位	何を先にやるべきかを考えてから，仕事にとりかかるようにする。
	❹同時進行	基本となる仕事のほかに，盛り込んでいける業務についても合わせて遂行する。
	❺時間短縮	時間管理を心がけて仕事を進め，緊急の際には，手続きや報告のしかたにも柔軟に取り組む。

9 　ムダ，ムラ，ムリを取り除く（改善意識）

▶▶ 仕事を改善していくことを心がけ，効率化をはかる。

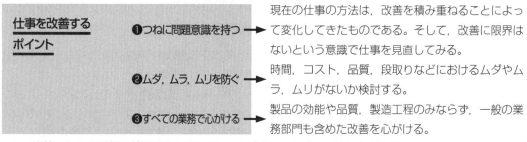

仕事を改善する ポイント	❶つねに問題意識を持つ	現在の仕事の方法は，改善を積み重ねることによって変化してきたものである。そして，改善に限界はないという意識で仕事を見直してみる。
	❷ムダ，ムラ，ムリを防ぐ	時間，コスト，品質，段取りなどにおけるムダやムラ，ムリがないか検討する。
	❸すべての業務で心がける	製品の効能や品質，製造工程のみならず，一般の業務部門も含めた改善を心がける。

▶▶ 改善のための発想の着眼点となるものに，オズボーンのチェックリストがある。

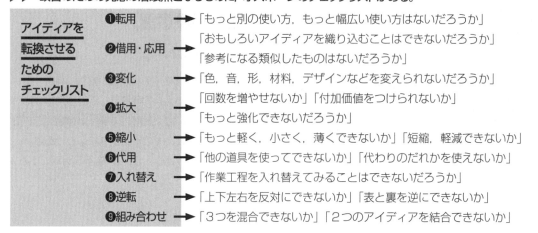

アイディアを 転換させる ための チェックリスト	❶転用	「もっと別の使い方，もっと幅広い使い方はないだろうか」
	❷借用・応用	「おもしろいアイディアを織り込むことはできないだろうか」 「参考になる類似したものはないだろうか」
	❸変化	「色，音，形，材料，デザインなどを変えられないだろうか」
	❹拡大	「回数を増やせないか」「付加価値をつけられないか」 「もっと強化できないだろうか」
	❺縮小	「もっと軽く，小さく，薄くできないか」「短縮，軽減できないか」
	❻代用	「他の道具を使ってできないか」「代わりのだれかを使えないか」
	❼入れ替え	「作業工程を入れ替えてみることはできないだろうか」
	❽逆転	「上下左右を反対にできないか」「表と裏を逆にできないか」
	❾組み合わせ	「3つを混合できないか」「2つのアイディアを結合できないか」

10 効率的，合理的な仕事の進め方

▶▶ 仕事には目的があって手段がある。

よい仕事をするには ➡ 目的の確認 ── 手段の工夫

●この仕事の目的は何かを理解しよう。

手段の工夫
- ●手順を踏む。
- ●効率を考える（正しく・はやく・らくに・安く）。
- ●納期を守る。
- ●報告・相談をする。

▶▶ 仕事はPDCAサイクルにそって実行する

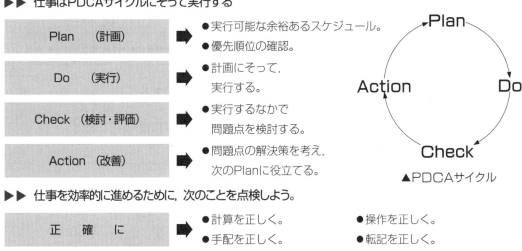

Plan （計画）	➡ ●実行可能な余裕あるスケジュール。 ●優先順位の確認。
Do （実行）	➡ ●計画にそって，実行する。
Check （検討・評価）	➡ ●実行するなかで問題点を検討する。
Action （改善）	➡ ●問題点の解決策を考え，次のPlanに役立てる。

▲PDCAサイクル

▶▶ 仕事を効率的に進めるために，次のことを点検しよう。

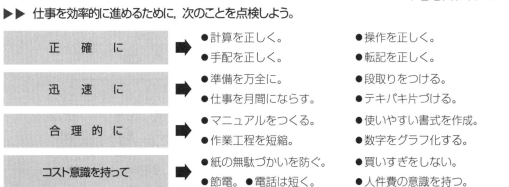

正　確　に	➡ ●計算を正しく。 ●手配を正しく。	●操作を正しく。 ●転記を正しく。
迅　速　に	➡ ●準備を万全に。 ●仕事を月間にならす。	●段取りをつける。 ●テキパキ片づける。
合　理　的　に	➡ ●マニュアルをつくる。 ●作業工程を短縮。	●使いやすい書式を作成。 ●数字をグラフ化する。
コスト意識を持って	➡ ●紙の無駄づかいを防ぐ。 ●節電。●電話は短く。	●買いすぎをしない。 ●人件費の意識を持つ。

11 変化への機敏な対応

▶▶ 日進月歩の進歩をとげる職場の仕事に的確に対応し，よりよい結果を出そう。

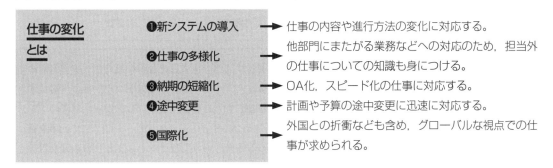

仕事の変化とは	❶新システムの導入	→ 仕事の内容や進行方法の変化に対応する。
	❷仕事の多様化	→ 他部門にまたがる業務などへの対応のため，担当外の仕事についての知識も身につける。
	❸納期の短縮化	→ OA化，スピード化の仕事に対応する。
	❹途中変更	→ 計画や予算の途中変更に迅速に対応する。
	❺国際化	→ 外国との折衝なども含め，グローバルな視点での仕事が求められる。

12　組織を効率よく動かすための分業システム

▶▶　経営組織の形態の基本は，タテとヨコの分業である。

　●経営組織

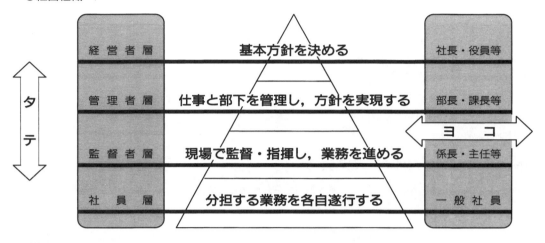

13　組織はライン部門とスタッフ部門に分かれる

▶▶　ライン部門とスタッフ部門が機能すれば，会社の組織はスムーズに動く。

　●ライン部門とスタッフ部門

変わりつつある職場

　日本では，スタッフ部門はライン部門に比べて生産性が低いと言われていた。近年のコンピュータ・ネットワークによる情報活用の広がりが，スタッフ部門の生産性の改善に役立ち，管理者層の職務内容を変化させ，組織をフラットに再編成する動きも見られる。最近では異なった部署のメンバーによるプロジェクトチームによって仕事を進める場合もあり，ラインとスタッフの明確な区分が難しいケースもある。

14 組織内における自分の役割を認識する

▶▶ 組織のなかで，自分の果たす役割を自覚して，責任をまっとうしなければならない。

●会社の代表的な部門と具体的業務内容の例

| 社長室・役員室 | ➡ | 命令系統の中枢となる業務……経営計画の立案・組織全体の管理など。 |

| 総　務　部 | ➡ | 組織がスムーズに動くようにする業務……庶務・渉外・警備・受付など。 |

| 人　事　部 | ➡ | 組織を構成する"人"に関する業務……採用・配置・教育・福利厚生など。 |

| 経　理　部 | ➡ | 組織を運営する"資金"に関する業務……出納・決算・資金繰りなど。 |

| 広　報　部 | ➡ | 企業のイメージアップ，自社製品の宣伝に関する業務……イベント開催・カタログ・ホームページの作成など。 |

| 開　発　部 | ➡ | 新製品の開発に関する業務……製品の開発研究・競合他社製品の調査など。 |

| 生　産　部 | ➡ | 品質のよいものを安くつくる業務……製品の加工・検査など。 |

| 営　業　部 | ➡ | 製品を販売し，代金を回収する業務……市場調査・販売促進・代金回収など。 |

15 組織の一員として自覚しておきたいこと

▶▶ 組織の一員としての行動をとるには，明確な心がまえを持たなければならない。

●組織人としての5つの心がまえ

〔 〕内はある会社の例

①会社のビジョンとドメインを理解する。

ビジョン 経営理念 〔顧客第一の信念に徹し，社業を通じて社会の進歩に貢献する。〕

〔マーケットニーズを先取りし，素材からサービスに至る最高の商品を提供する。〕 ドメイン 事業範囲

②会社の基本方針を把握する。
〔支店長会議で最新の顧客・情報を交換して顧客のニーズにスピーディに応えるための具体策を立てる。〕

⑤チームワークを心がける。
〔同じ売り場の仲間との情報交換や，相互チェックにつとめ，力を合わせて目標を達成する。〕

③目標達成のための役割を確認する。
〔支店長会議の方針を，自店の各売り場に伝えて，実行する。〕

④責任を自覚する。
〔商品を売る努力をする。在庫が多すぎたり，品切れしたりすることがないように，商品の動きから目を離さない。〕

16 株式会社の特徴

▶▶ 株式会社のしくみや特徴を知っておく。

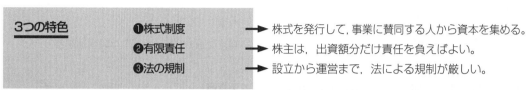

3つの特色	❶株式制度	→ 株式を発行して、事業に賛同する人から資本を集める。
	❷有限責任	→ 株主は、出資額分だけ責任を負えばよい。
	❸法の規制	→ 設立から運営まで、法による規制が厳しい。

17 会社の社会的な意義

▶▶ 会社は社会の一員として、社会に貢献し、責任を果たしている。

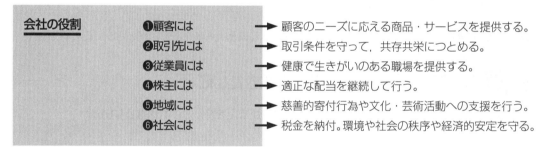

会社の役割	❶顧客には	→ 顧客のニーズに応える商品・サービスを提供する。
	❷取引先には	→ 取引条件を守って、共存共栄につとめる。
	❸従業員には	→ 健康で生きがいのある職場を提供する。
	❹株主には	→ 適正な配当を継続して行う。
	❺地域には	→ 慈善的寄付行為や文化・芸術活動への支援を行う。
	❻社会には	→ 税金を納付。環境や社会の秩序や経済的安定を守る。

上場と非上場企業

上場とは、株式や債券などの有価証券や商品先物取引の対象となる商品を取引所（市場）において売買が可能になること。その株式を発行することができる企業を“上場企業”と呼び、株式は証券取引所で公開される。

対して株式を公開していない企業を“非上場企業”という。日本には約400万社の企業があるといわれているが、99％以上は非上場企業。残り1％に満たない約3800社しか上場企業はない。

●日本の4つの証券取引所
東京証券取引所（東証）
名古屋証券取引所（名証）
福岡証券取引所（福証）
札幌証券取引所（札証）

18 社会人としてのルールと企業倫理

▶▶ 一人前のおとなとしての自覚

①仕事には成果（結果）が求められる。

②自分の仕事が，周囲にどんな影響を与えるかを考える。

▶▶ 職業人としての自覚

①仕事をするということは，商品やサービスを通じて社会に影響を与えている。

②1日もはやく一人前の職業人となり，自力で社会へ商品やサービスを提供できるように努力する。

▶▶ 社会の一員としての自覚

①会社から一歩外に出れば，まわりからは，その会社の代表として見られる。

②自分の権利を行使するには，それにともなう義務が生じる。また，他の人の権利を侵害しないようにする。

▶▶ 社会のなかの企業と組織

①会社や組織も，社会の一員として存在している。

②コンプライアンスを守り，社会的責任を求められていることを忘れてはいけない。

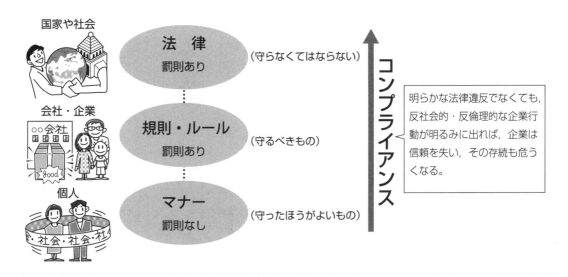

国家や社会

会社・企業

個人

法　律
罰則あり
（守らなくてはならない）

規則・ルール
罰則あり
（守るべきもの）

マナー
罰則なし
（守ったほうがよいもの）

コンプライアンス

明らかな法律違反でなくても，反社会的・反倫理的な企業行動が明るみに出れば，企業は信頼を失い，その存続も危うくなる。

コンプライアンスとは

　法令を遵守すること。誠実な顧客対応，環境への配慮，ガバナンス（企業はだれのものかという意味）の徹底など，法令遵守が重視されている。

　コンプライアンスは，企業だけでなく，そこで働く社員1人ひとりに対しても行動規範があり守ることを要求される。

　最近では，もう少し幅を持たせCSR（Corporate Social Responsibility）＝「企業の社会的責任」ということもいわれ，企業は社会に「品質のよい製品やサービスを提供することで利益をあげ，納税する」という責任がある。

➡関連用語〈リコール，クーリングオフ，CS，法令遵守〉

19 情報セキュリティ管理

▶▶ 会社では，独自の機密情報を保有している。

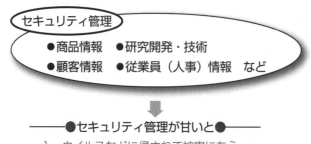

セキュリティ管理
- ●商品情報　●研究開発・技術
- ●顧客情報　●従業員（人事）情報　など

──────●セキュリティ管理が甘いと●──────

1．ウイルスなどに侵されて被害にあう。

2．被害者が加害者になってしまうこともある。

犯罪性をおびたことに，知らぬ間にかかわってしまうこともある。

▶▶ アクセス管理をする。

- ➡ ・機密情報を一定の範囲の人にしか見られないようにする。
- ・見られないだけでなく，アクセスしたりデータを改ざんしたりできないようにする。

アクセス権限
や
パスワード設定

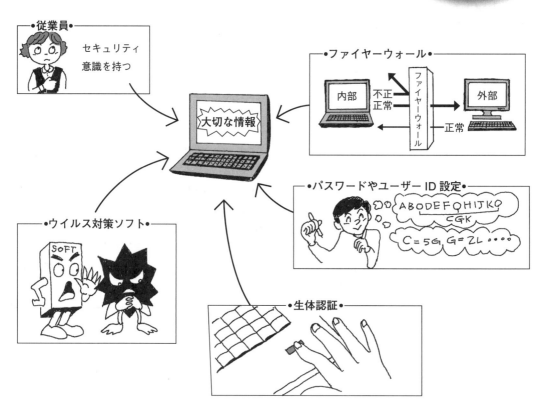

■ 次の説明文で，正しくないものを 1 つ選びなさい。

1. 顧客意識

(1) 営業部にとっての顧客は，取引先である得意先，仕入先であるが，これらの顧客を大切にしなければならない。

(2) 顧客を大切にするということは，たんに礼儀正しく接するというだけでなく，顧客の要望に応えることが重要である。

(3) 最近の顧客の要望は多様化しており，それらのニーズにいちいち応えることは容易ではない。このため，顧客の期待に積極的に応える必要はない。

(4) 経理部や人事部は，ふだんの業務のなかで顧客に接する機会が少ない。したがって，あまり意識することはないが，つねに自社の顧客を忘れない意識を持たなければならない。

2. 品質意識

(1) 品質の悪いものは，会社の評価を下げることになるということを肝に銘じなければならない。

(2) 品質というと，すぐ頭に浮かぶのは製品であるが，品質は何も製品だけに限ったことではなく，会社の仕事すべてについてあてはまる。

(3) 品質がよいにこしたことはないが，品質の出来にムラがあっても値段が安いほうが顧客には喜ばれるので値段を重視する。

(4) 品質を高めるためには，仕事の質とか従事する人の質といった面も含めた総合的な質の向上をはかることが必要である。

3. 納期意識

(1) 納期に間に合わないと，商品を待っている取引先に大きな迷惑をかけることになる。

(2) 納期に遅れると，違約金を支払わなければならないこともある。

(3) 納期に間に合わなければ，取引先にそのことを断ればすむことが多い。ビジネスではよくあることで，あまり厳格に処理すると窮屈で，かえって仕事がスムーズに運ばない傾向がある。

(4) 納期は社内の部署同士の間の仕事の協力体制と深くかかわっており，前提としては納期（期限）を守る意識が大切である。

4. コスト意識

(1) コスト意識は，工場の製造現場で働く従業員にとっても必要な意識である。

(2) コンピュータが発達したため，工場の製造現場で働く従業員にとって，コスト意識はあまり必要ではなくなっている。

(3) 営業所で働く社員にも，コスト意識は欠かせない。

(4) コスト意識は，ムダや能率の悪さの徹底した排除である。

■1－2
毎年，デミング賞委員会（会長は経団連会長）が審査を行い，日本の工業製品やサービスの品質向上に貢献した個人（デミング賞本賞），企業（デミング賞実施賞・デミング賞事業賞）を表彰している。
QC（Quality Control）とは社内における品質管理のこと。またQCを全社的に行い，生産現場あるいはその一部門である検査セクションのみに任せるのではなく，あらゆる部門で取り組んでいくことをTQC（Total Quality Control）すなわち総合品質管理という。

■1－3
取引先との間で取りかわす取引条件には，支払条件，取引金額，納期，受渡場所などがある。

■1－4
生産の価格や製造費に対する生産性や機能，能率の高さを，コスト-パフォーマンスという。
また，好不況に耐えて，経営を維持していける運転資金としてのコストの上下の限界のことをランニングコストという。

5. 協調意識

(1) 組織の一員として自分の役割をわきまえ，組織全体のために貢献する意識を持たなければならない。

(2) 組織の一員として協調意識を持って仕事にたずさわれば，仕事の能率も高まり，よい結果が出る。

(3) 協調意識とは，1人ひとりが部，課といった組織全体との調和をはかりながら仕事を進めるという意識をいい，いわゆる仲よく波風をたてないということをさすのではない。

(4) 組織全体のためになることであれば，組織の調和を乱しても，個人個人が思い思いに活動しながら盛り上げていくべきである。

6. 目標意識

(1) 目標を達成しようとする意識を明確に持っている人は，それにこだわりすぎて，挫折感を味わい，つぶれていくケースが少なくない。

(2) 目標意識がある人は，つねに優先度を考慮しながら仕事を進めていくので，実績に大きな差が出てくるケースが少なくない。

(3) 目標意識がある人は，目標達成のために工夫をこらす。

(4) 確実に達成できる目標を立てるには，目標のレベル，達成期限といったことをきっちり決めておくことがポイントになる。

7. 時間意識

(1) じっくり仕事に打ち込み，時間を気にしないで没頭すればよい。

(2) 組織のなかで業務を分担しているときは，自分のことをあと回しにしても，チームとして取り組んでいる現在の仕事に集中すべきである。

(3) いま現在しなければならないことを自覚して，行動しなければならない。

(4) 好機をのがさず，確実に仕事をこなしていくことが大切である。

8. 改善意識

(1) 現状に満足しないで，つねに問題点を見つけて，その改善を考えなければならない。

(2) 改善意識は，アラ探しのようなもので，足の引っ張り合いになる。

(3) 改善策を講じる際，もとのもくあみにならないような手だてが大切である。

(4) 現状に問題点があれば，その原因を追求して，どうすればそれを取り除くことができるかを考えなければならない。

2 PDCAサイクルに関する説明文で，正しくないものを1つ選びなさい。

(1) plan ：不測の事態が起こることも念頭において，計画に幅を持たせる。

(2) do ：計画にもとづいて，着実に実行する。

(3) check：実行中に点検を行い，問題点の有無を確認する。

(4) action：ただちに次の行動に移る。

1-5
1つの部署や自分の立場になるといわゆる縄張り争いのような**セクト主義**（セクショナリズム）に陥る恐れがある。他部署との連携も心がけるようにする。

1-6
各人が一定の時間，期間内にやりとげるべき仕事量を一般に**ノルマ**という。ソ連の労働者に課せられる生産責任量を示すことば。

2
PDCAサイクルは，この管理サイクルを提唱したウィリアム・エドワード・デミング博士の名前をとってデミングサイクルとも呼ぶ。

3 「コンプライアンス」の説明で，正しいものを1つ選びなさい。

〔選択肢〕

ア．肖像権…旅先で，休暇中の芸能人と一緒に記念写真を撮った。本人の承諾をいただけたので，ブログに載せて友人限定で閲覧できるようにした。

イ．著作権…海外のサイトで日本未公開の映画がアップされていた。だれでもダウンロードできたので，コピーして友達に安く販売した。

ウ．実用新案権…ブランド品を購入したときの包装に使われたリボンを使い，ブランド店も発売していないIDストラップをつくってネットオークションで売った。

3 知的財産権の種類

・特許権…出願から20年（医薬などに限り最大25年延長可能）
・実用新案権…出願から10年
・意匠権…出願から25年
・商標権…登録から10年（10年単位で更新可能）
・著作権…死後70年
・回路配置利用権…登録から10年
・育成者権…登録から25年（樹木30年）
など

3 コミュニケーションとビジネスマナーの基本

┃ 服装と身だしなみの基本的な考え方を理解する。
┃ 服装と身だしなみをセルフチェックする。
┃ 職場で良好な人間関係を保つにはどうすべきかを知る。

1 身だしなみの基本はオーソドックスなもの

▶▶ 身だしなみの基本は，次の3つである。

ビジネスの 身だしなみは	❶清潔である	→ 私服も制服も清潔であることが第一条件。
	❷不快感を与えない	→ T.P.O（時・場所・状況）を考慮し，調和のとれた服装。
	❸働きやすい	→ 動きやすく，仕事に支障がない。

2 ビジネスウェアの基本はスーツ（男性編）

- ●頭髪の手入れが肝心。ふけは不潔の象徴。
  髪型は職業にふさわしい範囲で，個性を生かす。

- ●意外におろそかになりやすい部分に気をつけよう。
  爪はきれいか？
  口臭チェック
  ヒゲのそり残し

- ●スーツは，紺やグレー系統に。スリーシーズンを2着くらい。夏物も2着あればとりあえず間に合う。ブラッシングをこまめに。

ロッカーに用意
- ●着替用Yシャツ
- ●ネクタイ
- ●シェーバー
- ●タオル
- ●爪切り
- ●ハサミ
- ●靴下

- ●Yシャツは白が原則。
  えりもオーソドックスが無難。
  Yシャツの第1ボタンはきちんととめる。

- ●ネクタイはスーツの色・素材に合わせる。Vゾーンはセンスの見せどころ。
  地味で落ち着いたものが無難。曲がらないように結ぼう。

- ●胸ポケットには何も入れない。

- ●スーツの上着は第1ボタンのみかける。座るときははずしてもよい。

- ●ワイシャツの袖口は，スーツから1cm出るくらい。

- ●スーツはシングルが原則。

- ●ノーベルトはだらしない。黒系統が基本。靴の色に合わせるのが原則。

- ●ズボンの折り目はキチッとプレスして。

- ●靴下はスーツの色に合わせる。
- ●靴はよく磨く。

▶▶ 身だしなみのセルフチェック・リスト〈男性編〉

項目	○	△	×	項目	○	△	×
頭や肩にふけが出ていないか				ネクタイは派手すぎないか			
髪がぼさぼさになっていないか				ネクタイはきちんと結べているか			
ひげはそれているか				ズボンはプレスしてあるか			
爪は切れているか				ワイシャツのえりや袖はきれいか			
歯みがきはしてあるか				ボタンはとれていないか			
				靴は磨いてあるか			

身だしなみ

身だしなみは，人の第一印象に大きな影響を与える。人の第一印象は，視覚から受けるものが全体の印象の80％を占めるといわれている。

とくに初めて会ったときの悪い印象は，なかなか変えることができず，後々苦労することになる。

人は見ためではないというが，何の予備知識も

ない状態では，外見でまず判断してしまうことを認識し，身だしなみには十分な配慮をしよう。会社内での制服のある会社では，制服の手入れをきちんとして，制服に合うワイシャツ，ネクタイ，ブラウスなどをコーディネートする。

また，最近では，カジュアルな服装を奨励する職場も出てきている。こうした会社では，働きやすい服装，社風に合った服装をモットーにしてさわやかな印象を与える服装を心がけよう。

3　ビジネスウェアの基本はスーツ（女性編）

● 髪型は服装にマッチしたもの。前髪はマユや目にかからないように，おじぎをしたときに邪魔にならないような長さ。

● お化粧は控え目に。ファンデーションやチークは自然色で健康的に。

● マニキュアは透明かピンク系統まで。

● 事務服に着替える場合は下に着るスカートやブラウスに気を配り，事務服と色合いの合うものを用意しよう。

● アイロンのきいたブラウス。

● 袖をまくり上げない（袖口は清潔に）。

● 腕時計はオーソドックスなもの。時計の面を内側にはめる

● スカートはタイトやセミフレアー。働きやすいものを心がける。

● ストッキングは肌の色に近いもの。伝染やたるみに注意。

● 執務中に手鏡を見て髪をとかしたり，枝毛を探したりしない。

● パンツスーツのときはカジュアルになりすぎないように気をつける。

ロッカーに用意
● ストッキング
● ソーイングセット
● 紺かグレーのワンピースを入れておくと便利。

● 靴はシンプルなもの。よく磨いておく。
● 中ヒールくらいのほうが機能的で働く状況にマッチする。

▶▶　身だしなみのセルフチェック・リスト〈女性編〉

項目	○	△	×	項目	○	△	×
頭や肩にふけが出ていないか 髪がぼさぼさになっていないか お化粧は控え目か マニキュアはナチュラルな色か アクセサリーは派手になっていないか				服装は派手すぎていないか ブラウスのえりや袖は汚れていないか ストッキングは伝線していないか スカートはよれよれになっていないか 靴は磨いてあるか			

4 　良好な人間関係と円滑なコミュニケーション

▶▶ 仕事をスムーズに進め，職場の目標を達成するためのコミュニケーションでなければならない。

| 良好な人間関係と円滑なコミュニケーションの意味 | ➡ | 良好な人間関係は日常の円滑なコミュニケーションによって支えられ，部門，会社の目標の達成にも大きく貢献する。 |

学生時代は

気の合った仲間と話したいこと，興味のあることなどを話していればよい。

職場では

職場の目標達成のため，仕事をスムーズに進めるために，全員の意思の疎通が必要。

5 　チームワークの重要性

▶▶ タテ系列・ヨコ系列の人間関係を理解しよう。

チームワークとは	❶目標の認識	➡	職場の共通の目標を確かめる。
	❷役割分担	➡	各自が役割を分担して，業務を遂行する。
	❸協力体制	➡	お互いが協力して目標を達成する。

上司と部下

部下を指揮して，業務の推進に努力する上司の指示に積極的に従おう。

同僚

バラバラでは力が発揮されない。協力してまとまれば120％の力が出る。

チームワークをつくる基本

　職場でのチームワークをつくる基本となるのは次のようなことである。

①あいさつ，返事は元気よく。
②コミュニケーションを密にする。
③約束・ルールを守る。
④責任逃れ，責任転嫁をしない。
⑤人の噂話，陰口を言わない。
⑥嘘をつかない。
⑦相手によって接し方を変えない。
⑧自我意識をおさえ，個人的感情にこだわらない。
⑨お金の貸し借りにルーズでない。
⑩人前で相手に恥をかかせない。
などである。

　いずれにしても，自分本位の考え方を改め，相手の立場に立ってものを考えていくことがチームワークを高めるために重要である。

6　職場内のコミュニケーションを深める

▶▶ チームワークを発揮するためには，コミュニケーションを深める。

コミュニケーションを深めるために		
❶上司の指示を確認	→	何を指示されたのか。
❷つねに報告	→	終わってから報告しようでは遅い。
❸チーム内で連絡	→	ヨコの連絡を取り合っているか。
❹Face to Face	→	すべてメールですませずに，顔を合わせ，直接伝えよう。
❺相手の性格を理解	→	仕事以外のつきあいも含めて考える。

7　上司や先輩には敬意をはらって接する

▶▶ 上司や先輩に接するときのポイントは何か。

上司や先輩には		
❶相手を立てる	→	年齢や性別に関係なく，礼儀をつくす。
❷敬意をはらう	→	豊かな人生経験に対しては敬意をはらう。
❸感謝する	→	会社を支えているという功績に感謝する。
❹恩義がある	→	上司や先輩は自分を育ててくれる。

▶▶ 上司や先輩からの指示はよく確認し，報告・連絡・相談をこまめに行う。

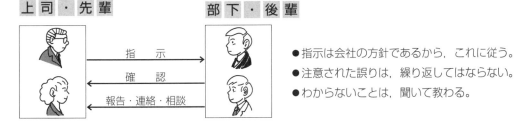

上司・先輩　　部下・後輩

指　示 →
確　認 ←
報告・連絡・相談 ←

- 指示は会社の方針であるから，これに従う。
- 注意された誤りは，繰り返してはならない。
- わからないことは，聞いて教わる。

8　同僚とはよい意味でのライバル

▶▶ 同僚とは，仕事を通しての人間関係が基本である。

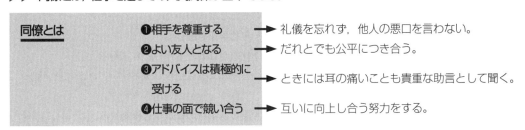

同僚とは		
❶相手を尊重する	→	礼儀を忘れず，他人の悪口を言わない。
❷よい友人となる	→	だれとでも公平につき合う。
❸アドバイスは積極的に受ける	→	ときには耳の痛いことも貴重な助言として聞く。
❹仕事の面で競い合う	→	互いに向上し合う努力をする。

9　つねに肯定的なものの考え方を

▶▶ 他人の欠点は，自分に対する教訓として受けとめる。

プラス志向		
❶他人の欠点から学ぶ	→	他人の欠点を，自分に対する教訓（反省材料）にする。
❷長所を認め合う	→	相手のよい面を積極的に探す。
❸嫌いな人をつくらない	→	できるだけ人間関係の幅を広げる。

10 出社から退社までの基本ルール

▶▶ 就業規則などにもとづく権利の行使でもマナーを守ることが大切である。

出社から退社までの基本ルール	
❶出社	→ 始業時間に仕事に取りかかれるように，早めに出勤する。 明るくあいさつし，あいさつされたら明るくあいさつを返す。 私物はロッカーなどに整理する。
❷退社	→ 就業時間の終了後，切りのよいところできちんと仕事の片づけをする。業務が途中の場合には上司に報告し，指示を受ける。翌日すぐに仕事に取りかかれるよう，予定や段取りを立てておく。 あいさつをして帰る。
❸遅刻・早退	→ あらかじめ遅刻・早退がわかっているときは，上司に許可を得て届けを出しておく。急な場合はわかった時点で速やかに申し出る。通勤事情での遅れは途中から連絡する。（理由・所在地・予定所要時間など）
❹残業・休日出勤	→ 上司の了解のもとで行う。指示があったらできるだけ受ける。
❺休暇	→ 有給休暇は周囲の迷惑にならないよう配慮する。 休暇中の仕事は周囲に伝え，依頼する場合は休暇前に処理しておく。

残業のルール

　就業時間中に仕事を目標どおりに処理できなかったときにするのが「残業」である。

　残業には，時間外手当という人件費だけでなく，電気代といった経費もかかることを考える必要がある。残業時間が多い場合には，自分の仕事に無駄がないかどうかを見直す。また，計画そのものに無理がないかを再検討し，計画を修正していくことも大切である。

　残業にあたっては上司の了解を得て，なるべく効率よく仕事を終えられるように工夫しよう。

　残業するときの基本は，次のとおりである。

①目標を立てる。
　改めて「今日はここまでやる」という目標を立てて気合いを入れる。
②だらだら仕事をしない。
　夜は電話も少なく，仕事に集中できるはず。まわりに人がいなくなったからといってだらだら仕事をしない。
③仕事がはかどらないときは帰る。
　思うように仕事が進まないときは，思い切って帰り，翌朝の処理も考える。
④帰る前に身のまわりを確認する。
　電気の消し忘れ，窓の締め忘れなどのないよう，もう一度身のまわりを確認する。

11 執務中の態度や行動

▶▶ 就業中の基本マナーを守ろう。

就業中の基本マナー		
	❶約束・時間を守る →	アポイントメントはメモなどで確認する。時間には5分程度の余裕を持つ。
	❷私語を慎む →	執務中、会議中のおしゃべりはやめる。
	❸離席するとき →	離席するときはまわりに断り、重要書類は片づける。行き先、用件、戻る予定時間を伝える。
	❹話しかけるとき →	執務中の人に話しかける場合は、「失礼します」と断って、相手の都合を聞いてからにする。
	❺依頼するとき →	仕事を頼むときには、丁寧にお願いする。終わったら感謝のことばを忘れずに言う。
	❻外出するとき →	私用や外出のときは、上司の了承を得る。不在中に予想される用件は、あらかじめ手を打っておく。

▶▶ 執務中、こんなことに留意して、職場を明るいムードにしよう。

あいさつする →	すべてはあいさつから始まる。仕事の潤滑油となる。
返事をする　話を聞く →	名前を呼ばれたら大きな声で返事をする。相手の話はきちんと聞く。
思いやりの心を持つ →	助け合いの精神で、困っている人には手を貸す。
謙虚にふるまう →	相手を立て、ごう慢にならないようにする。
公平に接する →	好き嫌いの感情で、接し方を変えない。
ひがまない →	他人との比較で落ち込んだりせず、プラス志向で仕事に向かう。
ことばには注意する →	悪口や失礼なことばづかいによって人間関係がこわれることがある。
ミスのあとしまつをする →	ミスは素直に認め、誠意をもっておわびし、対処する。
礼儀を守る →	お世話になったら必ずお礼を言う。
かげひなたなくふるまう →	人が見ていてもいなくても、同じようにふるまう。
机の上を整理・整頓する →	机の上は、つねに仕事のしやすい状態にしておく。

▶▶ 会社の財産・私物のルールを守り、公私のけじめをつけよう。

会社の財産(公)　私物のルール		
	❶大切に扱う →	ものを大切に使えない人は、仕事も進歩しない。
	❷会社の財産を私物化しない →	会社の経費で購入したものは、すべて会社の所有物。文具・電話・車など、私物化してはいけない。
	❸私物の持ち込みは最小限に →	会社は仕事をするところ。私物の持ち込みは少なく。

12 あいさつは笑顔を忘れず，ことばははっきりと

▶▶ あいさつは，コミュニケーションに欠かせない，人間関係をつくるための潤滑油である。

あいさつの基本は		
	❶明るく	→ 「おはようございます」
	❷心を込めて	→ 「お疲れさまです」
	❸積極的に	→ 「お暑うございます」

13 あいさつにともなうことばは，ふさわしいものを

▶▶ その場にふさわしいことばを使わなければならない。

ケース別 あいさつには		
	●依頼する場合	→ 「恐れ入りますが，○○をしていただけますでしょうか」
	●承諾する場合	→ 「はい，かしこまりました」
	●断る場合	→ 「申し訳ございませんが，いたしかねます」
	●お礼を言う場合	→ 「ありがとうございました」
	●おわびをする場合	→ 「申し訳ございません」

14 おじぎは心を込めて美しい動作で行う

▶▶ あいさつとおじぎはバランスよく。

首だけ曲げるようなおじぎはいけない

背すじを伸ばす。

心をこめて

相手の目を見る。身体を起こしたあと，再び目を見る。にらんだり，視線をさまよわせてはいけない。

上半身を傾け，いったんそのまま静止。それからゆっくり起こす。

足をそろえる。

手は，男性は太もものヨコにつけ，女性は身体の前で軽く重ねる。

基本あいさつ10

①おはようございます　②こんにちは

③いってらっしゃい　　④お帰りなさい

⑤行ってまいります　　⑥ただいま帰りました

⑦お先に失礼いたします

⑧お疲れさまでした

⑨ありがとうございました

⑩申し訳ございません

15 おじぎには会釈・敬礼・最敬礼がある

▶▶ 目的によって，おじぎを使い分ける。

会 釈

15°

▲軽いあいさつ
　廊下ですれちがうとき，入退室の
　ときなど。

敬 礼

30°

▲一般的なおじぎ

最 敬 礼

45°

▲もっとも丁寧なおじぎ
　お礼やおわび，改まったとき。

1 次の各設問に答えなさい。

1. 「身だしなみの基本」の説明として，正しくないものを1つ選び
なさい。

〔選択肢〕

ア．T.P.Oを考慮して，全体に調和がとれていて，不快感を与えない。

イ．動きやすく，働きやすく，清潔であること。

ウ．職場の雰囲気を明るくするよう，派手めの色を選ぶとよい。

2. 「男性の身だしなみ」の説明として，正しくないものを1つ選び
なさい。

〔選択肢〕

ア．ズボンによっては，ノーベルトでもよい。

イ．髪型，爪やひげの処理にも注意をはらう。

ウ．上着やズボンのポケットにいろいろなものを入れておかない。

3. 「女性の身だしなみ」の説明として，正しくないものを1つ選び
なさい。

〔選択肢〕

ア．スーツはスカートとの組み合わせが一般的であるが，働きやすい
パンツルックもよい。

イ．ストッキングの伝線やたるみに注意し，働きやすい靴をはく。

ウ．化粧はその人に合っていれば，華やかで派手でもよい。

4. 「外見が人に与える印象」の説明として，正しくないものを1つ
選びなさい。

〔選択肢〕

ア．外見から受ける印象は，単に洋服のセンスなどではなく，その人
の姿勢や人間性といった範囲にまで及ぶことが多い。

イ．服装や身だしなみに対する配慮は，ビジネスにとって欠くことの
できないものである。

ウ．外見から判断されてしまうので，おしゃれにはお金をかけなけれ
ばならない。

1-1
ビジネスの場は，仕事をするところであることを念頭において，服装・身だしなみを考えなければならない。

1-2
ウ．背広の型くずれに注意する。ズボンもきちんとプレスすること。

2 男性の身だしなみチェックリストの（　　）にあてはまるものを，
下記より選びなさい。

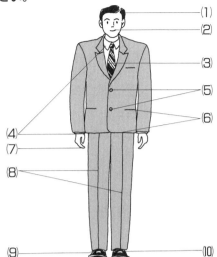

2
(3) Vゾーンという。

ア．ネクタイはきちんと結べているか。　イ．ズボンはプレスしてあるか。
ウ．ワイシャツのえりや袖は清潔か。　エ．ボタンはとれていないか。
オ．靴下の色はスーツに合っているか。　カ．ひげはきちんとそれているか。
キ．ポケットにものを入れすぎていないか。　ク．髪はぼさぼさになっていないか。
ケ．靴は磨いてあるか。　コ．爪はきれいか。

3 女性の身だしなみチェックリストの（　　）にあてはまるものを，
下記より選びなさい。

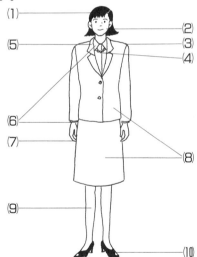

ア．髪がぼさぼさになっていないか。　イ．靴は磨いてあるか。
ウ．ブラウスのえりや袖は清潔か。　エ．ストッキングは伝線していないか。
オ．ブラウスのえりはアイロンがきいているか。　カ．爪はきれいか。
キ．お化粧はナチュラルか。　ク．肩にふけが落ちていないか。
ケ．アクセサリーは派手でないか。　コ．スーツは派手すぎないか。

4 次の各設問に答えなさい。

1. 「組織にとって重要なチームワークと協調性」についての説明で，正しくないものを1つ選びなさい。

〔選択肢〕

ア．自分の仕事をきちんとこなしていれば，それで十分である。

イ．人間関係において，個人的な好き嫌いの感情にこだわってはいけない。人間関係がこじれる原因になる。

ウ．組織の約束ごとを守らなければ，チームワークに障害が生じる。

2. 「職場内のコミュニケーションを深める」ことについての説明で，正しくないものを1つ選びなさい。

〔選択肢〕

ア．指示された仕事については，進行に応じて報告を行う。

イ．チーム内での連絡もれに注意し，こまめに連絡をとり合う。

ウ．職場ではお互いに忙しく，Face to Faceを心がけていると能率が落ちる。したがって，メモによる連絡を優先させる。

3. 「上司や先輩に接する」ときの説明で，正しくないものを1つ選びなさい。

〔選択肢〕

ア．年齢・性別・学歴・役職などにかかわらず，「相手に敬意をはらう」気持ちが基本である。

イ．明らかにおかしいと思われる上司や先輩の命令でも，「はい」と元気よく答え，引き受けなければならない。

ウ．上司から仕事上のミスを叱られても，ふてくされたり，やる気をなくしてはならない。

4. 「同僚との接し方」の説明で，正しくないものを1つ選びなさい。

〔選択肢〕

ア．親しき仲にも礼儀ありである。年齢も接近していればつい気を許したり，甘えたりする気持ちになりがちであるが，一定のエチケットは必要である。学生時代の友人関係と同じ感覚ではいけない。

イ．仕事のうえではライバルなので，その点をしっかり自覚して，同僚のミスに乗じて，自分がのし上がるプロ意識が必要である。手を貸していると，自分の評価が下がる。

ウ．金銭の貸し借りは，人間関係を壊す原因になりやすいので気をつける。

4－1
チーム内に協力態勢がなければ，業務の遂行に支障が出る。

4－2
仕事を離れた時間，たとえば，昼休み・アフター5・休日などの人間関係も，おろそかにしてはならない。一緒に食事をしたり，会社のサークル活動などに参加することで，職場では得られない人間関係が築かれる。

4－3
上司や先輩は，貴重な体験を積んでおり，仕事のノウハウも持っている。それらに敬意をはらい，積極的に指導を受けることで，自分も伸びていくことをしっかり自覚しよう。

4－4
同僚はよきライバルであるから，お互いに向上していく気持ちで，切磋琢磨していくことが大切である。足を引っぱったり，弱味につけ込むようでは，周囲の信頼を失い孤立してしまう。

5 次の田中君のケースを読んで，下記の設問に答えなさい。

〔田中君のケース〕
　あるスーパーマーケットに勤めている田中健一は，入社して４か月である。来月同店の屋上で開かれる「夏休みチビッ子大会」の企画チームの１人に選ばれた。この企画チームは，広報課の太田課長の指示で，営業の新人２名と，広報課の先輩１名の３名がスタッフとなっている。
　今日は，午前１０時から，第１回目のリモートでの打ち合わせ会議が開かれた。
太田「毎年恒例の『夏休みチビッ子大会』だが，今年は，フレッシュなメンバーで，例年とは一味ちがったものにしてほしい。チーフは広報課の三宅君，そして営業から新人の田中君と桜井さんにお願いしました。それぞれ力を合わせてがんばってください」
　太田課長は，あいさつを終え，その後の進行を三宅さんに任せて，ログイン状態のまま，パソコン画面をオフにした。
三宅「それでは，今後の検討事項と進行予定，現時点でできる役割分担について，資料を画面共有します。まず……」
田中「わあ，もう，こんなに具体的になってるんですか。もうほとんどやることないなあ」
桜井「あら，そんなことはないと思います。だって，各フロアの売れ筋商品とか，子どもたちの反応などは，私たちがこれから調査しておかなければいけない事項だし……」
三宅「そうだね。それに，決まっているのは，実質，日時と全体の予算くらいなもの。まだまだ，今後の議論が必要だと思うよ」
田中「そうですか。じゃ，ゲームソフト関連の調査は私がやりますよ。そして桜井さんのほうは……」
三宅「おい，田中君，はりきるのはいいが，ちょっと待ってくれ」
　三宅は思わず苦笑いした。

1. 太田課長が田中君と桜井さんに「夏休みチビッ子大会」の企画チームメンバーに指名したのはなぜか。もっとも適切なものを１つ選びなさい。

〔選択肢〕
ア．仕事に前向きでない新人に，いつもとちがう仕事を任せるため。
イ．広報課の三宅氏に，部下の使い方を学ばせるため。
ウ．他の職場の先輩や同僚と交流しながら，フレッシュな感覚のイベント企画の進め方を学ばせるため。
エ．田中君と桜井さんのどちらが広報に向いているか調べるため。

2. ３人の打ち合わせにおいて，田中君が改めるべきことは何か。もっとも適切なものを１つ選びなさい。

〔選択肢〕
ア．三宅さんの進行をじゃまするような発言は慎むべきである。
イ．調査の分担は，レディファーストで桜井さんに決めてもらう。
ウ．より積極的に参加したい気持ちを表すために，すでに資料ができあがっていることを批判すべきである。
エ．桜井さんに負けないように，即座に資料の内容を読み取る。

6 次の各設問に答えなさい。

1. 「就業中のマナーや態度」について，正しくないものを1つ選び
   なさい。

〔選択肢〕

ア．執務中はもちろん，会議中でも私語は慎む。

イ．席を離れるときは，近くの人にひとこと告げる。

ウ．休憩室は，仕事の緊張をほぐす場所であるから，気を抜いて，思
い切りリラックスすることが必要である。

2. 「始業時に確認しなければならないこと」の説明で，正しくない
   ものを1つ選びなさい。

〔選択肢〕

ア．早めに着席して，その日の予定を確認する。

イ．仕事が始まらないうちに，疑問点の有無を確認する。

ウ．前日の仕事の進捗状況を確認する必要はない。

3. 「出社，退社時のマナー」についての説明で，正しくないものを
   1つ選びなさい。

〔選択肢〕

ア．交通機関が原因で到着が遅れることを見込んで，その日の仕事量
を少なめにしなければならない。

イ．就業時間後に，切りのよいところで仕事を終えて退社する。

ウ．退社時には机のまわりを片づけ，自分が最後の場合は，とくに火
の元，金庫の施錠，ガードマンへの引き継ぎを確認する必要がある。

4. 「勤務中の時間の使い方」についての説明で，正しくないものを
   1つ選びなさい。

〔選択肢〕

ア．勤務時間はすべてお金に換算されているという認識で行動する。

イ．昼休みは重要なので，昼食時間はゆっくり多めにとる。

ウ．アイデアが浮かばないときなどは，気分転換も必要である。

5. 「残業する際のルール」についての説明で，正しくないものを1
   つ選びなさい。

〔選択肢〕

ア．残業を始めたからには，目標を終えるまでは帰らない。

イ．残業する際には，上司に報告して，了承を得る。

ウ．まわりに人がいないからといって，だらだらと仕事をしない。

6-1
離席の際は，机の上の書類
を片づける。とくに重要書
類については，引き出しに
入れるなどしなければなら
ない。人の目にふれたり，
紛失しないようにするため
である。

6-2
イ．仕事の疑問点は，自分
1人だけの問題にとどまら
ないことが多い。

6-3
ア．出社する日の朝は，テ
レビやインターネットで交
通機関の運行状況を確認し
なければならない

7 次の川口君のケースを読んで，下記の設問に答えなさい。

〔川口君のケース〕

　川口勉は，この4月に食品メーカーに入社し，業務課に配属。いまのところ，受注票の整理や得意先元帳の記帳などを行っている。川口は，仕事のことより，2週間後のゴールデンウィークのことで頭がいっぱいだ。仕事を中断して，受話器を取った。

川口「もしもし，溝口か。川口だよ。久しぶり。連休に大洗に行こうぜ。車で出かけようよ。また連絡するよ」

　この電話を隣の席で聞いていた1年先輩の松本経子が，川口に向かって言った。

松本「川口さん，楽しいプランがあるみたいね」

川口「5月の1日，2日と会社を休んで5連休にするんですよ。サーフィンやる予定なんです」

松本「まあ，もうサーフィンなの。でも，休暇のことは，早めに山本課長にお願いしておいたほうがいいわよ」

　川口は，パソコンで渋滞情報を見ながら，少しむっとして答えた。

川口「有給とるのに，こんなに早く言わなきゃならないの？」

　彼はしぶしぶ課長のところへ行って，休暇をとりたいと伝えた。

山本「ゴールデンウィークか。課の他の4人にも都合があるだろうから全員の予定を聞いて，相談してみよう」

川口「課長に言っただけじゃだめなんですか。松本さんが早く言っとけば大丈夫って言ったんですけど」

　山本課長は川口の顔を見上げて，困ったような表情を見せた。

1. 川口君の就業中の態度に関する次の文で，不適切なものを1つ選びなさい。

〔選択肢〕

ア．緊急でもないのに私用電話をしているのはよくない。

イ．注意を受けふてくされ，プライベートな検索をするのはマナーに反する。

ウ．自分の立場を守るため，先輩の松本に反論しているのははっきりした態度である。

エ．上司の山本の指示に反論しているのはよくない。

2. 松本はなぜ，休暇のことを早く言うべきだと言ったのか。もっとも適切なものを1つ選びなさい。

〔選択肢〕

ア．その日，自分も休みたいと思っていたから。

イ．ゴールデンウィークは，とくに他の人との調整が必要だから。

ウ．休める日を早く課長に決めてほしかったから。

エ．新人が5月に休むのはいけないと，課長に注意してほしかったから。

3. 川口は，5月1日と2日に休暇をとるにあたり，どのように対応すればよいか。もっとも適切なものを1つ選びなさい。

〔選択肢〕

ア．同僚におみやげを買ってくると約束する。

イ．まず，課長に願い出て，それから同僚に相談する。

ウ．1日と2日の仕事をその前にすべて片づけるようにする。

エ．だれよりも早く，休暇届を出す。

8 次の各設問に答えなさい。

1. 「あいさつ」についての説明で，正しくないものを1つ選びなさい。

〔選択肢〕

ア．あいさつは，元気に，さわやかに，相手よりも先にすることを心がける。

イ．相手を見ながらあいさつするのは，相手にプレッシャーがかかるので避けなければいけない。

ウ．社内の廊下で他部署に来た来客に会った場合でも，軽く会釈するように心がけなければならない。

2. 「おじぎ」についての説明で，正しくないものを1つ選びなさい。

〔選択肢〕

ア．おじぎには，最敬礼，敬礼，会釈の3種類があり，敬意を込めて行う。

イ．頭を下げるときはゆっくり，起こすときは少し早くすること。

ウ．おじぎの種類によって「角度」は異なるが，これはめやすであり，それを気にしてぎこちなくなるのはよくない。

3. 「健康管理」についての説明で，正しくないものを1つ選びなさい。

〔選択肢〕

ア．職場でのストレスは，なるべく早く解消することを心がける。解消策としては，自分の趣味を楽しむことや，相談できる上司や友人を持つことである。

イ．十分な睡眠と適度な運動は，体力をつけ，ストレスにも強い健康なからだをつくるために大切である。

ウ．定期健康診断は，病気の早期発見と治療が目的なので，40歳を過ぎたら受診すればよい。

9 次の組み合わせで，正しくないものを1つ選びなさい。

1. 依頼する際に

〔選択肢〕

ア．お忙しいところ恐縮ですが……〜していただけますか。

イ．申し訳ございませんが…………〜をお願いできますでしょうか。

ウ．悪いんですけど………………〜してくれますか。

2. ケース別あいさつ

〔選択肢〕

ア．お　礼……ありがとうございました。恐れ入ります。

イ．おわび……どうも，ごめんなさい。勘弁してください。

ウ．承　諾……はい，かしこまりました。承知いたしました。

8−1
来客は，会社にとってはつねに大切なお客さまであることを忘れてはならない。

8−2
「おじぎ」には，3種類以外にも目礼がある。**目礼**は，互いの目と目を合わせて「視線」であいさつをかわすスタイルで，少し首をかしげる程度の，もっとも軽いあいさつである。大勢のなかにいるときや，声を出してあいさつをすることができないような静かな場などで使う。

8−3
現代はストレスの時代といわれ，さまざまなストレスの原因がある。ストレス解消法を，自分で積極的に考えていかなければならない。

9−2
「どうも」ということばは，多用されるが，そのあとにつくことばが「ありがとう」なのか「失礼いたしました」なのか，はっきりしない。きちんと，最後まで言い切ることが必要である。
また，「すみません」ということばも多用されるが，これは，依頼でも，おわびでも，お礼でも使ってしまう。やはり，それぞれの場面に適した表現を用いることが大切である。

10 次の梨田君のケースを読んで，下記の設問に答えなさい。

〔梨田君のケース〕

　梨田利男は，設計事務所に就職して３か月目の新人である。事務所では７名のスタッフが同じフロアで働いているので，家族的な雰囲気のなかで仕事を教えてもらえる。入社当初は緊張していた梨田だが，ここのところ始業ぎりぎりで飛び込んでくることが多い。今日もほぼ９時ちょうどに席に着いた。まわりの人はみな席に着いている。

梨田「どうも……」

　あいまいな声をかけると，隣の席の先輩河村京子が笑顔で言った。

河村「おはよう」

　先輩のほうからきちんと声をかけられて，梨田はドギマギしてしまった。

　30分くらいたって，チーフの井上隆が設計図を持って立ち上がった。

井上「AB建設の加藤部長との打ち合わせがあるので行ってきます」

河村「行ってらっしゃい」

　梨田はタイミングを逃がし，井上が横を通りすぎるときも黙って顔を上げなかった。

　昼休みになり，同僚の安藤幸宏とエレベータに向かった。すると，向こうから，ときどき見かける取引先の笠原さんが歩いてきた。２人は軽く会釈した。

笠原「こんにちは。西村部長に約束をいただいておじゃましたんです。部長はお部屋にいらっしゃいますか」

梨田「さあ，多分席にいると思いますよ。私たちはいまから食事に出るところなんです。どうぞ，直接行ってみてください」

笠原「どうもありがとうございます」

　笠原が礼を言っておじぎをすると，梨田と安藤はエレベータに乗り込んだ。

---

1. 梨田君の朝のあいさつで，もっとも適切なものを１つ選びなさい。

〔選択肢〕

ア．みんな仕事中なので，とくにあいさつの必要はない。

イ．一人ひとりにあいさつをして回らなければならない。

ウ．「おはようございます」と元気にあいさつすべきである。

エ．家族的な雰囲気なので「おはよう」というあいさつがよい。

10－1
朝一番のひとことがその日１日のやる気を示す。はっきりあいさつすることが大切である。

2. 井上が外出するときにとるべき態度で，もっとも適切なものを１つ選びなさい。

〔選択肢〕

ア．河村さんと同じように「行ってらっしゃい」と声をかける。

イ．仕事に没頭しているので，とくに声をかける必要はない。

ウ．チーフが出かけるのだから，立ち上がって見送る。

エ．とくに声をかける必要はないが，顔だけは上げて見送る。

3. 笠原さんが来社したとき，梨田君のとるべき対応でもっとも適切なものを１つ選びなさい。

〔選択肢〕

ア．昼休みなので，このケースのような対応でよい。

イ．部長の席へ直接案内する。

ウ．部長の席への案内はしなくても笠原さんのおじぎに応えるべきだ。

エ．応接室へ案内し，部長に来客を知らせる。

4 指示の受け方と報告，連絡・相談

■ 上手な話し方・聞き方の留意点を知る。
■ 仕事の基本は，上司からの指示と担当者からの報告であることを知る。

1 話を聞くためのポイント

▶▶ 上手な聞き方のポイントは

上手な聞き方		
	❶相手の目を見る →	相手の話に興味・関心を持って聞く姿勢が，話し手に伝わる。
	❷話し手の身になる →	相手の気持ちや感情の流れまで含めて聞けば，ことば以上のことが理解できる。
	❸あいづちを打つ →	話を要約して聞くために，話のポイント，ポイントであいづちを打つ。
	❹無理やり口をはさまない →	反論や疑問点があっても最後まで聞き，相手の言うことを理解したうえで話すようにする。
	❺メモを取りながら聞く →	人の記憶力には限界がある。ビジネスでは，思いちがいはトラブルのもとになる。

2 指示の受け方

▶▶ 指示を受けるときの基本姿勢・態度は

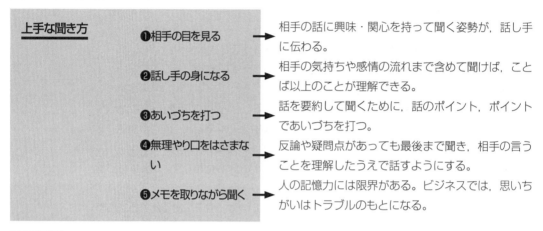

指示者 → ●上司からの指示は，会社からのものと受けとめ，必ず従う。 ●聞きまちがえないように，細心の注意をはらって聞く。 → 指示を受ける人

▶▶ 信頼される指示の受け方は

指示の受け方のポイントは		
	❶明るく元気に返事をする →	やる気は，「はい」のひとことでわかるものである。
	❷メモを取る →	5W2H（p.118参照）をきちんとおさえる。
	❸ポイントを復唱する →	指示の確認。やる気の表現。
	❹質問は最後に行う →	指示の途中で，上司をさえぎって質問してはいけない。

会話のコツは「七分三分」

　人との会話は，七分（70％）を相手に話させ，自分は三分（30％）話すのがコツといわれている。
　つまり，聞き手の立場に立つほうが圧倒的に多くなるわけで，いかに聞くことが大切かがよくわかる。
　聞き上手になることは，相手との会話を進めるためには，話す以上に重要なポイントとなるのである。

3 　上司からの指示は内容をよく把握して

▶▶ 上司からの指示は，正しく受けとめなければならない。

上司に呼ばれたら

❶上司が話しているときは → すぐ「はい」と，元気に明るく返事をする。

→ 上司が話している途中でことばをはさまず，指示は，終わりまで聞く。

❷指示が複雑なときは → 5W2Hをメモに取る。呼ばれたときは，メモを持っていく習慣を身につける。

❸疑問や意見があるときは → すべての指示が終わってから，率直に述べる。あいまいにしておくと，あとで思わぬ失敗につながる。

❹指示内容を復唱する → 聞きまちがい，もれがないかを確認する

❺直属の上司以外から指示を受けた
　ときは
→ 組織のなかでは，部下は直属の上司の指示で行動するのが原則である。直属の上司以外から指示を受けた場合は，直属の上司に報告し，優先順位の確認をとっておく。

電子メールでの指示

❶電子メールで指示されたとき → 受けた旨の返信をできるだけ早く出す。

❷指示内容がよくわからないとき → メールで聞き直すのではなく，口頭で確認するなど，受けた内容に責任を持つ。

4 　報告は迅速・正確に

▶▶ 指示は「報告」によって終了する。報告の重要性を認識しよう。

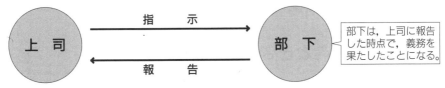

上　司 ――― 指　示 ―――→ 部　下

部　下 ――― 報　告 ―――→ 上　司

部下は，上司に報告した時点で，義務を果たしたことになる。

■ 「指示」と「報告」は一対のものである。

▶▶ 報告でとくに気をつけたいのは

● 「あとで報告しよう」ではいけない──→タイミングの遅れは上司の判断を遅らせる。

● 悪い報告（ミスや事故の発生）は早く──→スピーディな事後対策。

● 不在のときは確実に伝わる工夫を──→あとで確認も行う。

▶▶ 口頭による報告は，確実に伝わるように工夫する。──口頭による場合（上司には時間の都合を聞く）

口頭による報告のポイントは

❶話す順序・要点 → 5W2Hに従って，メモをつくって報告する。複数事項の場合は，重要度・緊急度の高い順に報告する。

❷まず結論を言う → ずばり，結論から述べ，次に理由を述べる。

❸事実と推測を分ける → 事実なのか推測なのかの区別をはっきりつける。この区別があいまいだと上司が判断を誤る。

電子メールでの報告

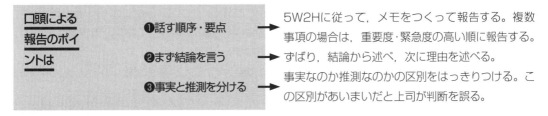

❶メールで指示を受けた場合 → メールでの指示には，メールで報告するのが原則。

→ 内容が込み入っている場合は，口頭での報告も忘れない。

→ 指示者以外にも報告すべきか，いたら，CC，BCCを活用して報告する。

5　中間報告と連絡

▶▶ きめ細かな報告が必要な場合には，これを怠らない。

| 中間報告とは | → | 長期にわたる仕事の途中経過，トラブルが発生した場合，状況に変化があった場合などに必要である。 |

▶▶ 社外からの連絡では──現在地，現況，予定，帰社時刻，連絡事項などを伝える。

● いま，どこにいるか。　　● いま，何をしているか。　　● これから何をするか。

● いつ会社へ帰るか。　　● 他から連絡が入っているか。　　● 上司に連絡はあるか。

▶▶ 社内での連絡では──部署間の連絡事項，欠勤，出張などを伝える。

● 口頭で　　● 社内電話で　　● メモで　　▌ 5W2Hを守り，署名や名前を伝え責任の所在を明らかにする。

▶▶ 報告と連絡のちがい

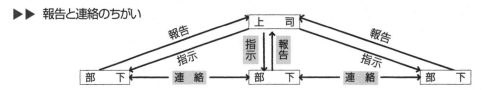

6　上司や先輩の知恵を引き出す相談

▶▶ わからないときは，上司や先輩に積極的に相談しよう。

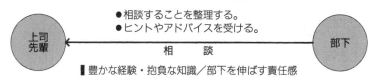

● 相談することを整理する。
● ヒントやアドバイスを受ける。

上司
先輩　　　相　　談　　　部下

▌ 豊かな経験・抱負な知識／部下を伸ばす責任感

┌─────────────────┐
│ ひとりで悩まないこと。 │
│ 「渡る世間に鬼はなし」 │
└─────────────────┘

▌ 相談するタイミングは上司・先輩の都合に合わせる。

7　指示が重なったときなどの対応

▶▶ 自分勝手な判断を避け，下記のような原則に則って業務にあたる。

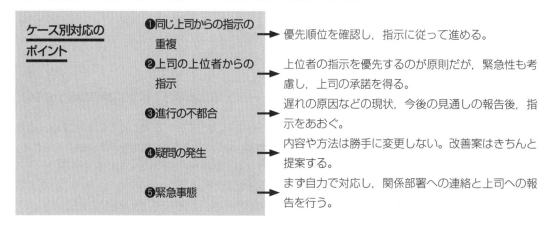

ケース別対応のポイント		
	❶同じ上司からの指示の重複	→ 優先順位を確認し，指示に従って進める。
	❷上司の上位者からの指示	→ 上位者の指示を優先するのが原則だが，緊急性も考慮し，上司の承諾を得る。
	❸進行の不都合	→ 遅れの原因などの現状，今後の見通しの報告後，指示をあおぐ。
	❹疑問の発生	→ 内容や方法は勝手に変更しない。改善案はきちんと提案する。
	❺緊急事態	→ まず自力で対応し，関係部署への連絡と上司への報告を行う。

8　連絡と相談

▶▶ 連絡を受けるときでも，相談をするときでも，つねに自分の責任であることを忘れずに。

❶社外からの連絡 ➡ 社内といっても気をゆるめず，メモを活用して，確実に伝える。
メモは5W2Hの原則に従い，メモを受けた責任者である自分の名前も忘れずに書く。

❷上司や先輩にする相談 ➡ 一人で抱え込んでストレスをためないよう，早期に相談をする。
➡ 相手の都合を聞いてから相談する。
➡ 相談内容はまとめておく。相談は，あくまでもアドバイスの意味。判断や結論は自己責任である。

9　忠告の受け方

▶▶ 忠告を受けるときの基本姿勢・態度は

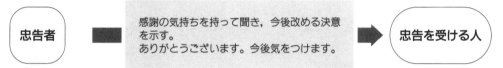

| 忠告者 | 感謝の気持ちを持って聞き，今後改める決意を示す。
ありがとうございます。今後気をつけます。 | 忠告を受ける人 |

▶▶ 忠告を受けるときのポイントは

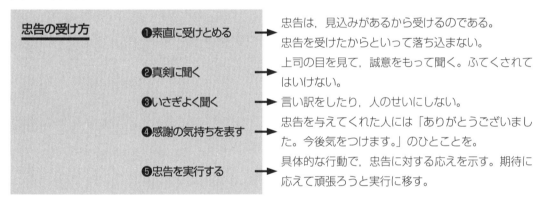

忠告の受け方	❶素直に受けとめる ➡	忠告は，見込みがあるから受けるのである。 忠告を受けたからといって落ち込まない。
	❷真剣に聞く ➡	上司の目を見て，誠意をもって聞く。ふてくされてはいけない。
	❸いさぎよく聞く ➡	言い訳をしたり，人のせいにしない。
	❹感謝の気持ちを表す ➡	忠告を与えてくれた人には「ありがとうございました。今後気をつけます。」のひとことを。
	❺忠告を実行する ➡	具体的な行動で，忠告に対する応えを示す。期待に応えて頑張ろうと実行に移す。

仕事をする際に大切なまよけ

　仕事をするなかで，報告・連絡・相談は，欠かせない重要なポイントであるが，その際「ま・よ・け」をおさえて行うことを心がけよう。「ま・よ・け」は，組織能力研究所長の柴崎篤義氏の創案したことばである。

●報・連・相（ホウ・レン・ソウ）とまよけ

ま	まめに伝え合う──早めの行動。
よ	よく確かめる──その場で確認。
け	けじめをつける──いい加減にせず，きちんと行う。

10 肯定的表現をする

▶▶ 指示や質問，依頼に対しては肯定的な姿勢でのぞむようにする。

| 指示・質問
依頼する人 | → | 「できません」「わかりません」で答えず，前向きな表現で答える。 | ⇒ | 指示・質問
依頼を受ける人 |

▶▶ 肯定的な表現とはどのような答え方だろうか。

| 指示に対して | 「この書類をA社に届けてください」 |

（否定的）
「いま手が離せないから行けません。」

→（肯定的）
「はい。ただいま，至急提出の文書を作成中ですので，30分後でもよろしいでしょうか。」

| 質問に対して | 「A商品の昨年の売上高はいくらでしたか?」 |

（否定的）
「わかりません。」

→（肯定的）
「ただいま営業部に行って調べて参りますので，少々お待ちください。」

| 依頼に対して | 「ちょっと油性ペンを貸してくれませんか?」 |

（否定的）
「持っていません。」

→（肯定的）
「いま持って参ります。お待ちください。」
「ご用意いたしますので，少々お待ちください。」

■　次の各設問に答えなさい。

1. 「話を聞くためのポイント」についての説明で，正しくないもの
を1つ選びなさい。

〔選択肢〕

　ア．話のテーマに興味と関心を持ち，テーマをしっかりとらえて聞く。

　イ．反論や疑問点があったら，タイミングを逃がさず，話の途中でも
確認するようにする。

　ウ．自分自身でポイントをおさえ，相手にも聞いていることを伝える
ために，あいづちを打つとよい。

2. 「指示の受け方」についての説明で，正しくないものを1つ選び
なさい。

〔選択肢〕

　ア．上司に呼ばれたら返事をしておき，手をつけている仕事が終わる
までは席を立たない。

　イ．上司の指示に含まれる内容を，5W2Hをおさえながら聞き，必要
に応じてメモを取る。

　ウ．要点を復唱し，質問は最後に行う。上司の話をさえぎる形で質問
してはならない。。

1−2
ウ．復唱することには，2
つの意味がある。
指示内容の確認とやる気の
表現である。

3. 上司の「忠告の受け方」についての説明で，正しくないものを
1つ選びなさい。

〔選択肢〕

　ア．忠告は，素直に受けとめ，心に刻む。人のせいにしない。

　イ．上司が感情のおもむくままになじっている場合は，対抗手段とし
て，こちらの言い分を押し通す。

　ウ．落ち込んでいる様子がありありと見える態度はやめる。

1−3
上司の忠告も，聞くときの
気持ちの持ちようで，なじ
られているように受け取れ
ることもある。被害者意識
を持たないで，前向きに聞
くことである。

4. 「肯定的表現」についての説明で，正しくないものを1つ選びな
さい。

〔選択肢〕

　ア．肯定的表現は，相手に対して，自分自身のやる気や誠意を伝える
ことにつながる。

　イ．肯定的表現は，つねに上司や目上の人に対して行うもので，人間
関係をよくするテクニックである。

　ウ．肯定的表現をしながらも，不可能なことについては理由を明確に
して相手に伝えるようにする。

2 次の表現を，その場に立ったと想定して，肯定的表現に直しなさい。

(1)（企画を立ててくださいという指示に）「そんなこと，できません。」

(2)（一部しかない書類を貸してとの依頼に）「一部しかないんだ。」

(3)（外出前に呼び止められて）「いま，急いでるんです。」

(4)（この次の部会の日程を聞かれて）「忘れちゃった。」

3 次の山村君のケースを読んで，下記の設問に答えなさい。

〔山村君のケース〕

　山村康之が，コンピュータソフトの開発部門に配属され，約10か月が過ぎた。学生時代からプログラミングが得意で，データベースやゲームのソフトをつくったこともあり，毎日の仕事が，楽しくてたまらない。今日は，在宅勤務の日で，自宅で仕事をしていた。すると，篠崎部長からリモートで打ち合わせをしたいとメッセージがきた。山村はログイン承認をしてパソコンの画面を見ながらリモートで話を始めた。

篠崎「山村君，君が先日提出したA社の支店売上管理のソフトの企画書なんだが…」

山村「はい，いかがでしたか。なかなかの自信作なんです」

篠崎「確かにおもしろい内容だが，君の企画書は指定したフォーマットとちがっているので見づらいんだよ。フォーマットを統一して再作成してくれないか」

山村「でも，あの内容に一番いい形で提案したつもりなんですが」

篠崎「そうだろうが，それなら作成する前に，私にひとこと提案してくれないと。他に4通ある企画書と検討を進めるわけだし」

　山村は，どうせ自分のものが一番なのにと思ったが，こらえた。

山村「わかりました。やり直します。でも次は，その形で提案させてもらいます」

　篠崎は，もう一度，言った。

・篠崎「それと山村君，この企画だと，A社の提示している予算をオーバーしているぞ。条件にそってつくるのが基本だぞ」

　山村は，はっとして，顔を赤らめた。

---

1. 篠崎部長が山村を呼んだのはなぜか。もっとも適切なものを1つ選びなさい。

〔選択肢〕

ア．おもしろい企画書が書けているとほめ，やる気を出させるため。

イ．フォーマットの不統一と企画の予算オーバーを知らせ，改めて企画書を作成するよう指示するため。

ウ．山村が自信過剰になっているようなので，それを気づかせるため。

エ．企画書の内容がよくわからないので，質問するため。

2. 篠崎部長は，なぜ，フォーマットを変えるなら，作成前に提案してほしかったと言ったのか。もっとも適切なものを1つ選びなさい。

〔選択肢〕

ア．自分の出したフォーマットとして，山村の案を使いたかったから。

イ．いまさらフォーマットを変えたら，他の部下に対して恥しいから。

ウ．山村の提案したフォーマットを検討してそれがよりよいものならば，他の部下にも同じ条件で作成させなければならないため。

エ．山村のフォーマットがよければ，他の部下には企画書を出させる必要がなかったため。

3. 山村が最後に「はっとした」のはなぜか。もっとも適切なもの
　　を１つ選びなさい。

〔選択肢〕

ア．企画には自信があったが，重要なことを見落として，プログラム
　　のおもしろさばかり追求したことを部長に忠告されたから。

イ．予算を無視してつくった企画だと気づかれたから。

ウ．篠崎部長が，いきなり怒り出したと思ったから。

エ．このままでは自分の企画が通らないと思ったから。

4 次の各文の（　）にあてはまる用語を，下記の語群のなかから選びなさい。

1. 上司の指示内容

⑴ 上司の指示は，内容を正確に把握するため，（　）をしっかりおさえる必要がある。

⑵ 上司の指示についての質問は，上司が話し終わったあとに行う。上司の話を（　）のは避けなければならない。

⑶ 上司に呼ばれたときは，「はい」と明るく，大きな声で（　）して，すぐに行く。

⑷ 直属の上司以外からの指示を受けたときは，直属の上司に相談し，（　）の確認をとっておく。

ア．返事　イ．無視する　ウ．相談　エ．報告　オ．優先順位
カ．5W2H　キ．さえぎる　ク．拒否

4-1
上司の指示には，積極的かつ忠実に従うことが必要である。

2. 上司に対する報告

⑴ 指示を受けて，行った仕事が終了したときは，（　）に報告しなければならない。

⑵ 指示を受けた仕事が長期にわたる場合は，途中で（　）報告しなければならない。

⑶ 口頭による報告にあたっては，（　）を先に言い，経過についてはそのあとで言うようにする。

⑷ 文書による報告にあたっては，必要に応じて（　）を添付する。

ア．参考資料　イ．印象　ウ．迅速　エ．文書　オ．推測
カ．同僚　キ．中間　ク．結論

4-2
上司への報告は，まず口頭で行い，あとから文書やメールで報告する形が多い。

3. 連絡

⑴ 出張先から，会社に連絡を入れるときは，現在地，現在の状況，（　）などを伝える必要がある。

⑵ 社内において，お互いに連絡するときは，（　）を活用して，正確に伝わるようにすることも大切である。

⑶ 社内連絡用のメモには，自分の氏名を記入して，（　）の所在を明確にしておく必要がある。

ア．メモ　イ．帰社予定時刻　ウ．社内電話　エ．欠勤者の氏名
オ．責任　カ．交通費

4-3
連絡には，電話やFAXなどによる社外連絡と，口頭や社内電話，メモなどによる社内連絡がある。

4. 相　談

⑴ 仕事上の悩みなどは，1人で考え込まないで，積極的に経験豊かな上司や先輩に（　）するとよい。

⑵ 上司や先輩に相談する場合，安易にすぐ相談に行かないで，まず自分で（　）方法などを調べる努力をするべきである。

⑶ 相談する際には，（　）で押しかけたりせずに，相談する相手の都合に合わせることが大切である。

ア．依頼　イ．自分の都合　ウ．相談　エ．責任　オ．解決
カ．タイミング

4-4
相談にあたっては，結論のみを求めようとせず，自分なりの考えを持って，上司や先輩からのヒントを得るようにする。

5 次の各設問に答えなさい。

1. 報告や連絡をするときの心がまえとして，正しくないものを1つ選びなさい。

〔選択肢〕

ア．ついあとまわしになりがちであるが，タイミングが重要であるから，こまめに報告したり連絡をとる。

イ．言いにくいことはどうしても先にのばしがちであるが，できるだけ早く報告または連絡すべきである。あとになるほど，ますます言いにくくなるものである。

ウ．報告や連絡する相手が不在のときにことづける場合，まちがいなく伝わったかどうか，あとで確認することは失礼にあたる。

2. 相談するときの基本姿勢として，正しくないものを1つ選びなさい。

〔選択肢〕

ア．相談することについて，ある程度自分で調べて考えをまとめておくことが大切である。

イ．あくまでも自分で解決することを基本に，上司や先輩からヒントを受ける姿勢でのぞむ。

ウ．上司や先輩は豊かな経験と知識を持っているので，疑問や悩みがあったら，自分の都合で相談する。

3. 上司に対して，口頭による報告を行う場合の留意点として，正しくないものを1つ選びなさい。

〔選択肢〕

ア．いずれ文書で報告するのであれば，口答による報告は，いっさい不要である。忙しい上司は，報告を受ける時間も惜しいほど，スケジュールがたてこんでいるものである。

イ．報告は簡潔に行う。何を言っているのかはっきりしないのでは，上司はイライラするばかりである。

ウ．報告内容が1件でない場合は，重要事項や緊急性のあるものから先に伝える。

4. 次のようなケースの対応として，正しくないものを1つ選びなさい。

〔選択肢〕

ア．仕事の途中でやり方に疑問が生じたら，すぐに自分の考えついた方法に変更する。

イ．仕事が予定どおりにできそうもないときは，原因や見通しを報告して指示を受ける。

ウ．緊急事態が発生したときには，まず自力で対応し，影響を与える相手への連絡と上司への連絡を行う。

5-3
報告は，自分が本当に必要（大事）だと思えば，相手がわずらわしいと思うくらい多くてもかまわない。上司も，仕事をまかせた者がどのような手順で仕事を進めているかがわかれば，適切なアドバイスや修正をすることもできるし，次の仕事の準備も可能となる。ただし，上司の仕事の都合を確認してから，タイミングを見はからって行うことが必要である。

6 次の長島君のケースを読んで，下記の各設問に答えなさい。

〔長島君のケース〕

　長島君は，山田課長から指示を受けて，あさっての会議で使用する資料を作成していた。データをもとに，パソコンでグラフ化する作業である。そこへ，山田課長から声がかかった。

　「長島君，ちょっと」

　あと1項目の入力でそのページが終わるところだったので，入力を終えて，データを保存してから，課長の席へ向かった。

　「はい，何でしょうか」

　「実は先日，田中商事へ郵送した請求書の金額がまちがっていて，いま，電話でおわびをしてその請求書をもらいに行くことになった。悪いんだが，取りに行ってくれないか。担当は，営業部の矢崎さんだ」

　「わかりました」

　──長島君は急いで取引先に向かった。受付で，営業部の矢崎さんを呼び出してくれるよう頼んだところ，そのような人はいないという。あわてて，山田課長に電話を入れた。「何だって？　君は田島商会へ行ってしまったのかい？　私は田中商事と言ったんだぞ」

　「えっ！　申し訳ありせん。急いでそちらに向かいます」

　田中商事で請求書を受け取ったら，午後1時近かった。昼食を食べてから連絡すればよいと，レストランに入った。2時に山田課長に電話を入れた。「長島君，田中商事へは行ったのかね」

1. 長島君が，上司に呼ばれたときにとるべき対応として，もっとも適切なものを1つ選びなさい。

〔選択肢〕

ア．仕事が一段落してから，上司のところへ行く。

イ．いま忙しいことを伝えて，翌日以降に行く。

ウ．仕事を中断し，返事をして上司のところへ行く。

エ．とにかく返事だけはしておいて，仕事が完了してから行く。

2. 長島君が行先をまちがえないために，今後心がけるべきことは何か。もっとも適切なものを1つ選びなさい。

〔選択肢〕

ア．山田課長が早口なことを忘れないようにする。

イ．山田課長の指示はメモをして，復唱する。

ウ．前の仕事をきちんと終えてから，改めて確認し，出かける。

エ．担当者の名刺を日頃からよく整理しておく。

3. 田中商事から請求書をもらったあと，長島君はどのように行動すればよいと思いますか。もっとも適切なものを1つ選びなさい。

〔選択肢〕

ア．すぐに，会社へ電話をし，請求書を受け取ったことを報告する。

イ．昼休みが過ぎているので，急いで食事をすませて帰社する。

ウ．レストランから出たら，会社に電話を入れる。

エ．その場で訂正できる修正ならば，自分で作成し直す。

6−1
上司からの指示には，つねに対応できる姿勢にあることを示さなければならない。

6−2
思いちがい，勘ちがい・聞きちがい・思い込みなど，意思の疎通を阻害する要因はたくさんある。5W2Hをおさえなければならない。

6−3
報告は，タイミングが大切である。
また，依頼を受けた仕事について勝手な判断をするのは禁物である。

7 次の松田さんのケースを読んで，下記の各設問に答えなさい。

〔松田さんのケース〕

　松田さんは，入社して半年だが，A社より依頼のあった「顧客データベース」のシステム開発プロジェクトのメンバーに選ばれた。学生時代にプログラミングの勉強をしていたので，その能力を評価されたのである。

　月曜日，松田さんは，井上課長からこんな指示を受けた。

　「これは，今回のA社の依頼にそって，北沢主任が調べた新機種の資料なんだが，あさっての3時までに，目を通して，君の考えを私あてにメールしてくれないか」

　松田さんが席に戻って手帳を見ると，あさっては，北沢主任と外出することになっていたが，とりあえず資料を読み始めたところ，となりの席の山下先輩に声をかけられた。

　「松田さん，明日の朝，得意先に持って行く資料のコピーを忘れてしまったんだ。あいにくうちの課の人たちはみな外出していて，私もいまから外出しなきゃならないから，悪いけどコピーして私の机の上に置いておいて」

　「え！　は，はい，わかりました」

　そのコピーは大量で，1時間ほどかかってしまった。資料を読む時間がなくなってしまった松田さんは，家に持ち帰って目を通した。

　翌日，井上課長に「ちょっと，きのうの資料あるかい？」と聞かれた松田さんはあわててしまった。資料はしばらく借りていられるものと思い，もとの資料を家に忘れてきてしまったのだ。

1. 山下先輩にコピーを頼まれたとき，松田さんはどうすべきか。もっとも適切なものを1つ選びなさい。

〔選択肢〕

ア．一応引き受けて，ほかの人が戻ったら，その人に頼む。

イ．自分はいま至急しなければいけない仕事があると，はっきり断る。

ウ．井上課長に指示をあおぎ，仕事の優先順位を確認する。

エ．就業時間が終わってからコピーする。

2. 井上課長から指示を受けたあと，松田さんはどうすべきだったか。もっとも適切なものを1つ選びなさい。

〔選択肢〕

ア．あさっては外出するので，あしたまでに案をつくるよう努力する。

イ．とりあえず資料を読んでから，できるかどうか返事をする。

ウ．外出途中，北沢主任に相談し，下書きを見てもらってから提出する。

エ．あさっては予定が入っていることを井上課長に告げ，相談する。

3. 松田さんは，資料を忘れてきてしまった。今後このようなことのないようにするためにはどうすべきか。もっとも適切なものを1つ選びなさい。

〔選択肢〕

ア．資料は家に持ち帰らない。

イ．プロジェクトの他のメンバーに資料を届けてもらう。

ウ．井上課長に事情を説明し，おわびし，納得してもらう。

エ．資料のもとになっているデータを北沢主任から再送してもらう。

7-1
組織のなかでは，部下は直属の上司からの指示で行動するのが原則である。

7-2
問題のあるときは，できるだけ早く報告し，相談する。

5 話し方と聞き方のポイント

■ 話し方の基本を身につける。
■ 印象のよい話し方のテクニックを学ぶ。
■ スピーチの基本を身につける。

1 印象のよい話し方

▶▶ まず相手が，話を聞いてくれるような印象のよい話し方をめざす。

| 印象のよい話し方 に必要なのは | ❶マインド → | 話す人の人柄，何を伝えようとしているのかといった話題，どのように伝えようとしているのかの誠意など，印象で感じる内面的なもの。 |
| | ❷スキル → | 「明るくはっきりした声」や「わかりやすいスピード」などは，練習によって改善させる技術的なもの。 |

2 上手な話と下手な話

▶▶ 上手な話と下手な話はどこがちがうのだろうか。

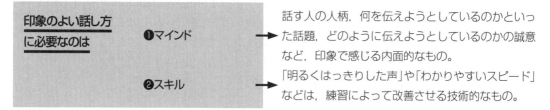

上手な話

- 言いたいことが，はっきり伝わってくる。
- 簡潔で，5W2Hをきちんとおさえている。
- 落ちついたなかにも抑揚があり，メリハリがきいている。
- 相手に合わせて，話のテンポや言い方を変える。

話 の 目 的

話の組み立て

話 し 方

相 手 の 立 場

下手な話

- 何を言おうとしてるのか，ポイントがはっきりしない。
- ダラダラ長話がつづいたり，同じことを繰り返したりする。
- 一本調子で，語尾がはっきりしない。
- 相手のことを無視して，一方的に話す。

3 話し方の基本姿勢

▶▶ 話し方の基本を守って，相手に効果的に伝えなければならない。

話すときの 基本的心がまえ	❶何を話すのか →	話の目的をはっきりさせる。 目的がぼやけると聞き手は話のポイントがつかめない。
	❷どういう順序で話すのか →	相手によくわかるよう順序だてて話す。 順序をまちがえると，聞き手は理解しにくい。
	❸どういう表現で話すのか →	必要なことを，簡潔にまとめて話す。 無駄なことをつけ加えると，聞き手の集中力が薄れる。
	❹どういう話し方をするか →	話していることが相手に伝わるように，聞き取りやすい発音とスピードを心がける。
	❺話す相手はだれなのか →	礼儀正しく誠意のある態度で話す。 相互の信頼関係がないと，話は相手の心を動かさない。

4　わかりやすい話し方のポイント

▶▶　わかりやすく話すための具体的なポイントは，次のとおりである。

わかりやすい話し方のポイント		
❶目的	➡	話のテーマがはっきりしていること。
❷準備	➡	事前に話す内容を整理しておくこと。
❸音量	➡	聞き取りやすい大きさの声で話すこと。
❹速さ	➡	１分間に300字くらいが適度な速さといわれる。
❺抑揚	➡	大事なところはしっかり力を込めて話すこと。
❻間の取り方	➡	聞き手の理解を確かめながら話すこと。
❼発声	➡	口を開いて，一語一語はっきり話すこと。
❽ことば	➡	相手によくわかることばを使うこと。
❾態度・表情	➡	礼儀正しく，明るい表情で話すこと。

5　感じのよいことばづかい

▶▶　感じのよいことばづかいは，聞き手に対するエチケットである。

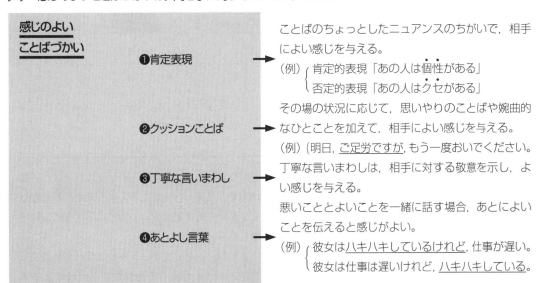

感じのよいことばづかい		
❶肯定表現	➡	ことばのちょっとしたニュアンスのちがいで，相手によい感じを与える。 （例）〔肯定的表現「あの人は個性がある」 　　　否定的表現「あの人はクセがある」
❷クッションことば	➡	その場の状況に応じて，思いやりのことばや婉曲的なひとことを加えて，相手によい感じを与える。 （例）（明日，ご足労ですが，もう一度おいでください。
❸丁寧な言いまわし	➡	丁寧な言いまわしは，相手に対する敬意を示し，よい感じを与える。
❹あとよし言葉	➡	悪いこととよいことを一緒に話す場合，あとによいことを伝えると感じがよい。 （例）〔彼女はハキハキしているけれど，仕事が遅い。 　　　彼女は仕事は遅いけれど，ハキハキしている。

6　きれいな声の出し方と発音

▶▶　相手に聞き取りやすい声の出し方と発音とは

きれいな声の出し方と発音のポイントは		
❶腹式呼吸	➡	よくとおる聞き取りやすい声を出すためには，おなかから声を出すようにする。
❷正確な発音	➡	口を大きく開いて，語尾まではっきりと発音する。
❸アクセントを正しく	➡	アクセントによって，ことばの意味がちがってしまうこともあるので正確に。
❹発音練習	➡	早口ことば，子音練習，鼻濁音の練習をする。
❺正しい姿勢で	➡	腹式呼吸だけではなく，正しい姿勢によっても，自信のある，はっきりとした発音ができる。

7　新入社員はまず自己紹介のしかたから

▶▶　自己紹介では，自分の意見や考え方を相手に正確に理解してもらえるようにする。

自己紹分の ポイントは	❶材料の準備	→	話す材料をいくつか用意する（入社の動機，現在の 心境，学生時代のこと，趣味・特技など）。
	❷話の組み立て （起承転結）	→	一般的な話の順序は，話を起こす（起）→それを受け て話を展開（承）→話題を変える（転）→まとめる（結）。
	❸聞き取りやすい話し方	→	大きな声でゆっくり話す。あれこれ話題を増やさず， 組み立てを大切に。リハーサルをするとよい。

新入社員歓迎会での自己紹介の例

　この４月に入社して，５月から川口営業所に配属されました○○○○です。

　このたび，皆さまとお仕事をさせていただくことになりました。たいへん光栄に存じております。○○の仕事は，わたくしの学生時代からの夢でしたので，いまその夢が実現してうれしく思っています。

　わたくしの出身地は埼玉県の熊谷で，五家宝が有名でございます。いま，テーブルの上にその五家宝がございますが，このお菓子はきなこがまぶしてあり，ただおいしいだけでなく健康食品でもあります。この機会にひとことPRさせていただきました。

　熊谷のもう１つの自慢は，市がラグビーの専門球場を持っていることです。ラクビーのたいへん盛んなところで，わたくしの母校にもラグビー部があり，花園へ行ったこともあります。わたくしもラグビー部に籍を置いて練習に明け暮れる毎日でした。

　３年間，一度もレギュラーにはなれませんでしたが，ボールを追って全部員が１つにまとまるチームワークのすばらしさを体得できて，本当によかったと思っています。

　配属された川口営業所にラグビー部はありませんが，皆さま，親切な方々ばかりですので，はやくとけ込んで，一生懸命がんばりたいと存じます。

　この間もパソコンが突然動かなくなってびっくりいたしましたが，お隣の○○さんがすぐ助けてくださいまして事なきをえました。ありがとうございました。

　ラグビーで鍛えた身体には自信がありますので，これからしっかり仕事をして行く決意です。

　どうか，よろしくお願い申し上げます。

8 スピーチをするときは準備を

▶▶ スピーチの原稿は3段構成が基本である。

第1段階 導　　入	→	第2段階 展　　　開	→	第3段階 結び（ま　と　め）
▌あいさつ 　スピーチの要旨		▌具体的な話		▌自分の意思・決意 　あいさつ

▶▶ 原稿の書き進め方

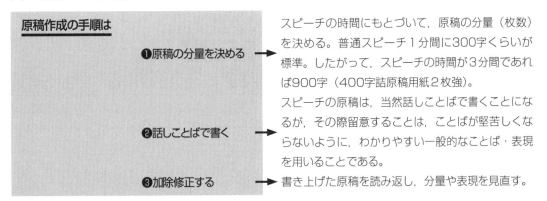

原稿作成の手順は	
❶原稿の分量を決める →	スピーチの時間にもとづいて，原稿の分量（枚数）を決める。普通スピーチ1分間に300字くらいが標準。したがって，スピーチの時間が3分間であれば900字（400字詰原稿用紙2枚強）。
❷話しことばで書く →	スピーチの原稿は，当然話しことばで書くことになるが，その際留意することは，ことばが堅苦しくならないように，わかりやすい一般的なことば・表現を用いることである。
❸加除修正する →	書き上げた原稿を読み返し，分量や表現を見直す。

▶▶ スピーチは，落ち着いて堂々と。

スピーチを行う際の ポイント	
❶背すじを伸ばして →	姿勢を正し，堂々とした態度で話す。
❷聞き手を見て →	聞き手にしっかり目を向けて話す。
❸自信を持って →	おどおどすると，聞き手は不安になる。
❹はっきりした発音で →	大きな声で，ゆっくり話す。

▶▶ 上がらないための工夫をする。

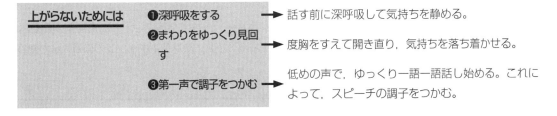

上がらないためには	
❶深呼吸をする →	話す前に深呼吸して気持ちを静める。
❷まわりをゆっくり見回す →	度胸をすえて開き直り，気持ちを落ち着かせる。
❸第一声で調子をつかむ →	低めの声で，ゆっくり一語一語話し始める。これによって，スピーチの調子をつかむ。

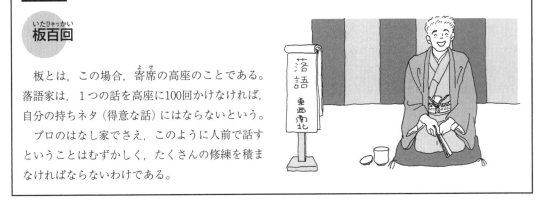

いたひゃっかい
板百回

　板とは，この場合，寄席の高座のことである。落語家は，1つの話を高座に100回かけなければ，自分の持ちネタ（得意な話）にはならないという。
　プロのはなし家でさえ，このように人前で話すということはむずかしく，たくさんの修練を積まなければならないわけである。

9　ビジネスの場にふさわしいことば

▶▶ 間柄によることばづかいのちがいを知ろう。

学生時代・友人同士	職場（同僚）	職場（上司・客）
どうする？ これでいい？ そうだよ（そうよ） あるよ（あるわよ） わかったよ これ見て ちょっと待って 頼むよ（頼むわ） 行くよ（行くわ） もらうよ（もらうわ） 聞くよ 〜くん　〜ちゃん	どうしますか これでいいですか そうです あります わかりました これを見てください 少し待ってください お願いします 行きます もらいます 聞きます 〜さん	いかがなさいますか これでよろしいですか さようでございます ございます かしこまりました こちらをご覧ください 少々お待ちください お願い申し上げます 参ります　伺います 頂きます　頂戴いたします 伺います　拝聴いたします 〜課長　〜部長　〜さん　〜さま
僕　おれ　あたし	私（わたし　わたくし）	

10　気をつけたいことば

▶▶ 相手に不快感を与えることばには，どんなものがあるだろうか。

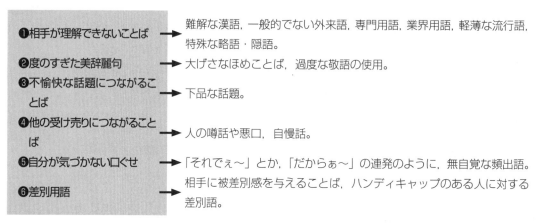

❶相手が理解できないことば　→　難解な漢語，一般的でない外来語，専門用語，業界用語，軽薄な流行語，特殊な略語・隠語。

❷度のすぎた美辞麗句　→　大げさなほめことば，過度な敬語の使用。

❸不愉快な話題につながることば　→　下品な話題。

❹他の受け売りにつながることば　→　人の噂話や悪口，自慢話。

❺自分が気づかない口ぐせ　→　「それでぇ〜」とか，「だからぁ〜」の連発のように，無自覚な頻出語。

❻差別用語　→　相手に被差別感を与えることば，ハンディキャップのある人に対する差別語。

隠語とは何か

　隠語とは，特定の仲間同士でのみ通じるようにつくった暗号のようなことばである。

　レストランの従業員が，「ダスター（台ふきん）ください」という代わりに「きいろください」（ダスターの色が黄色だから）などという例がある。これは，食事をしている人のそばで汚れた台をふくふきんを想像させないようにとの配慮である。しかし，もし，会話をしているなかに，1人でもそのことを理解できない人がいる場合には，隠語を知らない人に不快感を与えることになるので気をつける。

11 尊敬語・謙譲語・丁寧語を正しく使い分ける

▶▶ 敬語には，尊敬語・謙譲語，丁寧語の3種類がある。

敬語	
●尊敬語 →	相手の人または話のなかの第三者を敬う心を表現する。自分のことには使わない。
●謙譲語 →	自分や身内をへりくだって表現する。相手のことには使わない。
●丁寧語 →	相手に敬意を表して使う。丁寧な表現。

▶▶ 尊敬語の使い方を身につけよう。

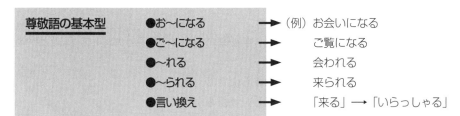

尊敬語の基本型	
●お〜になる →	（例）お会いになる
●ご〜になる →	ご覧になる
●〜れる →	会われる
●〜られる →	来られる
●言い換え →	「来る」→「いらっしゃる」

▶▶ 謙譲語の使い方を身につけよう。

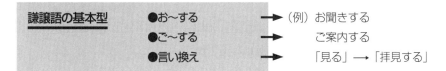

謙譲語の基本型	
●お〜する →	（例）お聞きする
●ご〜する →	ご案内する
●言い換え →	「見る」→「拝見する」

▶▶ 丁寧語の使い方を身につけよう。

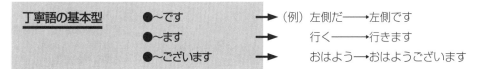

丁寧語の基本型	
●〜です →	（例）左側だ──→左側です
●〜ます →	行く──→行きます
●〜ございます →	おはよう→おはようございます

12 尊敬語と謙譲語の使い分けがポイント

▶▶ おもなことばの敬語の活用を覚えよう。

原型	尊敬語	謙譲語	丁寧語
言う	おっしゃる	申し上げる	言います
話す	お話しになる	お話しする	話します
聞く	お聞きになる	お聞きする	聞きます
見る	ご覧になる	拝見する	見ます
書く	お書きになる	お書きする	書きます
する	なさる	いたす	します
行く	いらっしゃる	参る，伺う	行きます
来る	お越しになる	参る	来ます
いる	いらっしゃる	おる	います
持つ	お持ちになる	お持ちする	持ちます
食べる	召し上がる	いただく	食べます
読む	お読みになる 読まれる	拝読する お読みする	読みます
借りる	お借りになる 借りられる	拝借する お借りする	借ります
あげる	くださる	差しあげる	あげます

「お」と「ご」のつけ方

「お」と「ご」は，相手に関する事柄や動作に対してつけると敬語になる。（おからだ，お子さま，ご家族，お荷物，お帰り，お元気など）

動植物，外来語，公共物にはつけない。（お犬，おバラ，おビール，お玄関，お会議室など）

また「お」「ご」で始まることばには原則つけない。

1 次の各設問に答えなさい。

1. 会社でコミュニケーションが大切な理由として，正しいものを
1つ選びなさい。

〔選択肢〕

ア．社長以下，家族のように仲よくなるために必要である。

イ．噂や陰口や，ハラスメントを防ぐために必要である。

ウ．仕事をスムーズに進めるためにコミュニケーションが大切である。

2. 話の上手な人の「話し方」について，正しくないものを1つ選
びなさい。

〔選択肢〕

ア．同じことを，何度も同じ調子で繰り返し，聞き手の耳に残るよう
につとめる。

イ．5W2Hを話のなかに織り込む。ポイントをきちんと伝える。

ウ．相手の興味を引く話題を織り込み，会話を楽しむ気持ちが大切で
ある。

3. 「話し方の基本姿勢」について，正しくないものを1つ選びなさい。

〔選択肢〕

ア．結論から，まず話す。経過は，そのあとでよい。

イ．誠意がなければ，美辞麗句を並べても人に感動は与えられない。

ウ．話す目的を考えてから話したのでは，タイミングを逸する。

4. 「聞き取りやすい声の出し方と発音」についての説明で，正しく
ないものを1つ選びなさい。

〔選択肢〕

ア．語尾まではっきり発音すると，いばっているように聞こえること
があるので注意する。

イ．澄んだ声で，かつ，かん高くない少し低めの発声が聞き取りやすい。

ウ．アクセントによって，ことばの意味がちがってしまうこともある
ので，正確に発音する。

2 次のそれぞれの表現について，（　　）のなかに下記の語群から適
切なことばを選んで，感じのよいことばづかいにしなさい。

(1)　（　　）伊藤はただいま外出しております。

(2)　中学生以上は有料でございます。（　　）入場券をお求めのうえ，
ご入場ください。

(3)　ただいまの時間，当店は禁煙タイムでございます。喫煙は（　　）
ください。

(4)　本日は当社まで（　　）いただき，誠にありがとうございます。

　　ア．恐れ入りますが　イ．あいにく　ウ．ご足労　エ．ご遠慮

1－1
会社の目的は何かを考えて
みる。

1－2
だらだらした長話は，下手
な話し方である。
聞き手の心理に配慮した話
し方が上手な話し方であ
る。

1－3
誠意ある態度に密接に関連
するのは，敬語である。

1－4
舞台俳優やアナウンサー
は，腹式呼吸をして，よい
姿勢を保ちながら，一言ひ
とことはっきり正確に発音
する練習を繰り返す。

3 次の西尾さんのケースを読んで，下記の設問に答えなさい。

〔西尾さんのケース〕

　西尾ゆかりは，アパレルメーカーの営業部員である。現在は，2年先輩の植松明彦と一緒に，取引先をまわることが多い。そんなある日，西尾は，植松とともに，浅井課長に呼ばれた。

浅井「西尾さん，ここ2か月ほど，植松さんと一緒に取引先をまわってもらったわけだが，感想はどうかね」

西尾「はい，6月までは伝票整理といった内勤業務が多く，あんまり楽しくありませんでした。現在の外勤は，植松さんは親切に指導してくださるし，取引先の方は，クセのある方が多いし，毎日楽しいです」

浅井「何社くらい，どんな用件でまわったのかな」

西尾「東部地区を中心に20社ほどで，活動内容は，この秋の新作スーツの宣伝です」

浅井「植松さん，スーツのデザイナーは，森口幸恵先生だったな」

植松「はい，森口先生には，冬物のデザインもお願いしています」

　そばで聞いていた西尾は，胸がドキドキし始めた。彼女は森口幸恵の大ファンなのである。

浅井「植松さん，西尾さんにも一度，森口先生にお会いする機会をつくってあげてくれ。デザイナーの声を直接聞いて，今後の営業活動に役立ててもらえるしね」

植松「はい，かしこまりました」

西尾「本当ですか！　私，先生の大ファンで，服も何枚も持ってるんです。嘘みたい，こんなに早く，先生に会えるなんて」

　2人は，西尾の興奮ぶりに，すっかり驚いてしまった。

1. 西尾のことば，「6月までは伝票整理……楽しくありませんでした」という否定表現を肯定表現にしたものを，1つ選びなさい。

〔選択肢〕

ア．6月までは伝票整理で，それほど楽しくありませんでした。

イ．6月までの伝票整理は簡単で，それほど楽しくはありませんでした。

ウ．6月までの伝票整理では，内勤業務の勉強をすることができました。

エ．6月までの内勤業務では，社内の人たちと交流できました。

2. 西尾のことば，「クセのある方」の肯定的な表現にしたものを，1つ選びなさい。

〔選択肢〕

ア．おもしろいクセのある方　　　ウ．特技の多い方

イ．アクの強い方　　　　　　　　エ．個性のある方

3. 「西尾の興奮ぶりに，2人が驚いてしまった」のはなぜか。もっとも適切なものを1つ選びなさい。

〔選択肢〕

ア．西尾が，そんなに森口の大ファンとはまったく知らなかったから。

イ．西尾が，森口の洋服を何枚も持っていると自慢したから。

ウ．それまでの冷静な話し方とはうって変わって，一方的にしゃべり出したから。

エ．いつか森口に会えるかもしれないと，西尾が期待していたから。

4　次の各設問に答えなさい。

1.「職場での新入社員の自己紹介」についての説明で，正しくない
　　ものを1つ選びなさい。

〔選択肢〕

　　ア．自己をどのように印象づけるかがポイントになる。

　　イ．氏名とか出身地・趣味など，自分に関することを話す。

　　ウ．話題のなかに，ユーモアを織り込むことは不謹慎である。

2.「あいさつやスピーチ」についての説明で，正しくないものを1
　　つ選びなさい。

〔選択肢〕

　　ア．導入部は，美辞麗句を並べて印象づけるとよい。

　　イ．主題には，効果的なエピソードなども入れる。

　　ウ．結びは，自分の意見や決意などを述べる。

5　次は自己紹介を行う際に注意すべき事柄を，内容別に表したもので
ある。(1)～(5)にあてはまる用語を下記の語群のなかから選びなさい。

1.　構成

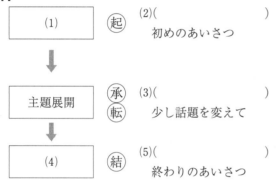

　　ア．起　イ．導入　ウ．時候のあいさつ　エ．氏名を名乗る

　　オ．自分のエピソードを述べる　カ．時事問題を述べる

　　キ．結び（まとめ）　ク．結　ケ．自分の決意

2.　話し方

(1)　与えられた時間内に終えられるよう，スピーチの（　　　　）を決
　　める。

(2)　スピーチの原稿は（　　）が基本なので，堅苦しくならないよう，
　　わかりやすい，一般的な表現を用いる。

(3)　スピーチを行う際は，姿勢を正し，はっきりした声で，（　　）に
　　話すとよい。

(4)　聞き手（　　）に話しかけているように，それぞれに目を向けて
　　話すようにする。

　　ア．速さ　イ．分量　ウ．ほめことば　エ．話しことば

　　オ．速め　カ．ゆっくりめ　キ．一部　ク．全体

4－1
新入社員の自己紹介は，会
社全体の新入歓迎会とか職
場単位の歓迎会で行われる
ことが多い。

4－2
あいさつやスピーチを行う
ときは，ぶっつけ本番では
なく，前もって原稿にまと
めてみるとよい。

5－1
自己紹介のスピーチにおい
ては，自分の名前を名乗る
ことは，必須の条件である。
エピソードとしては，自分
を知らない人に，自分の人
となりが伝わるような話題
をいくつか考える。
その場の雰囲気に応じて，
ユーモアのある内容を盛り
込むことも大切である。

5－2
スピーチの速さは，1分間
に300字くらいがめやすと
なる。原稿を準備したら，
このめやすに従って練習し
てみるとよい。
(4)聴衆の全体にバランスよ
く視線を投げることを，ア
イコンタクト(eye contact)
という。

6 次の安田さんの「自己紹介例」を読んで，設問に答えなさい。

〔安田さんのケース〕

　ただいま，ご紹介をいただきました安田和俊でございます。このたび営業部に配属となり，みなさんとともにお仕事をさせていただくことになりました。どうぞよろしくお願いいたします。

　私の出身地は，福岡県の博多です。みなさんは，博多というと，どんなことをイメージなさいますか。祭りはどんたく，食べ物では，明太子と豚こつラーメン──というのが，全国レベルで名の通ったところでしょうか。しかし，もう１つ，福岡といえば，多くの芸能人を輩出しているところであるということを忘れてはいけません。○○も，△△も，私の高校の先輩なのです。そんな芸術的人物を育む校舎で，私は，バンドを組み，ボーカルをやっていました。えっ？　ここで歌うのですか。そう言われるとすぐ歌いたくなりますが，それは，場所ということも考えてグッとこらえ，今後カラオケ大会のときに，思い切り聴いていただきたいと思います。そのときは，衣装も用意します。

　高校卒業と同時に，私は，ギターを片手に上京し，芸能界──ではなくて，コンピュータの専門学校に入りました。関係ないじゃないかとおっしゃる方もおいででしょうが，マルチメディア科というところでは，音楽のプロデュースや，音の分析も勉強したのです。この会社で販売しているような○○ソフトなども，学生時代から使わせていただいていました。これからも，商品研究に励みたいと思っています。

　最後になりましたが，私の配属されました３課には４人の先輩がおられます。私の高校時代のバンドK^{5}と同じ５人の課です。それにお名前がそれぞれ，神山課長，小島さん，湯本京子さん，川上さんと，私の和俊で，みなイニシャルにKが入っているところも同じです。この偶然には驚きました。バンドではプロになれなかったけれど，今回のK^{5}では，１人前になれるよう，がんばりますので，よろしくお願い申し上げます。

1. この自己紹介の導入部分はどこですか。

〔選択肢〕

　ア．ただいま～ございます。　　ウ．ただいま～ところでしょうか。

　イ．ただいま～お願いいたします。　　エ．ただいま～用意します。

2. このスピーチでは，話し手が聞き手を引き込むための工夫がいくつかあるが，次のうち，他のものと異なるものを１つ選びなさい。

〔選択肢〕

　ア．みなさんは，博多というと，どんなことをイメージなさいますか。

　イ．えっ？ここで歌うのですか？

　ウ．これからも，商品研究に励みたいと思っています。

　エ．なんだ，関係ないじゃないかとおっしゃる方も多いでしょうが。

3. 安田君は最後に，営業３課の人すべての名前をあげK^{5}といっているが，どんな効果があるか。もっとも適切なものを１つ選びなさい。

〔選択肢〕

　ア．同僚の人とまたバンドを組みたいという要望が伝わってくる。

　イ．音楽バンドK^{5}でプロになれなかったことを悔やんでいる。

　ウ．すでに自分の職場の人の名前を覚え，ともにがんばりたいと思っている意欲的な気持ちが伝わってくる。

　エ．みんなの名前のイニシャルにKが入っていたことに驚いている。

6

このスピーチは約800字である。したがって，抑揚をつけて，間を取りながら読んでみると，３分弱で終えるはずである。

導入部

あらかじめ，司会者が名前を紹介してくれている場合でも，改めて自己紹介の冒頭では名乗るようにする。

主題

聞き手に話しかけながら，一方的にならないように展開する。

途中で入った呼びかけ（ここでは，「歌ってみて」）にも応えながら，うまくおさめる。

また，ともに働く人の名前を覚えることは，新入社員にとって大切なことである。

7 次の表は，自他の呼称についての尊敬語・謙譲語である。(1)〜(5)の（　）にあてはまることばを入れなさい。

対　象	呼　称
自　分	（　1　）
私たち	（　2　）
自　社	私ども，（　3　），小社，弊社
他　社	貴社，（　4　）
あなた	○○さま，そちらさま，お宅さま，お客さま
だ　れ	どなたさま，（　5　）
上　司	○○部長，○○課長（○○部長さんとは言わない）

8 次の尊敬語（左）と謙譲語（右）の組み合わせで，正しくないものを1つ選びなさい。

1. 名詞・代名詞

〔選択肢〕

ア．貴　社————弊　社　　　ウ．お　宅————拙　宅

イ．そちらさま——てまえども　　エ．お住所————住　所

2. 動　詞

〔選択肢〕

ア．おっしゃる——申し上げる　　ウ．いらっしゃる——お　る

イ．ご覧になる——拝見する　　エ．いたす————なさる

9 次の（　）にあてはまる用語を，下記の語群のなかから1つ選びなさい。

1. 尊敬語・謙譲語・丁寧語

(1) 尊敬語とは，相手の人または話のなかの第三者を（　）心を表現する。自分のことには使わない。

(2) 謙譲語とは，自分や身内を（　）表現する。相手のことには使わない。

(3) 丁寧語は，相手に敬意を表して使う丁寧な表現で，（　）を使うのが普通である。

(4) 尊敬語と謙譲語は，同じ人の動作や行動でも，話す相手によって（　）する。

　　ア．変化　イ．へりくだって　ウ．常体文　エ．多用　オ．敬体文

　　カ．敬う　キ．自慢して　ク．噂して

2. 相手に不快感を与えることば

(1) 相手が（　）できないような業界用語，特殊な略語，軽薄な流行語などは使わない。

(2) 大げさなほめことばや過度な敬語といった（　）は，不快である。

(3) 語尾をのばしたり，無自覚に同じことばを繰り返し言うといった（　）にも注意する必要がある。

(4) 他人の話の受け売りで（　）や悪口を言うと，人間関係がこわれる。

　　ア．理解　イ．質問　ウ．大言壮語　エ．美辞麗句

　　オ．七癖　カ．口ぐせ　キ．噂話　ク．ほめことば

7
自分に関する謙譲語

一般	私・わたくし・小生
上役	私・わたくし・小生
社員	当社社員・弊社社員・弊社・○○（姓）・当行行員・当店店員
会社	当社・弊社・小社・わが社
銀行	当行・弊行・小行
商店	当店・弊店・小店
団体	当会・本会・小会・弊会・当協会・本協会
官庁	当省・本省・当庁・本庁
学校	当校・本校・わが校・本学
家	拙宅・小宅・私宅・小生宅
土地	当地・当市・当町・当方面
手紙	手紙・書中・書面
意見	私見・愚見・愚案・拙案
配慮	配慮・尽力
物品	寸志・粗品
受領	拝受・受領・入手
往来	お伺い・参上
父	父・実父
母	母・実母
両親	両親・父母・老父母
祖父	祖父
祖母	祖母
息子	息子・愚息
娘	娘
兄	兄
弟	弟
姉	姉
妹	妹
夫	夫
妻	妻

9−2
口癖の多用
副詞—やっぱり，つまり，とにかく，そういう
接続詞—それで，でも，だって，だから
間投詞—えー，えーと，あのー，はいはい，どうも

⑩　次の表現をそれぞれビジネスの場にふさわしい適当な表現に直しなさい。

(1)　そりゃやっぱできないんじゃないかな。

(2)　その問題はちょーむずかしいです。

(3)　手紙を見ました。

(4)　うちの会社の社長さんは稲垣さんといいます。

(5)　はいはい，わかりました。

(6)　心配してくれてありがとう。

(7)　また来てくれるのを待ってます。

⑪　次の原型をそれぞれ，適当な敬語表現に直しなさい。

1. 質　問

(1)　何の用ですか。

(2)　どうでしょうか。

(3)　（電話で）少し声が聞こえないのですが。

(4)　名前は何ですか。

2. 回　答

(1)　ないです。

(2)　できません。

(3)　知りません。

(4)　そうです。

3. 依　頼

(1)　ちょっと待ってください。

(2)　～してもらえませんか。

(3)　来てください。

(4)　聞いてください。

⑫　次の文中の敬語の使い方には誤りがある。正しい文章に書き直しなさい。

(1)　（来客に対して）部長さんはただいまお出かけになっております。

(2)　（取引先に対して）私どもの山田課長がよろしくとおっしゃってました。

(3)　（取引先に対して）清原部長はおりますか？

(4)　久保田さまと申す方が，明日参ることになっております。

(5)　（来客に対して）お会議室で待ってください。

(6)　（取引先に対して）だれでございますか。

(7)　（社内の上司に対して）予定は本木課長に伺ってください。

(8)　同封の文書を拝見してください。

(9)　不明の点がありましたら，下記へ伺ってください。

(10)　（社内の同僚に対して）この文書は部長がお書きしました。

(11)　（来客に対して）そんなことできません。

(12)　（取引先に対して）そんなものありません。

(13)　（取引先に対して）ゴルフをやりますか。

(14)　（来客に対して）いま呼んでくるので，ちょっと待ってください。

(15)　（取引先に対して）小社へ行ってもいいですか。

一般	貴殿・貴兄・貴君・○さま
上役	貴殿・社長・専務・部長・課長
社員	貴社社員・御社社員・貴(御)社○○さま・貴行行員・貴店店員
会社	貴社・御社
銀行	貴行・御行
商店	貴店・御店
団体	貴会・御会・貴協会
官庁	貴省・御省・貴庁・御庁
学校	貴校・御校・貴学
家	尊家・貴宅・貴家
土地	貴地・御地・貴町
手紙	貴書・貴状・御書状・御書簡・ご書面
意見	ご高見・ご卓見・ご高説・ご意見
配慮	ご配慮・ご高配・ご尽力
物品	ご厚志・けっこうなお品・佳品
受領	ご査収・ご高覧・お納め・ご笑納
往来	お越し・ご来社・ご来訪・お立ち寄り
父	御尊父(さま)・おとう(父上)さま・お父上
母	御母堂さま・(お)母上さま・お母さま
両親	ご両親(ご父母)さま
祖父	ご祖父さま・おじいさま
祖母	ご祖母さま・おばあさま
息子	ご令息さま・ご子息さま
娘	ご令嬢さま・お嬢さま
兄	兄上さま・おにいさま
弟	弟さま
姉	姉上さま・おねえさま
妹	妹さま
夫	ご主人(だんな)さま
妻	奥さま・令夫人

会社によっては，上司を呼ぶ際，○○部長などの役職名で呼ばず，○○さんと，さんづけで呼ぶところも出てきている。

6 電話応対

■ ビジネスでは，電話の果たす役割の大きいことを知る。
■ 声とことばだけのコミュニケーションの特殊性を理解する。

1 電話会話の特徴

▶▶ 電話の特徴を踏まえて，スマートな応対を心がけよう。

❶公共性	→	要領よく話す。電話が混み合う時間を心得ておく。
❷一方的な性質	→	いきなり用件に入らない。相手の都合を考えてかける。
❸声だけが頼り	→	美しい発音，はっきりしたことば，相づち，復唱確認などを心がける。
❹簡潔な応対が必要	→	手短に，要領よく話す。返答は明確に。わからない場合にも失礼にならないように応対を心がける。
❺記録が残らない	→	トラブルにならないようメモを取る。氏名の確認時，同姓がいる場合には役職・性別・名前などで確認する。
❻即答が求められる	→	問い合わせに対して，すぐ答えられる準備が必要。
❼費用がかかる	→	コスト意識を持って要領よくまとめる。

2 電話応対によって会社の印象が決まる

▶▶ 電話で話すときは，会社の代表として話していることを自覚しなければならない。

電話は会社の顔（代表）である。

相手と面と向かって話しているつもりで。

●電話の印象がいいので……，「しっかりした，いい会社のようだな」→会社の評価が高まる。

●電話の印象が悪いと，「なんという対応だ!!」→会社の評価が下がる。

● 携帯電話・スマートフォンのマナー

携帯電話やスマートフォンが急速に普及し，より便利な使い方が広がる一方で，マナーの乱れも問題になってきている。ビジネスの場で利用する際には，とくに注意が必要である。会議中，面談中，出張などの移動中にはまわりの人に迷惑をかけないよう，着信音を切る配慮，便利さにまかせて，むやみに上司や顧客に電話をしたりしないなど，普通の電話と同様，マナーを心がけよう。

3　電話を受けるポイント

▶▶　どんなケースにも機敏に応対できなければならない。

ベルが鳴ったら

❶受話器を取る

すぐ左手で受話器を，右手でペンを取る（左利きの人は逆）。
受信音（ベル）が３回以上鳴ってから，出たときは「お待たせいたしました」とまっ先に言う。
とくに相手がスマートフォンからかけてきた場合には，着信直後の声が聞き取れないことがあるので少し間をおいて話す。

❷名乗る
●直通電話のとき
●交換台を通すとき

「はい，○○会社でございます」「もしもし」は必要ない。
「○○部（課）でございます。」社名，部署名ははっきりと。

❸相手を確認する

相手が名乗らなかった場合には，「失礼ですが，どちらさまでしょうか」とたずねる。

❹あいさつをする

「いつもお世話になっております」とあいさつをする。

❺用件を聞き取る

メモを取りながら聞き取るのが原則である。

❻不明な点は

話を聞きながら，不明な点をメモしておき，あとで質問する。
「お伺いしたいことがあるのですが，よろしいでしょうか」

❼聞き取りにくいときは

「少々，お電話が遠いようですが……」，「電波の調子が悪いのですが……」，「恐れ入りますが，もう一度お願いいたします」と言う。

❽復唱する

「それでは復唱いたします」と言って，用件のポイントを復唱して確認する。用件を受けた自分の名前を伝える。「私○○が承りました」

| 金　額 | 数　量 | 期　日 | 固有名詞 |

これらは，しっかり復唱して確認をとる。

❾終わりのあいさつ

「どうもありがとうございます」

「失礼いたします」

かけてきたほうが切るのを待って，受話器を静かに置く。

受話器を置き終わるまでは，相手は受話器から耳を離していない。

電話機を置き終わるまでは，決して無駄口を聞いてはいけない。

❿まちがい電話がかかってきたときは

「こちらは○○でございますが，番号をおまちがえではございませんか」と言う。

4 電話の取りつぎのポイント

▶▶ どんなケースの取りつぎにも的確に対応しなければならない。

本人がいる場合

●他の電話に出ているとき → 「ただいま，ほかの電話に出ておりますので，少々お待ちください」と言って保留にする。——本人が出るまで，受けた人が責任を持つ。

●相手を待たせているとき → 「長引きそうですので，こちらから改めてお電話差し上げましょうか」と，相手の意向を聞く。

●都合で出られないとき → 「ただいま席をはずしておりますので，戻りましたらこちらからお電話を差し上げます」——本人には，受けた人が責任を持って伝える。

●すぐ出られないとき → 相手の社名や氏名を確認してから，本人に取りつぐ。

本人がいない場合

●帰社時刻がわかっているとき → 「○○時頃には戻る予定でございますが……」

「ただいま外出中でございます。同じ課の○○と申しますが，もしお差し支えございませんでしたら，代わってご用件を承りますが……」

●帰社時刻がわからないとき → ——原則として，本人の外出先・出張先は相手には言わない。

●相手の用件を聞いたとき → 「…………。以上のとおり承りました。○○に伝えます」

●相手の用件を聞かなかったとき → 「それでは，○○と連絡がとれ次第，○○のほうからお電話申し上げます」

伝言メモ

○○社の○○　様から
△△課長　　　あて
[✓] 電　話　　[ ] 来　訪
伝言
　配送のことで，おたずねしたいことがあるそうです。

- (✓) また電話する　　( ) 番へ電話してほしい
- ( ) また来る　　　　( ) 用件は言わなかった

受　信	○月○日 AM/PM 3時15分
受信者	○○　　　内線　56

会社までの道順を聞かれたら

　電話での道案内は，次のような5つのポイントをおさえて説明すると，相手にわかりやすい。

①まず，相手が現在どこにいるか，またはどこから来るかをたずねる（進む方向を誤らないためには，ふり返って見える建物を確認するとよい）。

②交通手段を聞く（電車・タクシー・徒歩かなど）。

③相手に伝える項目にそって説明する。
　電車の場合→路線，駅名，改札口
　車の場合→通り，方向，目印となる建物，
　　　　　　道路状況，駐車場の有無
　バスの場合→乗り場，行き先，降車地

④目標物は，曲がり角にある店や会社の隣のビルなど，ポイントとなるものをあげる。

⑤全体の所要時間を伝える。

5　電話のかけ方のポイント

▶▶　電話をかける手順を覚える。

❶かける前に準備すること ▶	用件のポイントをメモにまとめる。（5W2H） 必要な資料は，机上に用意する。該当ページにはふせんなどをつけておき，即座に開けるようにする。メモ用紙とペンを用意する。
❷かける ▶	相手（会社）を確認し，自分の社名と氏名を名乗り，簡単なあいさつをする。取りつぎを依頼し，名指し人が出たら用件を伝える。相手の都合を考えて，初めに「ただいまよろしいでしょうか」と確認してから話し始める。
❸まとめと終わり ▶	重要事項は確認し，まとめのあいさつをする。切るときは，心のなかで１・２・３……とカウントしてから，静かに受話器を置く。

名指し人が不在のとき

●あとでかけ直す ▶	名指し人が戻る予定時間をたずね，そのころかけ直すと告げる。
●伝言を依頼する ▶	一方的に依頼しない。あとでの確認のため，伝言を依頼した人の名前をたずねておく。
●電話をくれるよう依頼する ▶	相手がお客さまだったり，目上の人の場合，またはこちらから何かを依頼するときは，失礼になるので注意する。

電話のタブーあれこれ

●相づちを打たない　　●ながら電話　　●事前の準備不足

●携帯電話は訪問時には
　マナーモードに　　●まわりで騒ぐ　　●乱暴に切る

1 次の各設問に答えなさい。

1. 「電話応対の基本」で，正しくないものを1つ選びなさい。

〔選択肢〕

ア．相手の顔が見えないのであるから，相手に聞き取りやすいようにとくに気を配る必要がある。

イ．数字や地名，氏名など，聞きまちがえやすいものについては，十分注意を払う。

ウ．相手の話の内容について確認をとることは，失礼にあたるケースが多いので，避けなければならない。

2. 電話が「終わったとき」の応対のしかたについての説明で，正しくないものを1つ選びなさい。

〔選択肢〕

ア．聞き取りにくい場合には「恐れ入りますが，もう一度お願いできますか」と言って，相手に依頼してもよい。

イ．終わりのあいさつとして，「よろしくお願いいたします」とか，「どうもありがとうございます」と言う。

ウ．コスト意識をつねに持ち，用件を終えたら相手より先に切る。

3. 電話で，相手から指名された人が「不在」のときの応対について，正しくないものを1つ選びなさい。

〔選択肢〕

ア．指名された人の帰社時間がわかっていれば，その時間を伝える。

イ．急用であれば，名指し人が持っている個人の携帯電話の番号を伝えるようにする。

ウ．応対した自分の名前を，相手に伝えることを忘れないこと。

4. 電話の「取りつぎ」をするときの説明について，正しくないものを1つ選びなさい。

〔選択肢〕

ア．取りつぎに時間がかかるようなときは，もう一度かけてもらうよう伝えるのが確実である。

イ．電話を取りつぐ際は「保留」にして，相手にこちらのやりとりは聞こえない状態にする。

ウ．「ただいま○○と代わります。少々お待ちください」と丁寧に応対しなければならない。

1−**1**
イ．発音をはっきりさせることや，意味のとりちがえのないように，言い換えの必要なことばの例。
1（イチ）……7（シチ）
4日…………8日
病院…………美容院
市立…………私立
使用…試用…私用
なお，アルファベットの場合は「CatのC」とか，「JapanのJ」など，簡単な単語や国・都市名などを引用して説明するとわかりやすい。

1−**2**
受話器をガチャンと置くと，相手の耳にその音がそのまま入ってしまう。

1−**3**
相手の身分や所属などを確かめないうちに，不在者のことをペラペラ話すのはいけない。気を使うべき取引先や，逆に同業他社などからかかってきた電話であれば，社内のことをありのままに伝えてはまずいわけである。

1−**4**
電話器の性能がアップしているため，周囲の音声は相当広範囲に拾ってしまう。

5. 「電話をかける」場合の説明で，正しくないものを１つ選びなさい。

〔選択肢〕

ア．相手が出社した直後，昼休み・退社ごろなどの時間帯は，なるべく避ける。

イ．右利きの場合，受話器は右手で取り，左手で番号を押す。

ウ．相手が出たら，まず，こちらから名乗り，あいさつをする。

6. 「メモの取り方」についての説明で，正しくないものを１つ選びなさい。

〔選択肢〕

ア．相手の話を聞きながら，すばやく，正確に書き取る。

イ．金額，数量，目的などは，とくに正確を期さなければならない。

ウ．伝言メモは，書くことが制約されることも多いので，使わないほうがよい。

② 次のケースについて，正しいものを１つ選びなさい。

1. 相手の声が聞き取りにくい場合

〔選択肢〕

ア．問い直すのは失礼にあたるので，勘を働かせる。

イ．聞き取りにくいことをはっきり伝える。

ウ．かけてきた人に，別の人に代わって話してもらうように頼む。

2. 電話を受けるとき

〔選択肢〕

ア．相手を10秒以上も待たせても，とくにわびる必要はない。ビジネスライクに，いきなり用件に入るのが鉄則である。

イ．相手が社名を名乗ってから，自分の社名，氏名を伝えて簡単なあいさつをする。

ウ．社外からの電話では，自社の社員には敬称をつけない。

3. 電話が途中で切れてしまったとき

〔選択肢〕

ア．こちらのミスでなければ，再び話が通じたときに「先ほどは失礼いたしました」と言う必要はない。

イ．相手のミスで電話が切れた場合には，なぜ切れてしまったか，理由をはっきりさせる。

ウ．電話が途中で切れたうえに，相手の名前を聞いていなかった場合，自分の名前と，用件を簡潔にまとめた説明をして，担当者を探してもらう。

■－5

電話のかけまちがいは想像以上に多いと言われている。電話代のムダ，時間のロス，迷惑をかけるといったマイナスを考え，電話は番号をまちがえないようにかける心がけが大切である。

②－3

ウ．具体例

「私，〇〇（社名）の△△（名前）と申します。先ほど～（用件を簡潔に）の件でご連絡させていただいたのですが，あいにく，担当の方のお名前をお伺いしていなかったため，お名前がわかりません。申し訳ございませんが，もう一度担当の方をお願いできませんでしょうか」

3 「電話のかけ方」について，次のイラストの空欄(1)～(5)にあてはまることばを，下記より選びなさい。

3
相手が社名を言わないとき，聞き取れなかったときは，「○○（社名）さんでしょうか」と確認する。

電話は一方的な性格がある。電話の多い時間帯を避けるなど，相手の都合を考えてかけるようにする。いきなり用件に入らず，相手の状況を確認することも必要である。
また，ことばだけが頼りなので，美しい発音を心がけ，まぎらわしい表現はやめる。ことばだけでは記録が残らないので，トラブルにならないようメモを取るようにする。

ア．私，○○会社の吉川と申します。いつもお世話になっております。

イ．恐れ入りますが，営業1課の高林さんをお願いいたします。

ウ．それでは，よろしくお願いいたします。失礼いたします。

エ．高林さんでいらっしゃいますか。私，○○会社の吉川と申します。
　　ただいま，お時間よろしいでしょうか。

オ．先日，ご依頼いただきました見積書ですが，本日郵送いたしましたので，ご確認ください。お忙しいところ，恐縮ですが，15日までにご連絡いただきたいと思うのですが……

4 「電話の受け方」について，次のイラストの空欄(1)〜(6)にあてはまることばを，下記より選びなさい。

4
電話を取りつぐ人の不在理由別応対例
①別の電話中
「あいにく，ただいま，別の電話に出ておりますので，終わり次第こちらからご連絡させていただきます」
②会議
「恐れ入りますが，ただいま会議中で，席をはずしております。戻り次第，こちらからお電話させていただきます」
③トイレ
「ただいま席を外しております。間もなく戻ると思いますので，戻りましたら，こちらからお電話いたします」
④休暇中
「あいにく本日○○はお休みをいただいております。△日から出社いたしますが，いかがいたしましょうか」
⑤出張中
「あいにく出張中でして，○日に戻る予定になっております。いかがいたしましょうか」

電話を受けるときの注意：
とくに，公衆電話などからの電話のときは，一拍おいてから話し出さないと，初めのことばが聞こえないことがある。
受話器を置くときの注意：
相手が，受話器を置いたことを確認してから切ること。

ア．午後3時頃に戻ってくる予定になっております。戻りましたら，ご連絡させるようにいたしましょうか。

イ．あいにく，後藤は打ち合わせのために外出しております。

ウ．はい，松山産業（社名）でございます。

エ．では念のため，ご連絡先と，もう一度お名前をお願いいたします。

オ．承知いたしました。失礼いたします。

カ．復唱させていただきます。1234−5678，○○工業営業部の早川さまですね。私，同じ課の山口と申します。後藤が戻りましたら，お電話を差し上げるよう申し伝えます。

7 来客応対と訪問の基本マナー

▎来客の目的に対する的確な応対のしかたを知る。
▎礼儀作法についての知識・スキルを身につける。
▎名刺の果たす役割やその扱い方を知る。

1 受付・接客時のことばづかい

▶▶ 受付・接客時の話し方・聞き方が，来客にその会社の第一印象を与えることを忘れてはならない。

受付 → ●丁寧なことばを使う。
●失礼のない話し方をする。
●礼儀正しい聞き方をする。
●来客を知り，自社の知識も身につける。 → 来客

▶▶ それぞれの状況をおさえた接客時のことばつかいをおさえよう。

接客時の7大用語		
❶感謝	→	ありがとうございました。
❷承諾	→	かしこまりました。
❸歓迎	→	いらっしゃいませ。
❹待たせるとき	→	少々お待ちください。
❺待たせたとき	→	お待たせいたしました。
❻依頼	→	恐れ入ります。
❼おわび	→	申し訳ございません。

2 来客には誠意を持って接する

▶▶ 第一印象を決定づける応対の基本マナー

来客応対の基本		
❶身だしなみ	→	会社の第一印象を決める「顔」となることを自覚する。
❷表情	→	明るい笑顔で，温かい印象を与えられるよう配慮する。
❸態度	→	できる限り相手を待たせないよう，てきぱきと応対する。どのような客に対しても公平に誠実に接する。
❹ことばづかい	→	丁寧なことばづかいを心がける。

▶▶ 心のこもった応対は来客に伝わる。

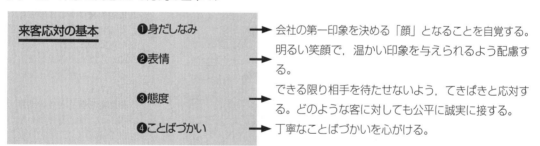

●正確 → その場で，来客の顔と名前，訪問の目的をしっかり把握する。

●迅速 → ビジネスマンにとって，長時間待たされるほどイライラすることはない。できる限り待たせないように気を配る。

●公平 → どのような来客にも分けへだてなく，正しいことばづかいで礼儀正しく接する。服装や身なり・肩書き・力関係などで軽重をつけてはならない。

●誠実 → 来客の目的に，できる限り添えるようにはかる。

●親切・丁寧 → 明るくて温かいムードを感じさせるように，心を配る。

▶▶ 各部署に直接来客があった場合は，誠意のある応対をしよう。

❶来客を見かけたら →
仕事の手を休めてすぐに応対する。その人が仕事での訪問か，個人的な訪問かなど訪問の意味を知る。
立ち上がっておじぎをし，相手の会社名・氏名・訪問先をたずねる。

❷取りつぐ →
「○○（社名）の△△さまですね」と復唱し，「少々お待ちください」と取りつぐ。その会社の場所や業務内容まで理解していると，取りつぎもスムーズ。
取りつぎは，本人の近くまで行き，「失礼します。○○社の△△さまがお見えになりました。いかがいたしましょう」と指示をあおぐ。遠くから大声で呼ぶような応対は，来客にも不快感を与える。

❸案内する →
案内する場合，「応接室へご案内いたします。こちらへどうぞ」と声をかけて案内する。
当人がすぐに応対できない場合は，「恐れ入りますが，少々お待ちいただけますか」と声をかける。

❹来客が帰るとき →
仕事の手を休め，「お疲れさまでした」のひとことを。

来客応対のタブー

●来客が視界に入っても無視

●座ったまま，何かをしながら応対する

●無愛想な応対

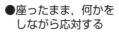

●来客をジロジロ見る

●来客を話題に，社員同士でおしゃべりをする

3　来客の出迎えから見送りまで礼儀正しく

▶▶　来客を出迎える際の留意点は，次のとおりである。

●客が見えたら ➡ 初めての客か，突然の客か，予約の客かなどを，その場で判断する。「いらっしゃいませ」「承（うけたまわ）っております」「どちらさまでございますか」「どのようなご用件でございましょうか」などと対応する。

●一度に複数の来客があったら ➡ 「いらっしゃいませ。恐れ入りますが，少々お待ちくださいませ」と言う。

●来客名簿に記入してもらう場合 ➡ 「恐れ入りますが，こちらへお客さまのお名前とご用件をお書きくださいませ」と言う。

●特定の人を指名したときは
　●その人がいる場合は
　●その人がいない場合は ➡ 「○○課長はいらっしゃいますか」といったように指名してきたときは，その場で面会できる，できないの返事をしないで，「少々お待ちください」と言う。そしていったん下がり，○○課長の指示をあおぐ。電話の場合（p.68参照）に準じて対応する。

▶▶　来客を案内する際の留意点は，次のとおりである。

廊 下 で は

廊下では，来客の少し前のところを，左右どちらかに寄って誘導する。来客の前方をふさいではならない。
身体を横向きかげんにして，来客にまるまる背中を見せないようにする。来客に歩調を合わせる。スタスタ歩かない。

曲 が り 角 で は

曲がり角では，いったん立ち止まる。来客を振り返り，曲がり角でのターンを手のひらで示す。

階 段 で は

のぼるときは，自分が先に歩き，来客をご案内する。来客の立場により，先を行くのが失礼なときは，行き先を伝えて，来客のあとを歩く場合もある。降りるときも先を行き，来客に足元の注意を促したり，手すり側をすすめる。

踊 り 場 で は

踊り場では，いったん立ち止まり，来客を確認する。

エ レ ベ ー タ ー で は

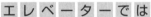

乗るときは，原則として来客を先に。自分はボタンの近くに乗る。場合によっては，自分が先に乗り，ドアが閉まらないよう開ボタンを押しながら片手でドアをおさえる。エレベーターが混み合っているときは，来客にそっと「次の階でございます」と言う。周囲の人にも，さりげなく次の階で降りることを伝えることもできる。
降りるときは，来客を先に。あらかじめドアの近くに立ち，開ボタンを押して，来客が降りるのを待つ。しかし，混んでいるときは，先に降りてもかまわない。

▶▶ 応接室での案内の留意点は，次のとおりである。

ドアの開け方

●外開きドアの場合

　ドアを十分に開いてドアをおさえ，来客を先に部屋のなかに入れる。その際，ノブに手をやっていないほうの手で入室をうながす。

●内開きドアの場合

　ドアを押して先に部屋に入り，ドアを十分に開いてドアをおさえ，客を招き入れる。その際，ノブに手をやっていないほうの手で入室をうながす。

応接室の席次

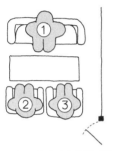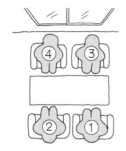

●来客が1人の場合は，上席（原則として入口から遠い。窓のながめがよいなど）に近寄り，「どうぞこちらにおかけになってお待ちください」といすをすすめる。来客が複数の場合は，上席近くに案内したのち，めいめいが着席するのに任せる。必要に応じて「お荷物は，どうぞこちらにお置きください」「コートは，こちらにおかけいたしましょう」などの応対をする。

▶▶ 来客を見送る際の留意点は，次のとおりである。

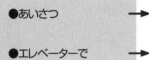

●あいさつ →	「お忙しいところ，わざわざお越しくださいまして，ありがとうございました。今後ともよろしくお願いいたします」
●エレベーターで →	エレベーターの前で，ドアが閉まるまで見送る（玄関先でも同じ）。「それでは失礼いたします」

おいしいお茶を正しいマナーで

●お茶を出す前のチェックポイント

①茶わん・茶たくに，ひび割れなどがないように。

②何人分用意するのか，来客数を確認する。

③こぼれてしまうときにそなえ，茶わんと茶たくを別々にしてお盆にのせて運ぶ。フキンを用意する。

④日本茶は茶わんに7分目。濃さにムラのないように。

●お茶を出すときのチェックポイント

①ノックして入室する。返事がない場合には，間をおいて入室する。

②低いテーブルのときはひざをかがめて。

③お盆をテーブルの高さに近づけてから出す。

④置いてある書類は，勝手に動かさない。「恐れ入ります」と断って，書類を寄せてもらう。

⑤座席の都合で来客の後ろを通る場合は「後ろを失礼いたします」という。

●ことばのマナー

「失礼いたします」「いらっしゃいませ」
「どうぞ」「失礼いたしました」

4 名刺交換のしかた

▶▶ 名刺はいつも持っていなければならない。

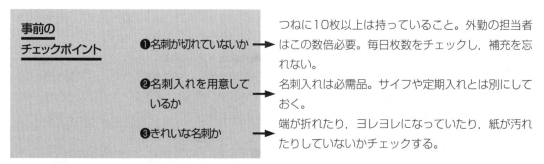

事前の チェックポイント		
❶名刺が切れていないか	→	つねに10枚以上は持っていること。外勤の担当者はこの数倍必要。毎日枚数をチェックし，補充を忘れない。
❷名刺入れを用意しているか	→	名刺入れは必需品。サイフや定期入れとは別にしておく。
❸きれいな名刺か	→	端が折れたり，ヨレヨレになっていたり，紙が汚れたりしていないかチェックする。

▶▶ 名刺の受け渡しは，丁寧に行わなければならない。

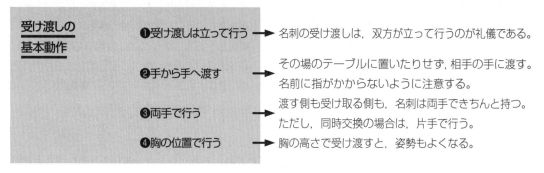

受け渡しの 基本動作		
❶受け渡しは立って行う	→	名刺の受け渡しは，双方が立って行うのが礼儀である。
❷手から手へ渡す	→	その場のテーブルに置いたりせず，相手の手に渡す。名前に指がかからないように注意する。
❸両手で行う	→	渡す側も受け取る側も，名刺は両手できちんと持つ。ただし，同時交換の場合は，片手で行う。
❹胸の位置で行う	→	胸の高さで受け渡すと，姿勢もよくなる。

▶▶ 正しい名刺の受け渡しをしよう。

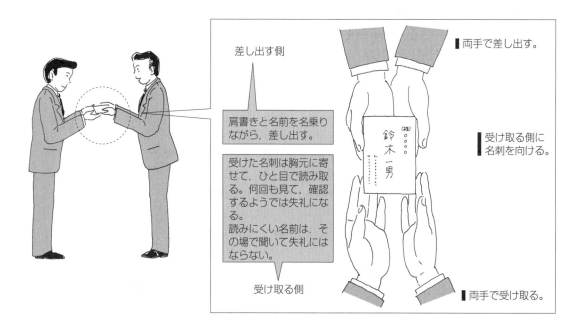

差し出す側

肩書きと名前を名乗りながら，差し出す。

受けた名刺は胸元に寄せて，ひと目で読み取る。何回も見て，確認するようでは失礼になる。
読みにくい名前は，その場で聞いて失礼にはならない。

受け取る側

両手で差し出す。

受け取る側に名刺を向ける。

両手で受け取る。

（株）○○○○

鈴木一男

▶▶ 名刺を双方が同時に交換する場合はどうするか。

同時交換の基本動作	❶自分の名刺を右手で差し出す
	❷相手の名刺を左手で受け取る
	❸あいた右手を受け取った相手の名刺に添える

▶▶ 名刺の受け渡しが複数で行われる場合はどうするか。

やりとりの人数によるポイント	●渡す相手が複数の場合	→ 人数分をまとめて渡したりせず，1人ひとりに渡す。
	●複数から受け取る場合	→ 相手の座席順にテーブルに並べてもよい。
	●複数同士のやりとりの場合	→ 受け渡しの順序（コラム参照）を基本に行う。

▶▶ 名刺を切らしてしまった場合の対応はどうするか。

| 名刺が切れたら | ❶その場での対応 | → 「申し訳ございません。本日は名刺を切らしておりまして……。○○会社の△△（氏名）と申します」とおわびし，肩書きと氏名をはっきりと告げる。 |
| | ❷後日の対応 | → 前回の面談のお礼の手紙を添えて，名刺を郵送しておくと丁寧である。 |

名刺の受け渡しの順序

　名刺の受け渡しの順序には，次のような一般的なルールがある。

　①目下の人が先に出す。

　②面談を求めたほうが先に出す。

　③上司や先輩と同行したときには，自分はそのあとから出す。

　ただし，名刺を出すのが遅れ，相手から先に差し出されたら，まず受け取り，「申し遅れました」とひとこと言って，自分の名刺を渡すようにするとよい。

　受け取った名刺を名刺入れにしまうときには，ひとこと，「ちょうだいします」と会釈をしてからしまうことも必要である。名刺はその人の顔であり，分身であることを忘れず，粗末に扱うことのないようにすることが大切である。

5 　面談の基本マナー

▶▶ 面談にあたっては，事前の準備が必要である。

事前の準備と心がまえ		
	❶身だしなみ	→ 身だしなみを整える。会社の代表である自覚を持つ。
	❷名刺の準備	→ 枚数には，余裕を持って準備しておく。
	❸要点整理	→ 話し合うべき内容，決めるべきことを整理し，まとめておく。
	❹資料・情報収集	→ 面談をスムーズに運ぶための準備をする。（下記参照）
	❺目的・時間配分	→ 面談の目的や時間配分を確認しておく。

アポイントメントから面談までの資料・情報収集		
	❶資料をつくる	→ 訪問の目的にそった資料をつくる。口頭の説明だけでは不十分なことも多い。資料は何部必要か，訪問相手の人数をあらかじめ調べ，少し多めに用意する。
	❷情報を収集する	→ 訪問先の会社の概要，経営方針，営業内容などを調べておく。会う相手の人柄・業績・仕事ぶり・趣味などもわかれば調べておく。
	❸交通機関を調べる	→ 利用する交通機関や道路事情など，おおよその所要時間を調べておく。

▶▶ 訪問にあたっての基本的ルールは，次のとおりである。

❶約束の時間を守る	→	約束の時間に遅れることは，絶対に避けなければならない。時間ぎりぎりにではなく，10分前くらいに到着するよう余裕をみておく。
❷取りつぎをお願いする	→	受付を通す場合は「恐れ入ります。私，○○会社の△△と申します。□□課長の××さんはいらっしゃいますでしょうか。○時にお約束をいただいて参りました」と告げ，指示を待つ。取りついでもらったら「ありがとうございました」とお礼を言う。
❸面談は簡潔に行う	→	用意した資料を提示する。資料については簡単に説明し，あとは後ほど目を通してもらってもよい。 説明は簡潔に，ポイントをおさえ，ことばづかいは礼儀正しく。
❹面談の切り上げ方	→	数字や固有名詞をはじめ，面談の要点はメモに取る。 即答できないことはその旨伝えて，後日返事をする。予定時間内に終わるように，時間配分に気をつける。その場で決まったことがあれば，もう一度確認する。「お忙しいところありがとうございました」とお礼のあいさつをする。受付にも，軽い会釈をしながらあいさつする。
❺訪問後のフォローを忘れない	→	訪問の結果を，上司と関係部署に報告し，即答できずに持ち帰った件については，上司に相談のうえ，速やかに返答する。 必要に応じて，お礼の電話を入れる。

6　紹介するときは下位者，身内の者を先に

▶▶　紹介のしかたの基本的ルールは何か。

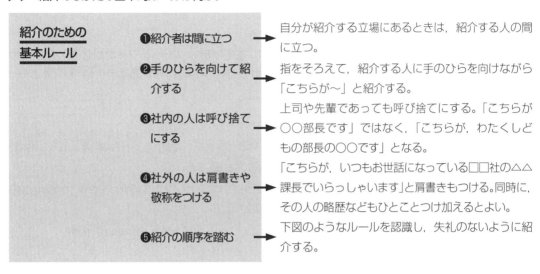

紹介のための基本ルール		
	❶紹介者は間に立つ	自分が紹介する立場にあるときは，紹介する人の間に立つ。
	❷手のひらを向けて紹介する	指をそろえて，紹介する人に手のひらを向けながら「こちらが～」と紹介する。
	❸社内の人は呼び捨てにする	上司や先輩であっても呼び捨てにする。「こちらが○○部長です」ではなく，「こちらが，わたくしどもの部長の○○です」となる。
	❹社外の人は肩書きや敬称をつける	「こちらが，いつもお世話になっている□□社の△△課長でいらっしゃいます」と肩書きもつける。同時に，その人の略歴などもひとことつけ加えるとよい。
	❺紹介の順序を踏む	下図のようなルールを認識し，失礼のないように紹介する。

▶▶　紹介する順序にもルールがある。

紹介の順序

1. まずⒶをⒷに紹介する。
2. 次にⒷをⒶに紹介する。

▲年長者　Ⓑ　　　▲年少者　Ⓐ　　　▲自分

1. まずⒶをⒷに紹介する。
2. 次にⒷをⒶに紹介する。

▲上位者　Ⓑ　　　▲下位者　Ⓐ　　　▲自分

1. まずⒶをⒷに紹介する。
2. 次にⒷをⒶに紹介する。

▲他社の人　Ⓑ　　　▲自社の者（身内の者）　Ⓐ　　　▲自分

1. まず①人のほうを大勢に紹介する。
2. 次に大勢を①人に紹介する（上位者から）。

▲大勢　　　▲1人　　　▲自分

7　リモート（オンライン）会議のマナー

▶▶ 新しい働き方（ニューノーマル）に合わせた仕事をする。
▶▶ 在宅勤務・リモートワークに対応できるようにする。
▶▶ 場面の共有システムなど，ITを活用できるようにする。

　新しい働き方（ニューノーマルな生活）が広がり，在宅勤務・リモートワークが普及した。通勤や取引先への訪問，出社といった行動はリモート（オンライン）で行われるようになり，イベント，セミナーへの参加もリモートで行われることが増えた。

▶▶ 出社しなくても仕事は進められる。

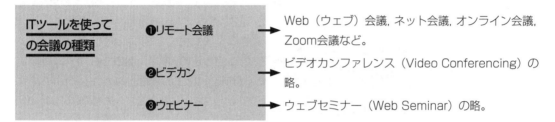

ITツールを使っての会議の種類	❶リモート会議	→	Web（ウェブ）会議，ネット会議，オンライン会議，Zoom会議など。
	❷ビデカン	→	ビデオカンファレンス（Video Conferencing）の略。
	❸ウェビナー	→	ウェブセミナー（Web Seminar）の略。

▶▶ オンライン会議の準備は，次のとおりである。

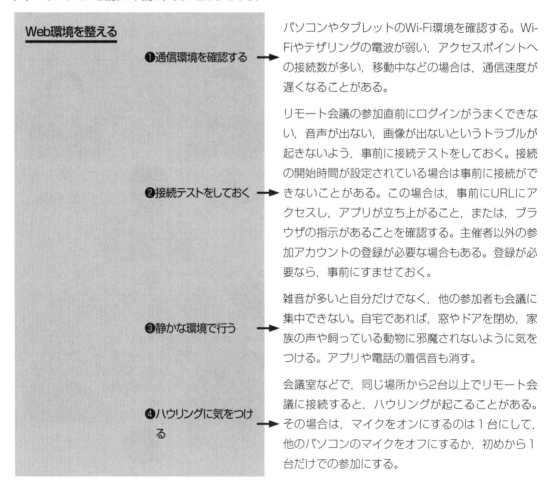

Web環境を整える	❶通信環境を確認する	→	パソコンやタブレットのWi-Fi環境を確認する。Wi-Fiやテザリングの電波が弱い，アクセスポイントへの接続数が多い，移動中などの場合は，通信速度が遅くなることがある。
	❷接続テストをしておく	→	リモート会議の参加直前にログインがうまくできない，音声が出ない，画像が出ないというトラブルが起きないよう，事前に接続テストをしておく。接続の開始時間が設定されている場合は事前に接続ができないことがある。この場合は，事前にURLにアクセスし，アプリが立ち上がること，または，ブラウザの指示があることを確認する。主催者以外の参加アカウントの登録が必要な場合もある。登録が必要なら，事前にすませておく。
	❸静かな環境で行う	→	雑音が多いと自分だけでなく，他の参加者も会議に集中できない。自宅であれば，窓やドアを閉め，家族の声や飼っている動物に邪魔されないように気をつける。アプリや電話の着信音も消す。
	❹ハウリングに気をつける	→	会議室などで，同じ場所から2台以上でリモート会議に接続すると，ハウリングが起こることがある。その場合は，マイクをオンにするのは1台にして，他のパソコンのマイクをオフにするか，初めから1台だけでの参加にする。

❺イヤホンを利用する	通信速度や接続環境によっては，相手の声が聴き取りにくいことがある。その場合は，イヤホンやヘッドホンを利用する。

▶▶ パソコンの画面をカスタマイズする。

画面設定の注意	
❶プロフィールはわかりやすく	オンライン会議では，参加者のサムネイル（参加者画面の一覧）に名前が表示されるサービスがある。主催者も名前を頼りに入室承認の可否を判断するので，設定画面ではわかりやすい名前（漢字やローマ字）で入力する。会社のアカウントで参加する場合は，会社名で構わない。
❷会議にあった服装にする	社内会議ならスーツでなくても構わないが，カジュアルすぎる服装は避け，ビジネスパーソンとしてふさわしい服装で臨む。社外の取引先との会議では，基本はスーツ，または襟付きの服装で，マスクは外す。
❸背景に気をつける	余計な背景が画面の後ろに映り込んでいると，他の参加者は気が散り会議に集中できないこともある。窓や壁など明るい背景のほうが表情が映える。バーチャルの背景設定ができるサービスを利用するのもよい。
❹照明は明るめで	部屋の電気をすべてつけ，顔全体に光が当たるようにする。背中側の光（逆光）だと，他の参加者からは影しか見えないことになる。
❺画面の共有システムを活用する	会話のみで説明するより，文字，画像，イメージ図や，パワーポイントを活用して伝えたほうがわかりやすいこともある。ホワイトボードのように画面共有をして，他の参加者と見ながら，画面とともに説明や解説をする方法をとると，伝わりやすく，また会議の時間を短縮することができる。

▶▶ 対面で話すときとのちがいを知ろう。

効果的な話し方

❶ゆっくり大きめの声で話す

実際に会って話すときよりも，相手の声が聴き取りにくい場合がある。心持ちゆっくり大きめの声で話すようにする。「声が聴き取りにくい」という指摘を受けたときは，外付けマイクを使用するなど工夫する。

❷通信速度によっては声にタイムラグが出る

一気に話そうとすると，相手は返事や話を切り出すタイミングに困ることがある。一方的にならないよう相手があいづちを打つ「無言の間」をつくり，考えてもらう時間，質問の時間など考慮する。

❸あいづちにジェスチャーを使う

声によるあいづちは，相手の声と被って，話の邪魔をすることがある。話を止めないためにも，大きくうなずく，ジャスチャーで表すなど「聞いている」ことを伝える方法も使う。

❹画面を見て話す

リモート会議中は，手元でメモを書いたり，チャットを使った文字入力で個別に質問したり，共有画面を見たり，資料をチェックしたりと，パソコンの画面ばかり見てしまいがちである。しかし，カメラはパソコン画面の上部にあるため，参加者からは，伏し目がちに見られ表情はわかってもらえない。カメラ部分を見て，アイコンタクトを忘れずにすること。また，自分が話す場合，カメラの高さに話したい内容のキーワードを貼っておくなど，視線を下げず会話ができるよう工夫する。

❺リモート（オンライン）会議の終了時

自分が主催者なら「本日はありがとうございました」，「今日はこれで会議を終了いたします」と告げ，ログアウトを促す。自分が参加者の場合は，「失礼いたします」，「ありがとうございました」のあいさつをする。お客さまと直接会って会議するときと同じである。

8　訪問の基本マナー

▶▶ 取引先を訪問する前の準備と心がまえには，どのようなことがあるだろうか。

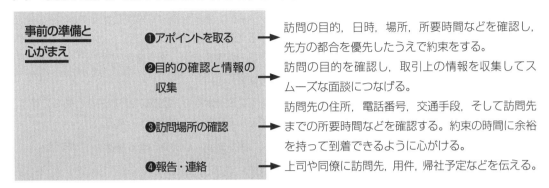

事前の準備と心がまえ		
	❶アポイントを取る	訪問の目的，日時，場所，所要時間などを確認し，先方の都合を優先したうえで約束をする。
	❷目的の確認と情報の収集	訪問の目的を確認し，取引上の情報を収集してスムーズな面談につなげる。
	❸訪問場所の確認	訪問先の住所，電話番号，交通手段，そして訪問先までの所要時間などを確認する。約束の時間に余裕を持って到着できるように心がける。
	❹報告・連絡	上司や同僚に訪問先，用件，帰社予定などを伝える。

▶▶ アポイントメントを取るときに守るべきルールは何か。

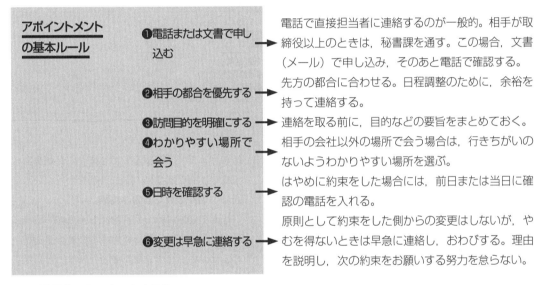

アポイントメントの基本ルール		
	❶電話または文書で申し込む	電話で直接担当者に連絡するのが一般的。相手が取締役以上のときは，秘書課を通す。この場合，文書（メール）で申し込み，そのあと電話で確認する。
	❷相手の都合を優先する	先方の都合に合わせる。日程調整のために，余裕を持って連絡する。
	❸訪問目的を明確にする	連絡を取る前に，目的などの要旨をまとめておく。
	❹わかりやすい場所で会う	相手の会社以外の場所で会う場合は，行きちがいのないようわかりやすい場所を選ぶ。
	❺日時を確認する	はやめに約束をした場合には，前日または当日に確認の電話を入れる。
	❻変更は早急に連絡する	原則として約束をした側からの変更はしないが，やむを得ないときは早急に連絡し，おわびする。理由を説明し，次の約束をお願いする努力を怠らない。

▶▶ 訪問先でもマナーを守ろう。

訪問先でのマナー		
	❶受付	自分の会社名・氏名を名乗り，名刺を渡して訪問相手に取りついでもらう。
	❷応接室	相手が入室してきたら立ち上がって，名刺交換やあいさつをする。相手にすすめられてからいすに座り，面談に入る。
	❸終了後	訪問先へ直行したり，直接帰宅する際は，上司の許可をもらう。面談終了時には電話連絡をし，結果はなるべくはやく上司に報告する。

9 出張による取引先訪問にはスケジュールづくりを

▶▶ 出張には段取りが必要である。

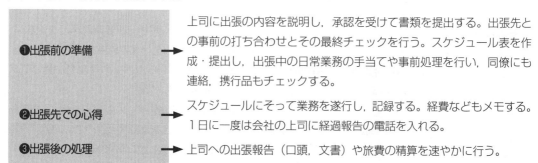

❶出張前の準備	→	上司に出張の内容を説明し，承認を受けて書類を提出する。出張先との事前の打ち合わせとその最終チェックを行う。スケジュール表を作成・提出し，出張中の日常業務の手当てや事前処理を行い，同僚にも連絡，携行品もチェックする。
❷出張先での心得	→	スケジュールにそって業務を遂行し，記録する。経費などもメモする。1日に一度は会社の上司に経過報告の電話を入れる。
❸出張後の処理	→	上司への出張報告（口頭，文書）や旅費の精算を速やかに行う。

▶▶ 出張必需品のチェックリスト

項目	○	△	×	項目	○	△	×
必要書類				時刻表			
名刺				切符			
資料（　部）				着がえ			
地図				洗面道具			
手帳				健康保険証			
スケジュール表				常備薬			
筆記用具				（手みやげ）			

YES・NOのルール

　出張先の面談などによって依頼された仕事を引き受けるか，断るか，納期や支払条件などに問題はないかなど，ビジネスの場面には，さまざまな「YES」と「NO」の決断を迫られる場面がある。

　この判断がはっきりしないと，仕事はうまく進まないが，こうした判断には，用件にともなう状況を的確に把握することが，非常に重要になってくる。YESとNOのルールを守り，スムーズに業務を進めていけるようにしたい。ルールには，次のようないくつかのポイントがある。

①自分が判断すべき内容かどうか。

　まず自分の立場を考え，その用件の決定権があるかどうかを考える。何もかも自分で判断するという先走りはいけない。

②判断に迷うときは返答を保留し，上司に相談する。

　その場しのぎに軽率な返事をすると，大きなトラブルの原因になるので絶対にやめる。

③YES・NOの返事はなるべくはやく。

　返事のタイミングを逸したために，ビジネスのうえで大きな損をしてしまうことが少なくない。判断までにムダな時間をかけない。

④正しい判断を育てるのは経験。

　正しい判断には，状況を正しく認識する能力が必要である。誤った判断のまま仕事を進めると，いつまでも悪影響を及ぼすことになる。

⑤「YES」の返事には責任を持つ。

　YESと答えたことには責任を持って，最後までやりとげる。

⑥「NO」の言い方にも工夫が必要。

　NOの返事をするときは，「いろいろ検討した結果～」「努力してみましたが，残念ながら～」など，前向きの姿勢を示すことも必要。その場限りの対応と考えず，次へつなげる工夫も求められる。

　逆に，NOと断られた場合には，すぐ引き下がらず，どうしてNOになったのか，どうすればYESになるか，また，その可能性があるかどうかをたずねてみる。どうしてもNOの場合でも，「また何かありましたら，ぜひお願いいたします」と次につなげる姿勢を示しておく。

10 取引先を接待するときの心得は

▶▶ 接待は，取引先に満足感を与えることを第一に考えなければならない。

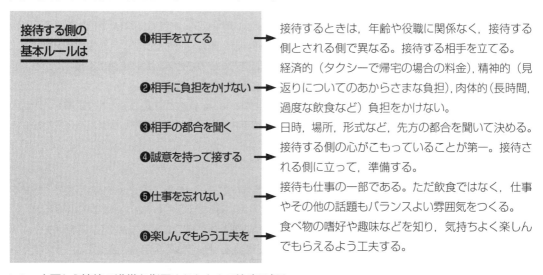

接待する側の基本ルールは	
❶相手を立てる →	接待するときは，年齢や役職に関係なく，接待する側とされる側で異なる。接待する相手を立てる。
❷相手に負担をかけない →	経済的（タクシーで帰宅の場合の料金），精神的（見返りについてのあからさまな負担），肉体的（長時間，過度な飲食など）負担をかけない。
❸相手の都合を聞く →	日時，場所，形式など，先方の都合を聞いて決める。
❹誠意を持って接する →	接待する側の心がこもっていることが第一。接待される側に立って，準備する。
❺仕事を忘れない →	接待も仕事の一部である。ただ飲食ではなく，仕事やその他の話題もバランスよい雰囲気をつくる。
❻楽しんでもらう工夫を →	食べ物の嗜好や趣味などを知り，気持ちよく楽しんでもらえるよう工夫する。

▶▶ 上司から接待の準備を指示されたときの注意は何か。

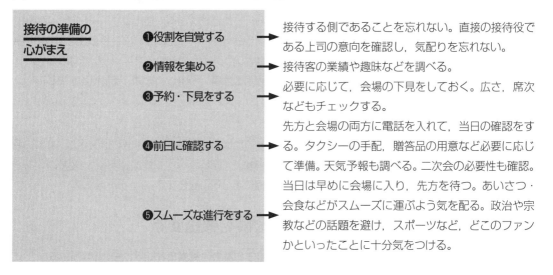

接待の準備の心がまえ	
❶役割を自覚する →	接待する側であることを忘れない。直接の接待役である上司の意向を確認し，気配りを忘れない。
❷情報を集める →	接待客の業績や趣味などを調べる。
❸予約・下見をする →	必要に応じて，会場の下見をしておく。広さ，席次などもチェックする。
❹前日に確認する →	先方と会場の両方に電話を入れて，当日の確認をする。タクシーの手配，贈答品の用意など必要に応じて準備。天気予報も調べる。二次会の必要性も確認。
❺スムーズな進行をする →	当日は早めに会場に入り，先方を待つ。あいさつ・会食などがスムーズに運ぶよう気を配る。政治や宗教などの話題を避け，スポーツなど，どこのファンかといったことに十分気をつける。

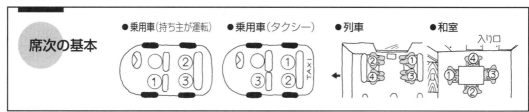

席次の基本　●乗用車（持ち主が運転）　●乗用車（タクシー）　●列車　●和室

11 接待に応じるときは，会社の一員としての自覚を

▶▶ 接待を受けることも，会社の仕事のうちであることを忘れてはならない。

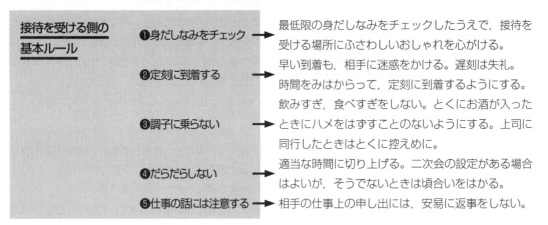

誘われた場合の基本ルール		
❶勝手な判断を下さない →	意図の明白でない接待，隠れた意図がありそうな接待など，個人で判断できないときは即答を避ける。
❷上司に報告する →	取引先からの接待は，会社に対する接待である。必ず上司に報告して決める。
❸出欠の返事ははやめに →	上司と相談。出欠が決定したらすぐ返事を。未定のときは「〇日までにお返事します」と伝えておく。

▶▶ 接待の席では，会社の代表であることを忘れない。

接待を受ける側の基本ルール		
❶身だしなみをチェック →	最低限の身だしなみをチェックしたうえで，接待を受ける場所にふさわしいおしゃれを心がける。
❷定刻に到着する →	早い到着も，相手に迷惑をかける。遅刻は失礼。時間をみはからって，定刻に到着するようにする。
❸調子に乗らない →	飲みすぎ，食べすぎをしない。とくにお酒が入ったときにハメをはずすことのないようにする。上司に同行したときはとくに控えめに。
❹だらだらしない →	適当な時間に切り上げる。二次会の設定がある場合はよいが，そうでないときは頃合いをはかる。
❺仕事の話には注意する →	相手の仕事上の申し出には，安易に返事をしない。

▶▶ 接待を受けたあとの対応もしっかりと行う。

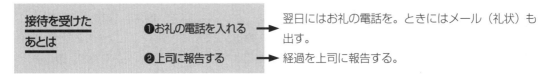

接待を受けたあとは		
❶お礼の電話を入れる →	翌日にはお礼の電話を。ときにはメール（礼状）も出す。
❷上司に報告する →	経過を上司に報告する。

12 外国人の接待は相手の国の習慣を尊重する

▶▶ 国際化（グローバル化）時代のなかで，外国人に接する際の注意事項を知っておく必要がある。

外国人接待の心得		
❶相手とのちがいを知る →	ことば，宗教などの文化や習慣のちがいを確認する。それぞれの国のルールにのっとって接待する。宗教による食習慣のちがいにはとくに注意する。
❷話題を豊富にする →	語学力のほか，話題が豊富であることも大切である。
❸はっきりした態度をとる →	日本人特有のあいまいな態度は嫌われる。YESかNOかはっきりした態度を示す。
❹レディファーストを →	女性に対する態度や動作には，とくに注意する。
❺仕事やプライベートな話はタブー →	外国人は接待の場と仕事とは区別する。仕事の話は避けること。また，プライベートな質問はしない。
❻余裕あるスケジュール →	詰まったスケジュールは，相手を怒らせかねない。
❼相手の国のことばで話す →	会話の手段は相手の国のことば，もしくは英語を使う。

13　会食のマナー

▶▶　最低限守るべき食事のマナーは何か。

食事の 基本マナーは	❶楽しい雰囲気で食べる	➡	特定な人とだけ話さず，楽しいムードをつくる。
	❷黙々と食べない	➡	会話を楽しみながら食べる。
	❸話題を選ぶ	➡	理屈っぽい話や，政治・宗教の話は避ける。
	❹口に入れたまましゃべらない	➡	食べ物を口にほおばったまま話さない。
	❺不快感を与えない	➡	食器の音，あくび，げっぷなどには注意する。
	❻周囲のペースに合わせる	➡	まわりの食べる速さに気を配る。たばこもマナーをわきまえて。
	❼飲み物をすすめる	➡	まわりの状況を見ながら，ときどき飲み物をすすめる。
	❽なるべく離席しない	➡	途中で席を立たないよう，事前に小用をすませておく。

▶▶　日本料理（和食）のマナーを身につけよう。

日本料理の 基本マナー	❶料理の食べ始め	➡	料理は，乾杯が終わってから食べ始める。
	❷食器・箸の扱い方	➡	ふたのある料理は初めに全部のふたを取り，裏返しておく。食べ終わったらもとどおりに戻す。 割りばしは口にくわえて割ったり，箸同士をこすったりしない。使ったあと，ぽきぽき折るのもいけない。

箸 の 取 り 方

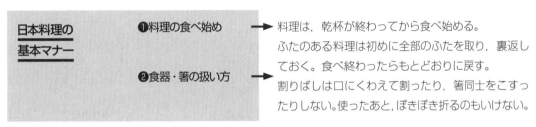

① ▲右手で箸の中央やや右側を持つ。

② ▲左手で下から受ける。

③ ▲下の箸を親指と薬指で固定し，上の箸は人差指と中指ではさむ。

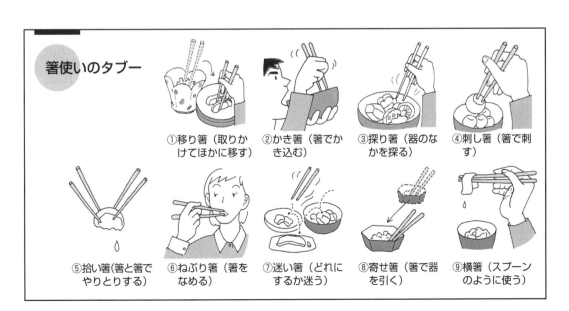

箸使いのタブー

①移り箸（取りかけてほかに移す）　②かき箸（箸でかき込む）　③探り箸（器のなかを探る）　④刺し箸（箸で刺す）

⑤拾い箸（箸と箸でやりとりする）　⑥ねぶり箸（箸をなめる）　⑦迷い箸（どれにするか迷う）　⑧寄せ箸（箸で器を引く）　⑨横箸（スプーンのように使う）

▶▶ 西洋料理（洋風）のマナーを身につけよう。

西洋料理の 基本マナー		
❶着席のしかた →	着席するときは，いすの左側から入る。退席する場合も，同様に左側から出る。
❷ナプキンの扱い方 →	表を外側にして２つ折りにし，折り目を手前にしてひざの上に置く。ナプキンの端で口元，指先をふく。食事後，軽くたたんで左側のテーブルの上に置く。
❸ナイフ・フォークの扱い方 →	外側のナイフとフォークから使う。食べている途中か，食べ終わりかのサインにもなる（下図参照）。
❹スープの食べ方 →	スープは，手前から向こうへスプーンですくう。欧米では，スープは飲むのではなく食べると表現する。音を立てないでいただく。
❺パンの食べ方 →	一口ずつちぎって，デザートの前までに食べ終わるようにする。

ナ イ フ と フ ォ ー ク の 置 き 方

▲食事中（アメリカ式）　　　▲食事中（イギリス式）　　　▲食事終了

▶▶ 中国料理のマナーを身につけよう。

回転卓を囲む 中国料理の 基本マナー		
❶料理は主客から →	料理が運ばれたら，主客から取り分ける。
❷分量を考える →	テーブルを囲んでいる人すべてにまわるよう，多く取りすぎないよう配慮する。
❸周囲に気を配る →	ほかの人が取り分けているときに，回転卓を回さない。
❹残さず食べる →	食べたい分量だけ，自分で取り分けるスタイルである。 自分の皿に取り分けたものは，残さず食べる。

回転卓ではエチケットを守って

●回転卓はゆっくり回す。　　　●回転卓からものがはみ出ないように注意する。　　　●人が使用しているときは動かさない。

■ 次の各設問に答えなさい。

**1. 来客の出迎え・案内のしかたについて，正しくないものを1つ
選びなさい。**

〔選択肢〕

ア．来客があったら，立ち上がり，にこやかにあいさつする。来客を
うろうろさせるようなことでは，失礼になる。

イ．案内する場合は，2，3歩後ろから歩く。決して来客の前を歩く
ようなことをしてはならない。

ウ．廊下の曲がり角では，いったん立ち止まり，来客を振り返る。

**2. 階段・踊り場での案内のしかたについて，正しいものを1つ選
びなさい。**

〔選択肢〕

ア．階段では，来客を先に立て，自分はあとからのぼる。ただし，来
客が女性の場合は，自分が先に立つ。

イ．階段を降りるときは，階段をのぼるとき（上記ア）の逆になる。

ウ．階段ののぼり降りに際しては，来客の歩調に合わせる。

**3. エレベータでの案内のしかたについて，正しくないものを1つ
選びなさい。**

〔選択肢〕

ア．エレベーターに乗るときは，原則として来客を先にするが，場合
によっては自分が先に乗り込み，「開」ボタンを押しながら片手で
ドアをおさえ，来客を乗せる。

イ．降りるときは「開」のボタンを押して，自分が先に降り，あとか
ら降りてくる来客におじぎをして迎える。

ウ．エレベーターのなかが混み合っているときは，「次の階でござい
ます」と言って，周囲の人にも示唆を与えるとよい。

4. 応接室でのマナーについて，正しくないものを1つ選びなさい。

〔選択肢〕

ア．内開きドアの場合，来客を先に室内に案内する。そのあと自分も
入り，ドアを静かに閉める。

イ．外開きドアの場合，手前にドアを開け，「どうぞ」と言って来客
を先に入れる。

ウ．内開きにしろ外開きにしろ，ドアをおさえていないほうの手で，
来客に席を示す。

1－1
来客と目が合っても，「私
は受付係ではない」という
顔で，応対に出ようとしな
い人がいるが，来客側から
すれば，「なんて無愛想な
社員なんだろう」と思われ
る。受付を置いていない会
社の場合は，社員1人ひと
りが受付係（会社の窓口）
だと思っていなければなら
ない。

1－3
エレベーター内が混んでい
るときは，来客の前に立つ
ように心がける。途中の階
で，どっと乗りこんできた
人から，来客を守るためで
ある。
エレベーターのなかで，つ
い気がゆるみ，口にしては
いけないことをしゃべって
しまうことがある。
それを，だれが聞いている
かわからないということを
考えなければならない。エ
レベーター内は，プライ
ベートルームではないので
ある。

1－4
来客を応接室にお通しする
前に，事前に部屋の空調，
照明の状態，湯のみ（先客
のもの）が片づけられてい
るかなどをチェックする。
念のため入室の前にはノッ
クをする。

2 次の上村さんのケースを読んで，下記の設問に答えなさい。

> 〔上村さんのケース〕
>
> 上村貴恵は，川上電器の営業部に配属された。彼女の席は営業部のフロアの入口に近く，直接取引先の人が入ってくるのでよく応対をすることになる。
>
> 上村「いらっしゃいませ」 ―（立ち上がっておじきをする。）―
>
> 中井「こんにちは。私，SP産業の中井と申します。営業部の森部長に10時のお約束をいただいて参りました。（　①　）」
>
> 上村「（　②　）ただいま呼んで参りますので，恐れ入りますが，少々お待ちください」
>
> 中井「お願いします」 ―（席を立って，森部長の席へ行く。）―
>
> 上村「森部長，お客さまがお見えです」
>
> 森　「どなた？」
>
> 上村「ええっと，SP産業のあの〜，中…，<u>10時に約束したそうです</u>ⓐ」
>
> 森　「中井君か」
>
> 上村「あ，はい。（　③　）そうです。中井さんです」
>
> 上村は，名前を忘れてしまったので，すっかりあわててしまった。
>
> 森　「応接室へお通しして。お茶も頼むよ」
>
> 上村「かしこまりました」 ―（入口に戻る。）―
>
> 上村「（中井に向かって）中井さま，お待たせいたしました。<u>ただいま森部長がいらっしゃいます。</u>ⓑ 応接室へご案内いたしますので，（　④　）」

1. 次の（　）にあてはまる用語を，下記の語群のなかから選びなさい。

(1) 中井の依頼のことばとして，①には（　　）が入る。

(2) 上村の受け答えのことばとして，②には（　　）が入る。

(3) 上村のおわびのことばとして，③には（　　）が入る。

(4) 上村の案内のことばとして，④には（　　）が入る。

　ア．呼んでください。　　　　イ．お取り次ぎをお願いします。

　ウ．わかりました。　　　　　エ．かしこまりました。

　オ．申し訳ございません。　　カ．ごめんなさい。

　キ．こちらへどうぞ。

2. 下線部ⓐ，ⓑの中井さんのことばづかいには誤りがある。正しい表現に書き直しなさい。

　ⓐ　10時に約束したそうです。

　ⓑ　ただいま森部長がいらっしゃいます。

3. 上村さんは，中井さんの名前を忘れてしまった。今後このようなミスのないようにするにはどうすればよいか。もっとも適切なものを1つ選びなさい。

〔選択肢〕

　ア．初めて来る客には必ず「名刺をください」と言う。

　イ．相手が名乗ったあと，もう一度「○○（社名）の△△さま（個人名）ですね」と復唱する。

　ウ．顔や体型で説明できるように，相手をよく観察しておく。

　エ．その日に来社予定の客の名前を，あらかじめ聞いて確認しておく。

3 次の各設問に答えなさい。

1. 名刺の受け渡しについての説明で，正しくないものを1つ選びなさい。

〔選択肢〕

ア．名刺の受け渡しは，立った姿勢で行うのが原則である。

イ．名刺のやりとりは，相手に向けて手渡しするのが原則である。

ウ．受け取った名刺は，しっかり読み取る。名前をまちがって覚えると失礼であるから，面談の途中で何回も手にとって見直す。

2. 名刺を双方が同時に交換する場合の説明について，正しくないものを1つ選びなさい。

〔選択肢〕

ア．あいさつをかわしたあと，名刺を用意し，立った姿勢で交換する。

イ．相手の名刺に左手を添えて支え，あいた右手で相手の名刺を持つ。

ウ．先方が先に名刺を差し出しても，受け取ってはならない。あくまで当方の名刺との同時交換の形をとるのが基本である。

3. 「訪問にあたってのアポイントメント」についての説明で，正しくないものを1つ選びなさい。

〔選択肢〕

ア．同行者がいる場合，その人の氏名，肩書きについても伝えておく。

イ．まず，自分の社名・氏名などを，はっきり名乗る。

ウ．面会を希望する担当者に，直接電話するのはよくない。順序として，その担当者の下位者に話をしておく。

4. 「面談のための資料づくり，情報収集」についての説明で，正しくないものを1つ選びなさい。

〔選択肢〕

ア．なぜ訪問するのか，訪問目的を確認し，資料をまとめる。

イ．訪問先に見せる資料は，1部作成すればよい。必要であれば，先方にコピーしてもらう。

ウ．訪問する前日に，念のため確認の電話を入れる。

5. 「面談と訪問後のフォロー」についての説明で，正しくないものを1つ選びなさい。

〔選択肢〕

ア．面談に入る場合，いきなり「さっそくですが」と言って，本題を切り出すのはエチケットに反する。

イ．訪問後，その日の決定事項はすばやく社内の関係部署へ連絡する。

ウ．予定の時間が過ぎたら区切りをつけ，面談内容をまとめる。

3－1
受け取った名刺は丁寧に扱うこと。受け取った名刺でテーブルをトントンたたいたり，テーブルをはいたり，ひらひらとあおいだりしてはいけない。

3－2
先方が先に差し出した名刺は，「先にいただいて申し訳ありません」と断る。

4 次の各設問に答えなさい。

　1. ビジネスの面談についての説明で，正しくないものを1つ選び
　　なさい。

〔選択肢〕

　　ア．メモを取りながら聞くのがよい。メモを取ると，相手の話のポイ
　　　ントが整理できる。

　　イ．来客の気持ちがリラックスすると，面談が雑談に終始してしまう
　　　ので避けなければならない。そのためには，相手がつねに緊張を保
　　　つようにしむける必要がある。

　　ウ．受け答えは慎重でなければならない。つい相手のペースに乗って，
　　　安請け合いすることがあるが，あとで断るときにたいへんな思いを
　　　することがある。

　2. 「聞き上手」についての説明で，正しくないものを1つ選びなさ
　　い。

〔選択肢〕

　　ア．本当の聞き上手は，ただ相手の言うことにうなずくのではなく，
　　　相手が話しやすいように聞き出す態度をとるべきである。

　　イ．相手と同時に話し出すようになったときは，相手に話をゆずるべ
　　　きである。

　　ウ．面談では，こちらが多く話さなければ，相手に言い負かされてし
　　　まう。

　3. 「面談中の姿勢」についての説明で，正しくないものを1つ選び
　　なさい。

〔選択肢〕

　　ア．語尾を明確に，最後まではっきり話すことが大切である。

　　イ．ボディーランゲージは，軽薄な感じになるので慎む。

　　ウ．一段落したあと，世間話をすることは必ずしも悪いことではない。

　4. 「上司や同僚と同席しての面談」についての説明で，正しくない
　　ものを1つ選びなさい。

〔選択肢〕

　　ア．積極的な姿勢を示すために，つねに発言を心がけ会話に加わる。

　　イ．自分がどのレベルの発言を求められているかを自覚し，発言のし
　　　かたを調整する。

　　ウ．面談終了後は，その後の処理について役割分担がないかなど，指
　　　示をあおぐ。

4−1
面談中に同業他社の悪口を
言ってはならない。他社製
品の悪口を言ったり，けな
したりするのではなく，当
社製品のすぐれている点と
か，他社製品にない機能な
どをPRするのがよい。
他社の社員の悪口も，口に
すべきでない。
面談に際しては，双方の立
場に配慮して，話の内容に
よって，相手がのびのび発
言できるムードをつくるよ
うにする。

4−2
面談では，できるだけ相手
に多く話してもらうように
心がける。

5 次の野村さんのケースを読んで，下記の設問に答えなさい。

〔野村さんのケース〕

　野村茂雄は，広告代理店の宣伝部員である。新製品の制作発表会のプロジェクトチームのメンバーに選ばれ，今日は，営業部の先輩でチーム主任の古田さんと，製品の制作会社の担当者に会いにいくところだ。途中，レストランで昼食をとることにした。すると，ちょうどレストランを出るA広告の杉野課長に出会った。

杉野「やあ，野村さん，先日はどうも。今日は，小野課長と一緒ではないの？」

野村「あ，杉野課長，こんにちは。①<u>ええ，今日は，別の仕事で，営業部の方とご一緒してるんです</u>。（古田さんに向かって）こちら，A広告の杉野課長でいらっしゃいます。（杉野課長に向かって）こちら，営業部の古田さんです」

古田「初めまして，古田と申します。いつもお世話になっております」

杉野「こちらこそ。お世話になっています」

　　　　　　　　　　——名刺交換——

杉野「いやあ，野村さんも，もう他の部署の人と一緒に仕事ができるなんて立派だなあ。課長も，すっかり信頼してるんだね。来週また，御社へおじゃますることになってるんだ。課長によろしく伝えてくれたまえ」

野村「②<u>はい，伝えます</u>。それでは失礼いたします」

1. 野村さんの紹介のしかた（下線部①）には，ことばづかいや順番など，いくつかの誤りがある。訂正している次の内容で，適切でないものを1つ選びなさい。

〔選択肢〕

ア．「営業部の方とご一緒してるんです」は「営業部の者と一緒なんです」と言うのが正しい。

イ．紹介の順番としては，まず，杉野課長に向かって，自社の古田さんを紹介してから杉野課長を紹介すべきである。

ウ．「A広告の杉野課長」という言い方ではなく，「A広告の課長で，杉野さん」と言うのが正しい。

エ．「営業部の古田さんです」という言い方ではなく，「私どもの営業の古田です」と呼び捨てにするのが正しい。

2. 下線部②の受け答えは，敬語として不適当である。ことばづかいとして，正しいものを1つ選びなさい。

〔選択肢〕

ア．はい，申します。　　　　ウ．はい，おっしゃいます。

イ．はい，申し伝えます。　　エ．はい，伝えてあげます。

3. 「紹介の手順」についての説明で，正しくないものを1つ選びなさい。

〔選択肢〕

ア．年長者と年少者の場合………まず年少者を，年長者に紹介する。

イ．役職に上下のある場合………まず上位者を，下位者に紹介する。

ウ．他社の人と当社の人の場合……まず当社の人を，他社の人に紹介する。

エ．当社の上位者と他社の下位……まず当社の上位者を，他社の下位
　　者の場合　　　　　　　　　　者に紹介する。

6　次の藤倉君のケースを読んで，設問に答えなさい。

〔藤倉君のケース〕

　藤倉拓也が，電気メーカーの経理部に配属されて，8か月が過ぎた。すでに，取引先の銀行や業者とも顔見知りになっている。

　ある日，A社の本多さんから電話が入った。

本多「藤倉さんですか，お世話になります。実は，来月のお支払いの件でお話したいことがあり，おじゃましたいのですが，本日，宮本課長はいらっしゃいますか」

藤倉「あいにく，明日まで仙台へ出張に出ているのですが」

本多「そうでいらっしゃいますか。勝手を申して申し訳ないのですが，私は，あさってから出張で，しばらくご連絡ができなくなってしまいます。よろしければ，本日，必要な資料をお届けして，ご説明させていただいてもよろしいでしょうか」

藤倉「はい。ただ，課長は不在ですので，お預かりするだけなら……」

本多「ええ，結構です。それでは，30分後にお伺いいたします」

　本多さんがやってきたので，応接室へ案内した。

本多「今日は突然に押しかけまして申し訳ございません。実は……」

藤倉「いえいえ，結構ですよ。本多さん，確か○○のファンでしたよね。きのうの試合見ましたか」

本多「えっ，ええまあ。ところで，今日お伺いした件ですが……」

藤倉「あっ，どうもすみません。野球好きの人を見ると，つい……」

本多「そうですよね。実は来月のお支払いの件でお願いがありまして，内容についてはこちらに資料としておつくりしたのですが」

藤倉「あぁ，この件ですか。これは私がお出しした請求書ですね。これなら多分，20日過ぎても大丈夫だと思いますよ」

本多「は？　そうですか」

　本多さんは，意外そうな声をして藤倉君を見た。

1.　本多さんの用件の切り出し方と藤倉君の応対について説明した文で，もっとも適切なものを1つ選びなさい。

〔選択肢〕

ア．野球好きの本多さんなので，藤倉さんの話題提供は適当である。

イ．不確かな情報で○○ファンと言ったので，本多さんはムッとした。

ウ．面談ですぐ用件に入った本多さんの話し方に問題がある。

エ．藤倉君の応対は，簡潔に用件を伝えようとした本多さんの話の腰を折ってしまったので改めるべきである。

2.　本多さんに資料を提示されたとき，藤倉君がとるべき態度として，もっとも適切なものはどれか。1つ選びなさい。

〔選択肢〕

ア．資料までつくってきたので，自分の判断で答えるようにする。

イ．自分の作成した請求書なのだから，課長には事後承諾をとって，その場で本多さんの申し出を受けてよい。

ウ．資料を受け取り，説明を聞き，帰社後の課長に判断をあおぐ。

エ．やはり，資料を預かると，自分の責任になるので，資料の受け取りは丁寧に断るべきである。

7 次の各設問に答えなさい。

1. 「取引先訪問の事前準備」についての説明で，正しくないものを1つ選びなさい。

〔選択肢〕

ア．訪問先の会社の情報など，面談において役に立つ情報を収集してから訪問する。

イ．訪問の日時については，できるだけ，こちらの都合に合わせて設定してもらえるように，訪問の目的を説明する。

ウ．上司や同僚にも，取引先訪問の内容について報告，連絡を行っておく。

2. 「訪問先でのマナー」についての説明で，正しくないものを1つ選びなさい。

〔選択肢〕

ア．応接室でとくに座る席の指定をされなかった場合には，上座に座って相手が来るのを待つ。

イ．訪問先に直接訪問する場合や直接帰宅する場合には，上司の了承を得ておくことが基本である。

ウ．訪問内容については，電話または帰社後のなるべくはやい段階で上司に報告する。

3. 「来客応対」についての説明で，正しくないものを1つ選びなさい。

〔選択肢〕

ア．時間よりはやくアポイントを受けていた客が来たので，応接室にすぐお通しして話に入った。

イ．取引先の部長が，上司を訪ねてきたが，受け付けた自分に責任があるので，自分の名刺を渡し，自己紹介した。

ウ．初めての客との打ち合わせだったので，あいさつのあと，自社の紹介などをして話のきっかけをつくった。

4. 「出張」についての説明で，正しくないものを1つ選びなさい。

〔選択肢〕

ア．出張前，スケジュール表を上司に提出する。

イ．出張先から，会社への連絡はとくに必要ない。

ウ．出張後，上司への報告を欠かしてはならない。

8 次の三村君のケースを読んで，下記の設問に答えなさい。

〔三村君のケース〕

　営業部の三村文男は，発売3か月の新製品の売れ行きとユーザーの反応調査のため，1泊2日で大阪へ出張することになった。訪問予定は3社である。調査の資料は事前に作成してあった。

　出張当日，東京駅のホームで，三村は初めに訪問するA社の地図を会社の机に忘れてきたことに気づいたが，戻っている時間がないので，そのまま新幹線に乗った。

　A社の住所はメモしてあったので，タクシーに乗り込み，何とか約束どおり，A社に到着することができた。A社の守谷さんはとても気さくな人で，面談が終わってからも世間話をしていたため，A社を出たのは，B社との約束の時間の20分前だった。

　電話をする間も惜しいので，すぐタクシーに乗り込みB社へ。道路の大渋滞に巻き込まれ，15分も遅刻してしまった。

　B社を出て，会社へ電話をし，坂口課長に手短に経過報告をした。

坂口「ああ，橋爪さんが君に伝言があるとのことだ。いま，代わるよ」

橋爪「三村さん，お疲れさまです。金子商事の光山さんが，明日の午後3時に来社したいそうだけど，戻れるかしら」

三村「ああ，昼にはこっちを出るから大丈夫。こちらから電話するよ」

　翌日，三村は，約束の10時にC社に着いた。ところが約束をしたはずの小林さんは，11時まで外出しているという。

1. 三村君は，訪問先の地図を忘れてしまった。このような失敗をしないための心がまえとして，もっとも適切なものを1つ選びなさい。

〔選択肢〕

ア．会社への略図をコピーして，机の引き出しに入れておく。

イ．略図を机の引き出しに入れたことを，営業日誌にメモしておく。

ウ．携行品の事前チェックを，出発前日，就寝前に行う。

エ．携行品の事前チェックを，出発前日，会社で行う。

2. 三村君がA社を出たとき，どうすればよかったか。もっとも適切なものを1つ選びなさい。

〔選択肢〕

ア．時間がないので，裏道を走るようタクシーの運転手に頼む。

イ．電話は言い訳になるのでタクシーに乗り，渋滞したら降りて走る。

ウ．とにかくすぐ電話を入れ，現在の所在地を告げ，遅れるかもしれないことを断り，おわびし，相手の都合を聞く。

エ．電話をして，時間を1時間後に変えてもらう。

3. 三村君はC社の小林さんと10時に会えなかった。三村君の取るべき行動はどれか。もっとも適切なものを1つ選びなさい。

〔選択肢〕

ア．訪問する日の朝，C社に連絡を入れる。

イ．光山さんとの約束が守れなくなるので，C社での面談をやめる。

ウ．時間がもったいないので，近くの取引先に寄ってみる。

エ．上司に連絡し，帰社時間が遅くなることを報告し，光山さんにはお断りとおわびの電話を入れる。

8
出張する際には，事前に出張の予定や内容について，上司や関係部署に書類などを提出する。

8－3
訪問の確認は，前日にとっておくべきである。

9 次の各設問に答えなさい。

1. 接待する側の心得として，正しくないものを1つ選びなさい。

〔選択肢〕

ア．相手に喜んでもらえるように，嗜好や趣味などを調べて準備する。

イ．接待も仕事の一部であることを忘れない。

ウ．先方の都合を確認していると切りがないので，こちらの都合で準備する。

エ．相手との関係は，年齢や役職ではなく，接待する側とされる側の関係であることを忘れず，相手を敬う。

2. 取引先から接待を受けるときの心得についての説明で，正しくないものを1つ選びなさい。

〔選択肢〕

ア．接待を受ける場合，独断で受けてはならない。必ず，上司の承諾を得ることが大切である。

イ．意図のはっきりしない接待は，断ったほうが無難である。「ただ酒は飲むな」を徹底している会社もある。

ウ．接待されたときは，ハメをはずしてはならない。会社として接待されていることを，片時も忘れてはならない。

エ．接待を受けたあと，お礼の電話は必要ない。相手が忙しいときに電話をかけると，かえって相手の仕事のじゃまになる。

3. 外国人を接待するときの心得についての説明で，正しくないものを1つ選びなさい。

〔選択肢〕

ア．相手の国の文化や習慣を調べておかないと，思いがけない失敗をする。

イ．約束の時間を守ることが大切で，時間にルーズでは接待する資格がないと思わなければならない。

ウ．自分の意見をハッキリさせると，場がしらける。

エ．外国人は，接待と仕事は区別しているので，仕事の話を避ける。

4. 接待の準備をまかされた場合の心得として，正しくないものを1つ選びなさい。

〔選択肢〕

ア．できれば接待する場所を，事前に下見しておく。

イ．前日には先方に電話を入れて，予定どおりに来てもらえるかどうか確認しておく。

ウ．先方の業績や趣味などの情報を集めるのは失礼なので，自分の考えで内容を決める。

エ．当日は，予定の時間より早めに，会場に到着して，先方を待つようにする。

9−1
接待相手について知っておきたい点
①趣味・特技
②嗜好
③居住地
④家族構成
⑤持病
⑥主義・思想・宗教

9−2
接待の多くはベテラン社員が受ける。そのベテラン社員と一緒に接待を受ける機会がある場合は積極的に受け，人脈と仕事の幅を広げることに役立てる。

9−4
上司の指示に従って取引先の接待の準備にあたらなければならない。こういう経験を積んで，次第に接待のノウハウを身につけていくようにする。

10 食事のマナーについて，正しくないものを１つ選びなさい。

1. 西洋料理

〔選択肢〕

ア．スープは，音を立てて飲まない。

イ．ゲップは，とくに嫌われる。

ウ．フィンガーボールでは，手の掌（ひら）を洗う。

エ．ナイフは，手前に引いて切り取る。

2. 日本料理

〔選択肢〕

ア．割り箸を，使い終わったあとポキポキ折らない。

イ．刺身は手前から１切れずつ取り，しょう油をつけて口に運ぶ。

ウ．箸先をなめまわさない。

エ．いもなどは，箸で突きさして口に運ぶ。

3. 中華料理

〔選択肢〕

ア．お皿やおわんに，直接口をつけない。

イ．主賓が食べ始めたら，順に食べる。

ウ．食べたくない料理でも，一度は必ずお皿に取る。

エ．円テーブルの上の料理は，他人が取っている間は，静かに待つ。

11 次の図は，乗り物や和室での席次を表したものである。（　　）に上位者の順に番号をつけなさい。

(1)乗用車（自家用）

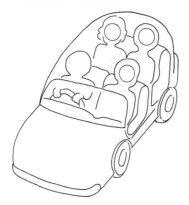

(2)乗用車（タクシー）

(3)列車

(4)宴席（和室）

入り口

10
食事のタブー５：
①カチャカチャと食器の音を立てる。
②口のなかに食べ物を入れたまま話す。
③一度口に入れたものを外に出す。
④ゲップをする。
⑤食事中にたばこを吸う。

11
席次には，一応決まりがあるが，あまり厳格に考えると堅苦しいという人もいるので，さりげなく，スマートにふるまうようにする。いずれにしても，基本を知ったうえでふるまうことが大切である。

8 冠婚葬祭のマナー

■ 慶事・弔事への出席にあたっての留意点を学ぶ。
■ 贈り物についての基本的な知識を身につける。

1 慶事と弔事

▶▶ 取引先の慶事・弔事に，迅速な対応ができるようにしておかなければならない。

対応の基本	
❶迅速であること →	マニュアルをつくっておき，迅速で誠意のこもった対応ができるようにする。 会社として対応するのか，個人として対応するのかの判断が重要である。
❷対応のしかたが的確であること →	当事者が役職クラスであれば会社として，部長クラス以下であれば担当者が出席するのが普通。 先方との前例や，とくにお世話になった経緯などもあれば必ず確認する。

▶▶ 慶事への臨み方，対応のしかたを身につけなければならない。

招待を受けたら	
❶招待状を受けたら，すぐ返事をする →	出欠にかかわらずに返事を出す。欠席の場合はその理由を簡単に書く。
❷祝電・祝儀などの手配をする →	招待を受けていないときは祝電を打ち，祝い金は送らなくてよい。招待を受けて出席できないときは，祝電を打つ。
❸服装のルールを守る →	結婚式では主役より派手にならないように，女性は白のドレスは避ける。失礼にならないフォーマルなものを。
❹スピーチのルールを守る →	主賓以外は３分くらいにまとめる。結婚式では暴露話や忌みことば（終わる，離れる，破れるなど）を避ける。

慶事のあれこれ

慶事には，結婚披露宴のほか，取引先の役員の受賞や，担当者の昇進・栄転，新社屋落成や創立〇周年記念といった祝賀会などがある。

それぞれに対応のしかたがあるが，相手に誠意の伝わる対応をする。

結婚式へのお祝い品は，「切れる」刃物，「割れる」鏡は避ける。祝儀のお金は，折り目のない新札を用意する。こうした配慮が必要である。

直接会ってのお祝いができないときは，電報を打つようにする。

●電報の打ち方
　①電話番号　115番またはWebで申し込む
　②受付時間　８時〜22時（Webは終日）
　③申し込み　配達日の１か月前から受付，指定可
　④電報文例　電話帳にも掲載
　⑤種　　類　フラワー電報，刺しゅう電報
　　　　　　　おし花電報，メロディ電報etc.

▶▶ 弔事への臨み方，対応のしかたを身につけなければならない。

訃報を受けたら		
	❶真偽を確認する ➡	亡くなった人の勤務先から訃報の連絡を受けたのでない場合には，まず先方に電話をかけ，事実確認をする。
	❷日時・喪主・宗教を確認する ➡	電話で「さぞお力落としのことでしょう」「このたびは誠にご愁傷様でございます」とお悔やみのことばを述べ，通夜・葬儀・告別式について確認する。死因は深く聞かないのが礼儀である。
	❸上司と担当部署に連絡する ➡	上司に連絡・相談し，弔電や花輪の手配などを担当部署に知らせる。
	❹供花・供物を手配する ➡	供花・供物は，喪家の意向を尊重し，辞退された場合は無理に贈らない。
	❺電報を打つ ➡	通夜と告別式の日時を確認したら，弔電を手配する。何本も弔電を打つことのないよう，窓口は1つにする。差出人は会社を代表する人の役職と氏名。同時に故人とかかわりのあった部署の長からも手配する。

▶▶ 弔事の流れを理解しよう。

弔事の流れと心得は		
	❶通夜 ➡	親しい間柄の場合，通夜に参加する。服装は平服でよい。ただし派手なものはタブー。香典を持参する。大声で話したり，長居したりしない。
	❷葬儀 ➡	服装は喪服で，靴下や靴，ネクタイも黒にする。通夜で香典を出したら，記名だけでよい。
	❸告別式 ➡	服装は葬儀と同じ。出棺まで見送る。

▶▶ 宗教による哀悼の示し方のちがいを知ろう。

● 仏式──線香のあげ方

①右手で線香を1本取り，ろうそくから火を移す。
②左手で線香についた火をあおいで消す。
③ほかの線香から離して香炉に立てる。
④合掌して一礼したら，座を下がる。

● 仏式──焼香のしかた

①右手の親指，人差し指，中指で香をつまむ。
②額に香をいただく。
③香炉に落とす。
④正式には①〜③を繰り返すが（宗旨によって2回），親族や喪主以外は1回でもかまわない。

● 神式──玉串奉奠のしかた

①玉串を神官から受け，一礼する。右手で根を上から持ち，左手で葉を下から支えるように持つ。
②祭壇の前に進み，玉串を目の高さにして一礼する。
③玉串を右回りに回して持ち替え，根を神前に向けて供える。
④礼を2回，拍手を2回（「忍び手」といい音をたてない），礼を1回する。

● キリスト教──献花のしかた

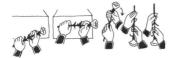

①右手で花のほうを下から，左手で茎を上から支えるようにして受け，祭壇に一礼する。
②胸元に花をささげ，献花台の前に進み，一礼する。
③花を右回りに回して，根を故人のほうに向け，献花台に置く。
④黙とうする。

2 祝儀袋や不祝儀袋の書き方

▶▶ 表書きのルール

❶原則として，毛筆で書く。

❷慶事……墨の色を濃く。

❸弔事……墨の色を薄く。

❹楷書で丁寧に書く。

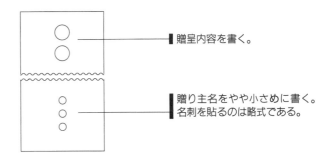

■贈呈内容を書く。

■贈り主名をやや小さめに書く。
名刺を貼るのは略式である。

▶▶ 慶事の水引

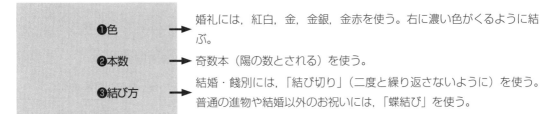

❶色 ➡ 婚礼には，紅白，金，金銀，金赤を使う。右に濃い色がくるように結ぶ。

❷本数 ➡ 奇数本（陽の数とされる）を使う。

❸結び方 ➡ 結婚・餞別には，「結び切り」（二度と繰り返さないように）を使う。
普通の進物や結婚以外のお祝いには，「蝶結び」を使う。

▶▶ 祝儀袋の表書きの例

▲個人で贈る場合

▲連名で贈る場合

▲団体で贈る場合

▲社名や肩書きを入れる場合

▶▶ 弔事の水引

❶色 ➡ 黒白，銀，銀白のいずれかで，右側に濃い色がくるように結ぶ。

❷本数 ➡ 偶数本（陰の数とされる）を使う。

❸結び方 ➡ 「結び切り」を使う。

▶▶ 不祝儀袋の表書きの例

▲仏式，神式，キリスト教式

▲神式

▲キリスト教式

3　贈り物をするときは目的をはっきりさせて

▶▶ 贈り物は，相手に喜んで受け取ってもらえることが大切である。

贈り物を贈る側の ルール		
	❶心のこもった品物を	→ 贈り物は，感謝の気持ちを形にしたものである。贈られた人が喜ぶものを選ぶ。
	❷タイミングよく	→ タイミングを逃がすと，贈り物の意味が不明確になる。
	❸会社の規定に従う	→ 予算や取り決めなどから外れないよう，上司に相談する。
	❹高すぎず安すぎず	→ 高額な品物を贈るのは不自然である。常識的な予算で。
	❺手紙を送る	→ 業者から直接先方に届けてしまうときは，発送日を確認し，別に手紙を送ること。

▶▶ 贈り物を受け取ったら

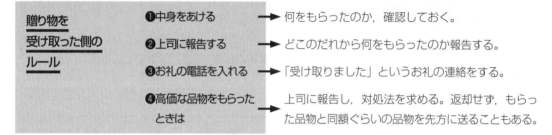

贈り物を 受け取った側の ルール		
	❶中身をあける	→ 何をもらったのか，確認しておく。
	❷上司に報告する	→ どこのだれから何をもらったのか報告する。
	❸お礼の電話を入れる	→ 「受け取りました」というお礼の連絡をする。
	❹高価な品物をもらったときは	→ 上司に報告し，対処法を求める。返却せず，もらった品物と同額ぐらいの品物を先方に送ることもある。

▶▶ お返しのタイミング，めやすを知っておこう。

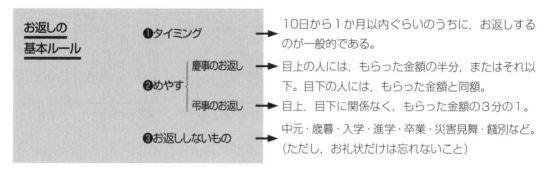

お返しの 基本ルール		
	❶タイミング	→ 10日から1か月以内ぐらいのうちに，お返しするのが一般的である。
	❷めやす　慶事のお返し	→ 目上の人には，もらった金額の半分，またはそれ以下。目下の人には，もらった金額と同額。
	弔事のお返し	→ 目上，目下に関係なく，もらった金額の3分の1。
	❸お返ししないもの	→ 中元・歳暮・入学・進学・卒業・災害見舞・餞別など。（ただし，お礼状だけは忘れないこと）

1 次の各設問に答えなさい。

1. 「慶事」についての説明で，正しくないものを1つ選びなさい。

〔選択肢〕

ア．慶事の招待状を受けたら，速やかに返事を出す。

イ．だれが招待を受けるかは，先方との前例や当事者の立場などを考慮して判断する。

ウ．弔事と重なってしまった場合は，慶事を優先させ，弔事には弔電を打ってすませる。

エ．慶事の服装は，相手に失礼にならないフォーマルなものを着用するが，とくに女性の場合，主役より派手にならないよう注意する。

2. 「弔事」についての説明で，正しくないものを1つ選びなさい。

〔選択肢〕

ア．亡くなった人の会社から訃報の連絡を受けたのではないときには，相手先に直接電話をし，真偽を確認する。

イ．あとからお悔やみをするために必要なので，死因については，電話で詳しく聞いておく。

ウ．上司に連絡・相談して，弔電・花輪などの手配をする。

エ．通夜と葬儀・告別式の両方に出る場合，香典は通夜に出し，翌日は記名だけにする。

3. 「祝儀袋」や「不祝儀袋」についての説明で，正しくないものを1つ選びなさい。

〔選択肢〕

ア．表書きは，楷書で丁寧に書く。

イ．慶事の場合は墨の色を濃く，弔事の場合は薄めにして書く。

ウ．表書きを連名で書く場合，左側が目上の人の名前になる。

エ．祝儀袋や不祝儀袋は，正式には，ふくさに包んで持参する。

4. 贈り物のしかたについて，正しくないものを1つ選びなさい。

〔選択肢〕

ア．慶事のお祝いなどはタイミングを逃さず贈るよう気をつける。

イ．デパートなどから品物を直接送る場合は，別にあいさつ状を出すこともある。

ウ．予算を決めて，相手が喜ぶ品物を選ぶことが大切である。

エ．仕事を通じて親しくなった政治家とは，現金や品物のやり取りをしてもよい。

5. 贈り物の受け取り方についての説明で，正しくないものを1つ選びなさい。

〔選択肢〕

ア．高価な品物をもらったら，辞退の手紙とともに送り返す。

イ．どこのだれからもらったのかを，上司に報告する。

ウ．すぐにお礼の電話を入れ，さらに礼状を出すとより丁寧である。

エ．高価な品物をもらったら，上司に対処のしかたを相談する。

アドバイス

1－**1**

エ．男性の場合，正式には昼ならモーニングコート，夜ならタキシードであるが，略式のダークスーツでよい。ネクタイは白が一般的。女性の場合は，セミアフタヌーンドレスやフォーマルドレス。夜は，カクテルドレスの場合もある。

2 祝儀袋について，次の（　）にあてはまる用語を，下記の語群の
なかから選びなさい。

① 　　　　　　　　② 　　　　　　　　③

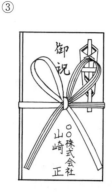

(1) ①の祝儀袋は，結婚祝いに用いるもので，水引が（　）になっ
ている。

(2) ②の祝儀袋は，連名で贈る場合の表書きであるが，この３人のな
かで一番（　）なのは，木本宏である。

(3) ③の祝儀袋は，社名や肩書きを入れる場合の表書きであるが，社
名や肩書きは，個人名より（　），右肩に書く。

(4) 慶事の表書きは，（　）と書くのが一般的であるが，それぞれ
の趣旨にそって，「落成御祝」，「ご栄転御祝」などと，具体的な内
容を書くこともある。

　　ア．結び切り　イ．蝶結び　ウ．目上　エ．目下　オ．祝
　　カ．御祝　キ．薄く　ク．小さく

3 不祝儀袋について，次の（　）にあてはまる用語を，下記の語群
のなかから選びなさい。

① 　　　　　　　　② 　　　　　　　　③

(1) ①の不祝儀袋は，仏式，神式，キリスト教式いずれの場合にも用
いられるが，表書きは（　）である。

(2) ②の不祝儀袋は，（　）で使用する。

(3) ③の不祝儀袋は，キリスト教で用いられるが，表書きは（　）
である。

(4) 弔事の場合の表書きは，（　）で書くようにする。

　　ア．御仏前　イ．御霊前　ウ．仏式　エ．神式　オ．御ミサ料
　　カ．御花料　キ．小さい字　ク．薄墨

3
仏式にのみ使用できる表書
きには，「御香典」がある。
また，「御仏前」という表
書きの不祝儀袋は，法事な
どの際に使用するものであ
る。

四字熟語

曖昧模糊（あいまいもこ）	興味津々（きょうみしんしん）	深謀遠慮（しんぼうえんりょ）
悪戦苦闘（あくせんくとう）	喜怒哀楽（きどあいらく）	支離滅裂（しりめつれつ）
悪事千里（あくじせんり）	虚心坦懐（きょしんたんかい）	森羅万象（しんらばんしょう）
暗中模索（あんちゅうもさく）	旧態依然（きゅうたいいぜん）	取捨選択（しゅしゃせんたく）
一気呵成（いっきかせい）	玉石混交（ぎょくせきこんこう）	晴耕雨読（せいこううどく）
一喜一憂（いっきいちゆう）	毀誉褒貶（きよほうへん）	清廉潔白（せいれんけっぱく）
一挙一動（いっきょいちどう）	金科玉条（きんかぎょくじょう）	切歯扼腕（せっしやくわん）
一期一会（いちごいちえ）	空前絶後（くうぜんぜつご）	千客万来（せんきゃくばんらい）
異口同音（いくどうおん）	群雄割拠（ぐんゆうかっきょ）	千載一遇（せんさいいちぐう）
一刻千金（いっこくせんきん）	軽挙妄動（けいきょもうどう）	千差万別（せんさばんべつ）
以心伝心（いしんでんしん）	鶏口牛後（けいこうぎゅうご）	戦々恐々（せんせんきょうきょう）
一意専心（いちいせんしん）	巧言令色（こうげんれいしょく）	泰然自若（たいぜんじじゃく）
一日千秋（いちじつせんしゅう）	荒唐無稽（こうとうむけい）	大同小異（だいどうしょうい）
一攫千金（いっかくせんきん）	厚顔無恥（こうがんむち）	大器晩成（たいきばんせい）
一心不乱（いっしんふらん）	豪放磊落（ごうほうらいらく）	大義名分（たいぎめいぶん）
一網打尽（いちもうだじん）	古色蒼然（こしょくそうぜん）	単刀直入（たんとうちょくにゅう）
一触即発（いっしょくそくはつ）	誇大妄想（こだいもうそう）	朝令暮改（ちょうれいぼかい）
一念発起（いちねんほっき）	五臓六腑（ごぞうろっぷ）	猪突猛進（ちょとつもうしん）
一蓮托生（いちれんたくしょう）	五里霧中（ごりむちゅう）	電光石火（でんこうせっか）
威風堂々（いふうどうどう）	三々五々（さんさんごご）	徹頭徹尾（てっとうてつび）
因果応報（いんがおうほう）	自業自得（じごうじとく）	当意即妙（とういそくみょう）
意気消沈（いきしょうちん）	試行錯誤（しこうさくご）	東奔西走（とうほんせいそう）
有為転変（ういてんぺん）	自縄自縛（じじょうじばく）	内憂外患（ないゆうがいかん）
右往左往（うおうさおう）	自画自賛（じがじさん）	日進月歩（にっしんげっぽ）
有象無象（うぞうむぞう）	時期尚早（じきしょうそう）	波瀾万丈（はらんばんじょう）
海千山千（うみせんやません）	時代錯誤（じだいさくご）	傍若無人（ぼうじゃくぶじん）
紆余曲折（うよきょくせつ）	質実剛健（しつじつごうけん）	馬耳東風（ばじとうふう）
雲散霧消（うんさんむしょう）	四分五裂（しぶんごれつ）	半信半疑（はんしんはんぎ）
栄枯盛衰（えいこせいすい）	杓子定規（しゃくしじょうぎ）	不撓不屈（ふとうふくつ）
快刀乱麻（かいとうらんま）	縦横無尽（じゅうおうむじん）	不倶戴天（ふぐたいてん）
隔靴掻痒（かっかそうよう）	主客転倒（しゅかくてんとう）	不惜身命（ふしゃくしんみょう）
外柔内剛（がいじゅうないごう）	周章狼狽（しゅうしょうろうばい）	付和雷同（ふわらいどう）
臥薪嘗胆（がしんしょうたん）	初志貫徹（しょしかんてつ）	粉骨砕身（ふんこつさいしん）
我田引水（がでんいんすい）	首尾一貫（しゅびいっかん）	本末転倒（ほんまつてんとう）
画龍点睛（がりょうてんせい）	四面楚歌（しめんそか）	無我夢中（むがむちゅう）
勧善懲悪（かんぜんちょうあく）	信賞必罰（しんしょうひつばつ）	用意周到（よういしゅうとう）
危機一髪（ききいっぱつ）	枝葉末節（しようまっせつ）	有名無実（ゆうめいむじつ）
疑心暗鬼（ぎしんあんき）	針小棒大（しんしょうぼうだい）	優柔不断（ゆうじゅうふだん）
起死回生（きしかいせい）	新進気鋭（しんしんきえい）	竜頭蛇尾（りゅうとうだび）

第**2**編 仕事の実践とビジネスツール

仕事への取り組み, 仕事の進め方

▌ スケジュール管理の重要性を学ぶ。
▌ 効率のよい仕事の進め方を身につける。

1 仕事は正確かつ計画的に

▶▶ 日常の基本的業務を組み合わせながら応用力も身につけ, 仕事を工夫しながら進めよう。

仕事への取り組み方		
	❶正確に	→ 正確, 確実に進めてミスや事故を避ける。 初歩的基本的ミスの対処法を把握することも必要。
	❷目的の把握	→ その業務の目的, 要求内容を忘れずに取り組む。
	❸スケジュールを立てる	→ 納期を守ることが仕事の絶対条件である。 スケジュールは納期から逆算して立てる。

2 1日の仕事は計画表に従って進める

▶▶ 段取りよく仕事を進めるために, 1日の計画を立てる。
　●1日の計画の立て方例

17日 (火)　　　　　　　　　　June
― 　9:00
メールチェック, TEL
A社
B社
見積書作成
B社
C社
D社
― 　12:00 　昼食時職場会打ち合わせ
― 　14:00 　E社○○社との面談
（予定～ 15:00）
D社へTEL
― 　16:00 　報告書作成
E社用資料案作成
業務日誌記入
― 　17:00

▶朝一番に, 1日の仕事内容と優先順位を確認。

▶分刻みのスケジュール作成とせず, ゆとりあるスケジュールを立て, 最優先の仕事から処理していく。この間, 外部からの電話による対応やクレーム処理や, メールの返信といった事務処理も並行して行う。

▶仕事にメリハリをつけるため, 午前中は思考にあてて午後は外出にあてるなどの工夫も必要。

▶外出前にもう一度資料, 名刺などを確認。

▶翌日の訪問先などがあれば, 確認の電話。
▶退社直前に今日1日の仕事にやり残しはないかチェック。
　進捗状況を上司に報告。
　明日の課題があれば, メモしておく。
　　　└→翌月の仕事の段取りがうまくいく。

いつも意識するのは					
な　ぜ	正確に	はやく	安　く	らくに	この次は

など工夫しながら仕事を進める。

3 　仕事のマニュアル化とマニュアル化の意味

▶▶ 長い経験をもとに，もっともよい仕事の進め方として決められているのが，仕事のマニュアルである。

マニュアル化の ポイント	❶ヌケが防げる	→ 大事なポイントを落とさない。
	❷ムリ・ムダが防げる	→ 一定のルートに乗って仕事ができるので，ムリ・ムダがない。
	❸判断が必要ない	→ そのつど判断に迷わずにすむのが最大の利点である。

▶▶ マニュアル化は，非定型業務の定型化にもつながる。

マニュアル化の メリット	❶品質の安定	→ だれが担当しても一定の安定した品質が保てる。
	❷仕事の熟練	→ ポイントがおさえてあるので，早期に仕事に習熟できる。
	❸業務規模の拡大	→ 階層ごとに水平的に分担することで業務に広がりが持てる。

マニュアルの例（抜すい）

●あるメーカーの "広報業務" に関する例

①業務の目的

　企業の新方針，経営人事，新商品，危機管理などについて，マスコミや業界関連のメディアに発表する資料の作成，準備連絡および事後処理の対応などを行い，企業のイメージアップや経営戦略のPRをはかる。

②業務の取り組み方

　(イ)経営方針を確実に把握し，それをベースに新商品の説明などを行うこと。

　(ロ)いつも，時代の流れ（動き）をキャッチし，特別な動きなどをキャッチしたときは，管理職に連絡し，経営陣に伝わるようにする。

　(ハ)対外的な応対や接遇が多いため，つねに，明るく，元気な姿勢を前面に打ち出し，対外との応対はわかりやすく，丁寧にをモットーにしていく。

　(ニ)広報の動きは即企業の姿勢と思って，誠意ある迅速な行動で仕事に取り組む。

③業務の進め方

　企画開発，宣伝，販売などの部門とは，つねに連絡をとり，商品開発，販売活動，生産状況などを正確にとらえ，メディアの取材・発表にも目を配り，チェックを十分行う。

●ある商社の "販促会議" に関する例

①会議の目的

　販売（売上げ）実績を効果的に伸ばすための戦術会議

②会議に出席するための心がまえ

　(イ)資料は完備しているかを確認する。配布する場合は，出席者数をコピーし，ファイルする。

　(ロ)会議の目的（なぜ開くのか）を把握し，議題に関する資料や商品をしっかり見てつかんでおく。

　(ハ)会議の問題点，出席者の顔ぶれ，内容についての質問や意見をまとめておく。

　(ニ)会議室には少なくとも5分前には到着し，不必要な設備・道具を排除し，進行にふさわしい環境整備を行う。

③会議中の心がまえ

　(イ)定刻に始め，終了時間も厳守する。

　(ロ)会議のねらい，議題などを明確にする。

　(ハ)司会者に協力し，スムーズに進行できるようにする（だらだら型を防ぐ）。

　(ニ)発言は短く，すべてメモを取る。

　(ホ)座る場所は固定しないようにする。

▶▶ マニュアル化の際には，その仕事に着手し，進行後のチェックをするためのリストの作成が有効である。

●チェックリストの例（商品管理部門）

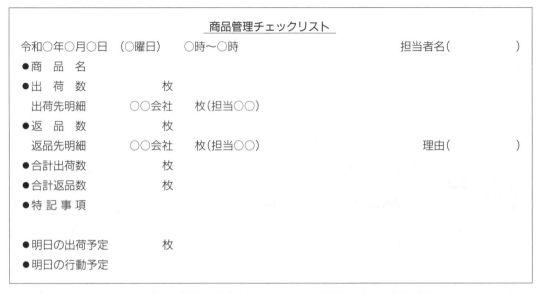

商品管理チェックリスト

令和○年○月○日 （○曜日）　○時〜○時　　　　　　　　　　　　　　担当者名（　　　　　）

- ●商　品　名
- ●出　荷　数　　　　　　　枚
  - 出荷先明細　　　　○○会社　　枚（担当○○）
- ●返　品　数　　　　　　　枚
  - 返品先明細　　　　○○会社　　枚（担当○○）　　　　　　　　　　　理由（　　　　）
- ●合計出荷数　　　　　　　枚
- ●合計返品数　　　　　　　枚
- ●特　記　事　項

- ●明日の出荷予定　　　　　枚
- ●明日の行動予定

▶▶ 行き過ぎのマニュアル化は，業務の硬直化，変化への無感覚化を生み，組織を殺すことになる。見直しのアングルや次のステップのスタート台として位置づける。

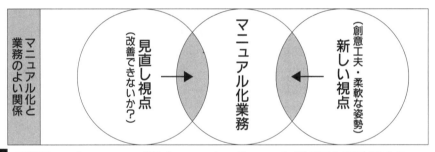

マニュアル化と業務のよい関係

見直し視点（改善できないか？）　→　マニュアル化業務　←　新しい視点（創意工夫・柔軟な姿勢）

4 手帳・パソコン・端末でスケジュール管理を同期する

▶▶ 手帳とともにデジタルツールを有効に利用する。

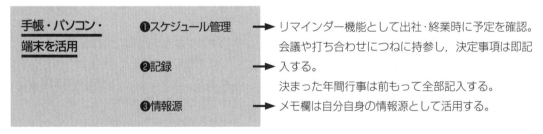

手帳・パソコン・端末を活用	❶スケジュール管理	→	リマインダー機能として出社・終業時に予定を確認。会議や打ち合わせにつねに持参し，決定事項は即記入する。決まった年間行事は前もって全部記入する。
	❷記録	→	
	❸情報源	→	メモ欄は自分自身の情報源として活用する。

▶▶ スケジュールの期間別管理を工夫しよう。

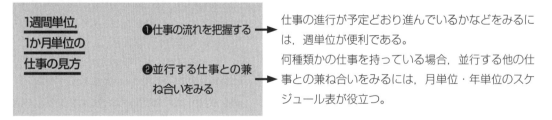

| 1週間単位，1か月単位の仕事の見方 | ❶仕事の流れを把握する | → | 仕事の進行が予定どおり進んでいるかなどをみるには，週単位が便利である。 |
| | ❷並行する仕事との兼ね合いをみる | → | 何種類かの仕事を持っている場合，並行する他の仕事との兼ね合いをみるには，月単位・年単位のスケジュール表が役立つ。 |

5 仕事は効率を考えて処理する

▶▶ 仕事を効率的かつスピーディに進めるには，いくつかのポイントがある。

仕事を	平均化する	→	時間に余裕のあるときと忙しいときの波を小さくする。
	パターン化する	→	よく使われる文書は，フォーマットをつくる。━→それにあてはめれば容易に作成できる。
	セルフチェックする	→	同じミスを繰り返さないために正しく，はやく，安く，らくにできたか？
	その日に片付ける	→	やりかけの仕事は翌日に残さない。
仕事に	不要なものは捨てる	→	整理・整頓━→必要なものがすぐ取り出せるよう不要なものは捨てる。

6 仕事の能率をあげるための身辺整理法

▶▶ 情報を整理して，効率的に活用できるようにする。

●身近の整理・整頓

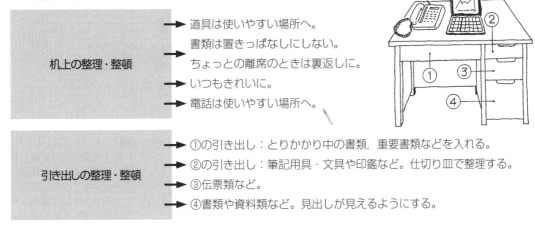

机上の整理・整頓	→ 道具は使いやすい場所へ。
	書類は置きっぱなしにしない。
	ちょっとの離席のときは裏返しに。
	→ いつもきれいに。
	→ 電話は使いやすい場所へ。

引き出しの整理・整頓	→ ①の引き出し：とりかかり中の書類，重要書類などを入れる。
	→ ②の引き出し：筆記用具・文具や印鑑など。仕切り皿で整理する。
	→ ③伝票類など。
	→ ④書類や資料類など。見出しが見えるようにする。

●情報の整理・活用

情報源の確保	→ 日常的に情報源・人脈源の確保につとめる。
情報の分類・整理	→ 得た情報はファイリング，パソコン入力によるカード型データベースなどに整理しておく。定期的にチェックし，保存か廃棄か分類・整理する。
情報の活用	→ 必要な情報を必要なときにすぐ取り出せるように整理し，仲間と情報交換しながら大いに活用しよう。

ファイリングデータ管理のポイント

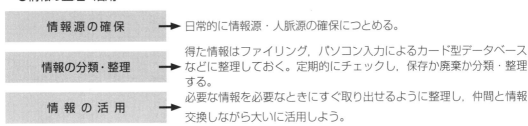

▶目的……将来のために必要か。

▶内容……文書，新聞，カタログ，名刺など。

▶方法……クリアファイル，バインダ，スクラップブック，データファイル，USBメモリースティック，クラウドなど。

▶期間……有効な保存期間はどれくらいか。

▶場所……個人用か，部署用か，会社用か，社内共用フォルダーかなど。

▶取扱者……だれがファイルを管理するのか。

1 次の各文の（　　）にあてはまる用語を，下記の語群のなかから選びなさい。

1. 計画の立案とスケジュール表

(1) 限られた時間のなかで，与えられた仕事量をこなさなければならない。このため，仕事の（　　）の量を確認して，期限内に仕上げられるようにスケジューリングすることが大切である。

(2) 会社の仕事のなかに，（　　）のことがよく割り込んでくる。このため，スケジュールをつくる際には，その分ゆとりをとっておく必要がある。

(3) スケジューリングでは，何が重要な仕事なのか，どれを一番先に仕上げなければならないかといった（　　）を決める必要がある。

　ア. 内容　イ. 優先順位　ウ. 急用　エ. 予定外　オ. 全体

2. 仕事の効率

(1) 仕事は忙しいときと，比較的ひまなときがある。このため，ひまなときに片づけられる仕事がないか確認する。このように，仕事の繁閑の波を（　　）することも，仕事の効率化にとって大切である。

(2) ビジネス文書のうち，一般的なものについては，（　　）を決めておく。そうすれば，そのつどいちいち作文する手間がはぶける。

(3) 机の上，ひき出しのなかが，きちんと（　　）されていなければ，必要な書類や消耗品などが見当たらなくて，探しまわることになる。

　ア. 整理　イ. 平均化　ウ. 記入方法　エ. 抑制
　オ. フォーマット

2 次の各文は何について説明したものか，それぞれもっとも適切な用語を1つ選びなさい。

(1) 相互に関連するいろいろなデータを蓄積したもの。とくにコンピュータを使って，データの検索や多目的な利用が可能なものをいう。

〔選択肢〕

　ア. デスク　イ. バインダー　ウ. ノート　エ. データベース

(2) プリントした文書を利用したいときに，すぐ取り出して使えるようにするため，きちんと整理して保管すること。

〔選択肢〕

　ア. ホチキス　イ. ファイリング　ウ. レコーダ　エ. デスクトレイ

3 次の各設問に答えなさい。

1. マニュアル化の意義について，正しくないものを1つ選びなさい。

〔選択肢〕

　ア. マニュアル化することによって，だれが担当しても，ある一定のレベルの仕事が保てる。

　イ. 一定のルールに従った業務により，ムリやムダ，ヌケがはぶける。

　ウ. 業務規模を拡大しても，並行的な分担を可能にすることができる。

スケジュールの一般的な立て方は，次のとおりである。
①1日の予定を記入する。作業は計画どおりに進行するとは限らない。予定より遅れることや，場合によってははやまることもある。このため，作業の進行をコントロールして，全体としてバランスよく，計画どおり進行するようにしなければならない。
②週間の予定を記入する。
③納期，および納期から逆算した作業期間を記入する。
④月間予定表に，毎月，定期的に行う業務を記入する。

2
(2)紛失を避けたい書類や順序よく整理したい資料はパンチ式ファイルに，日常的に利用する書類・資料はクリアファイルを活用する。

2. 情報の整理について，正しくないものを1つ選びなさい。

〔選択肢〕

ア．入手した情報は，定期的にチェックして，保存の必要性を調べなければならない。

イ．入手した情報は，必要なときにいつでも取り出せるようにしておかなければならない。

ウ．入手した情報はせっかく入手したものだから，原則としてすべて保存しなければならない。

3. 情報の活用について，正しくないものを1つ選びなさい。

〔選択肢〕

ア．企業秘密とのかかわりから，情報が手軽に取り出せるパソコンの活用は控える。

イ．上司から要求された情報は，待たせることなく，すぐに取り出せることが大切である。

ウ．必要な情報をコンピュータで管理する方法もあるが，情報が消えてもだいじょうぶなように，バックアップをとる。

4. 仕事の効率で，正しくないものを1つ選びなさい。

〔選択肢〕

ア．仕事の繁閑は生じるが，可能な限り仕事の平均化につとめる。

イ．文書のパターン化は無味乾燥なので，そのつど文章を考えながら手紙を書く。

ウ．ミスの再発を防止するため，めんどうでも仕事の自己点検を怠らない。

5. ファイリングについて，正しくないものを1つ選びなさい。

〔選択肢〕

ア．ファイルした資料は定期的にチェックし，保存する情報と捨てる情報を取捨選択する。

イ．使用頻度の低い資料でも，つねに手元に置いておくのが原則である。

ウ．文書だけでなく，カタログなども必要に応じてファイルする。

6. 名刺の整理と活用について，正しくないものを1つ選びなさい。

〔選択肢〕

ア．名刺の整理は，ある程度枚数が集まったら行い，時間を有効に使う。

イ．パソコンのデータベースに必要な情報を入力し，顧客名簿，住所録などとして合わせて管理することもできる。

ウ．あとで名刺の裏に，会ったときの状況やその人の趣味などを書き込んでもよい。

3-4
ビジネス文書は，ほとんどパターン化されてきている。パターン化すれば，手紙形式とちがい，あらかじめ設けられた記入欄に，必要な語句を記入すればよい。

3-6
名刺メモのチェックポイント（例）
・日付
・印象
・会った状況
・趣味
・特徴など

2 ビジネス文書の基本

> ■ ビジネス文書の役割と特色を学ぶ。
> ■ ビジネス文書を作成せする際の基礎知識を身につける。

1 ビジネス活動に欠かすことのできないビジネス文書

▶▶ ビジネス文書は，必ず中心となるテーマがある。

ビジネス文書の 役割	❶情報・意思を伝える	→	案内，伝達，報告などを文書を使って行う。
	❷気持ちを伝える	→	感謝・遺憾の気持ちなどを文書を通じて伝える。
	❸条件・希望を伝える	→	こちらの条件や希望を伝えて，相手に行動を求める。
	❹相手の文書に応える	→	相手からの条件や希望の提示に対して，こちらの回答を文書で伝える。

▶▶ ビジネス文書は，その分類の方法によっていくつかの種類に分けられる。

ビジネス文書 の種類	❶内部と外部	→	社内文書と社外文書
	❷用途と形式	→	帳票（定型書式）と一般文書
	❸通常と例外	→	通常文書と例外文書（クレーム，わび状など）

▶▶ ビジネス文書は，5W 2Hを明確に書かなければならない。

5W2H

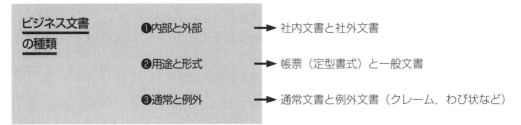

- ●when（いつ）────→ 日付はいつか。
- ●where（どこで）────→ 場所はどこか。
- ●who（だれが）────→ 発信者と受信者（あて名）はだれか。
- ●what（何を）────→ この文書の書かれた目的は何か。
- ●why（なぜ）────→ この文書の必要性は。
- ●how（どのように）────→ 手段・方法は。
- ●how much（いくらで）────→ 費用はいくらかかるか。

一件一葉主義とは

　ビジネス文書は，1枚の用紙に1つの用件を書くようにする。これを一件一葉主義という。たとえば，用件1の「定期昇給についての調査依頼」と用件2の「取引先の信用調査（報告）」のように，異なった内容を1枚の用紙に記載すると決済上の混乱を招きがちで，また，用件ごとに分けてファイリングする場合に不都合であるからである。これは電子メールについても同様で，メールの内容は件名（タイトル）についてのみ1件にする。

2 ビジネス文書を作成する際のポイント

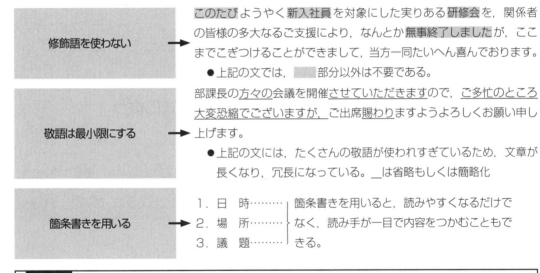

ビジネス文書作成の際の5つのポイント	❶速やかに	→ 必要が生じたら時期を失することなく作成する。
	❷一定の形式	→ それぞれの文書の構造要素をつかみ，だれでも同じように作成できる。
	❸正確・明瞭	→ 主題となる用件が正確に伝わるよう不明瞭な表現を避ける。
	❹簡潔・丁寧	→ リズム感のある歯切れのよい文章，かつ丁寧なことばづかいで作成する。
	❺用字・用語	→ 辞書を活用し，正しい漢字，表現を心がける。また，である調（常体文）と，です・ます調（敬体文）が混在しないよう，文体の不統一をなくす。

▶▶ ビジネス文書は，短文を心がけなければならない。

修飾語を使わない →
このたびようやく新入社員を対象にした実りある研修会を，関係者の皆様の多大なるご支援により，なんとか無事終了しましたが，ここまでこぎつけることができまして，当方一同たいへん喜んでおります。
- 上記の文では，▨▨▨部分以外は不要である。

敬語は最小限にする →
部課長の方々の会議を開催させていただきますので，ご多忙のところ大変恐縮でございますが，ご出席賜りますようよろしくお願い申し上げます。
- 上記の文には，たくさんの敬語が使われすぎているため，文章が長くなり，冗長になっている。＿＿は省略もしくは簡略化

箇条書きを用いる →
1. 日　時………
2. 場　所………
3. 議　題………
箇条書きを用いると，読みやすくなるだけでなく，読み手が一目で内容をつかむこともできる。

ビジネス文書の提出・受け取り

　ビジネスを円滑に進めるために，ビジネス文書の提出や受け取りに関する注意事項をまとめてみよう。

　まず，提出の際には，次の2点が重要なポイントとなる。
①提出期限を守る
　文書によって提出する期限が定められている。提出された文書をその後処理する必要があることも考え期限を守る。期限前に提出しても構わない。

②黙って渡さない
　「○○の報告書です。よろしくお願いします。」など，ことばを添えて渡す。相手が不在の際はメモで伝え，郵送の場合はあとで電話で確認する。

　一方，受け取る際は次の3点がポイントである。
①文書を受け取ったら，その場で確認する
　ほかの書類に埋もれてしまわないよう処理する。
②実行に移す
　回覧，サイン，謝礼など，反応の必要な文書はすぐ実行に移す。
③整理・分類する
　不要なものは処分し，重要なものを整理する。

3　社内文書の特色と役割とは

▶▶ 社内文書の特色は，迅速・正確・簡潔の3つがポイントである。

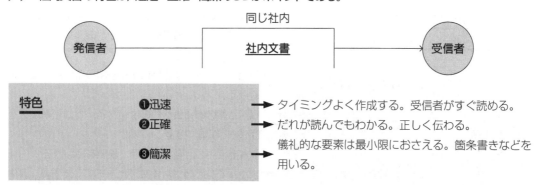

同じ社内

発信者 ── 社内文書 ── 受信者

特色
- ❶迅速 ➡ タイミングよく作成する。受信者がすぐ読める。
- ❷正確 ➡ だれが読んでもわかる。正しく伝わる。
- ❸簡潔 ➡ 儀礼的な要素は最小限におさえる。箇条書きなどを用いる。

▶▶ 社内文書の役割は，円滑なコミュニケーションと，業務を合理的に進めることにある。

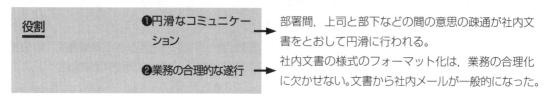

役割
- ❶円滑なコミュニケーション ➡ 部署間，上司と部下などの間の意思の疎通が社内文書をとおして円滑に行われる。
- ❷業務の合理的な遂行 ➡ 社内文書の様式のフォーマット化は，業務の合理化に欠かせない。文書から社内メールが一般的になった。

4　日常勤務に関する届けや身上の届けは書式に従う

▶▶ 届けには，次のようなものがある。

休　暇　届	➡ 年次有給休暇，慶弔休暇，特別休暇などをとるときに提出する。
欠　勤　届	➡ 病気やけがなどの理由で欠勤するときに提出する。医師の診断書を添える。
住所変更届	➡ 住所が変わる場合や変わった場合に提出する。
退　職　届	➡ 退職するとき，事前に提出する。

- ●その他の届けには，結婚・死亡・資格取得など，それぞれ届けの書式がある。

▶▶ 届けは書式化されていることが多い。書式は会社によって多少異なる。

●記入が簡単
記入欄にそって書けばよいため，手紙の形よりも手数がかからない。

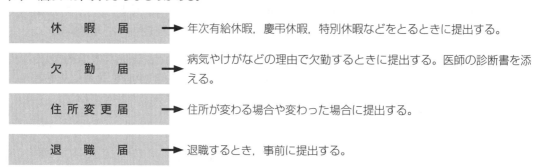

○　○　届

| 部 署 名 | |
| 氏　　名 | |

●書きもれ防止
届けに必要な事項は，記入するための欄が設けられている。このため，書きもらすおそれがない。

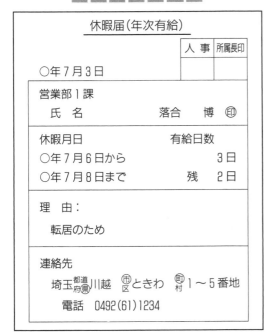

休暇届の書式例

休暇届（年次有給）

	人　事	所属長印

○年7月3日

営業部1課
　氏　名　　　　　落合　博 ㊞

休暇月日	有給日数
○年7月6日から	3日
○年7月8日まで	残　2日

理　由：
　転居のため

連絡先
　埼玉 都道府県 川越 市区 ときわ 町村 1～5番地
　電話　0492(61)1234

住所変更届の書式例

住所変更　届

	人　事	所属長印

○年9月18日

総務部人事課
　氏　名　　　　　松井　一男 ㊞

新住所：
神奈川県鎌倉市今泉1丁目1－1
2001年4月1日から

利用交通機関：
江ノ島電鉄　今泉駅～大船駅
JR東海道線　大船駅～東京駅

届けは，原則として事前に提出してください。
やむを得ず事前に提出できない場合は，事後速
やかに提出してください。

5　伝達文書は社内文書のなかでも重要な役割が

▶▶　伝達文書は，社内の関係者に周知徹底されるようにしなければならない。

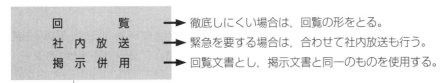

回　　　覧	➡	徹底しにくい場合は，回覧の形をとる。
社　内　放　送	➡	緊急を要する場合は，合わせて社内放送も行う。
掲　示　併　用	➡	回覧文書とし，掲示文書と同一のものを使用する。

回覧する伝達文書には，閲覧者
がチェックし，発信者のもとへ　➡　メールで済ませることもある。
戻るよう，回覧票を添付する。

▶▶　指示・命令に関する文書は，上部から全社員，あるいは部署，個人に向けての重要な情報伝達手段である。

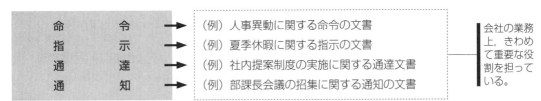

命　　　令	➡	（例）人事異動に関する命令の文書
指　　　示	➡	（例）夏季休暇に関する指示の文書
通　　　達	➡	（例）社内提案制度の実施に関する通達文書
通　　　知	➡	（例）部課長会議の招集に関する通知の文書

会社の業務
上，きわめ
て重要な役
割を担って
いる。

▶▶　案内に関する文書は，社内のコミュニケーションを目的とするものや，福利厚生に関するものが多い。

●コミュニケーションを目的とするもの……（例）　新入社員歓迎会のお知らせに関する文書

●上記以外（たとえば福利厚生など）………（例）　社員対象の定期健康診断に関する案内の文書

| 指 示 の 文 書 例 | 案 内 の 文 書 例 |

┃発信番号，文書番号，文書管理番号という。

総発第32号
令和○年5月15日

課長各位

総務部総務課長㊞

指定場所以外の喫煙について

標記の件については，さきに指示したとおりですが，いまだ励行されていないため，下記のとおり確実に守るよう，所属員に徹底を願います。

記

1．指定場所以外での喫煙は，行わないこととする。
2．指定場所
　　㋐　エレベーターホール
　　㋑　2Fロビー

以上

総発第56号
令和○年6月10日

社員各位

総務部庶務課㊞

社員旅行について

社員慰安旅行を下記のとおり行います。詳細は追って案内しますが，ふるって参加してください。

記

1．日　時　令和○年8月5日〜7日
2．旅行先　南紀白浜
　　※ホエールウォッチングを予定しています。

以上

担当者　総務部庶務課

広沢　貞雄
（内線277）

6　職種や状況に応じて各種の報告書を作成

▶▶　報告書は，職場や状況に応じて作成される。

| 職種（例） | 営　業 → 営業報告書 | 業務（例） | 市場調査報告書 → セミナー受講報告書 |
| 経　理 → 月次決算報告書 | | | 出張報告書 → 製品事故報告書 |

定　期 ➡ 業務日報・営業日報・作業日報・週報・旬報・月報・年報など
不定期 ➡ 苦情処理報告書など

▶▶　報告書は，効果的な作成方法を工夫しなければならない。

効果的な作成方法	❶書式化* → 報告もれを防ぐ効果がある。
	❷5W 2Hに留意 → 報告のポイントをおさえる効果がある。
	❸ビジュアル化** → 見やすく，しかも説得力が増す効果がある。

＊報告書を書式化する際の留意事項

　定期報告書は，社内のフォーマットを統一すると，取り扱い上都合がよい。

フォーマットを統一

報告書　報告書　報告書

＊＊報告書をビジュアル化する際の留意事項

（報告書についてはp.146参照）

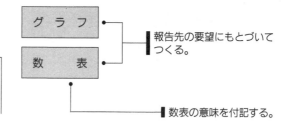

グ ラ フ
数　表

報告先の要望にもとづいてつくる。

┃数表の意味を付記する。

▶▶ 記録にとどめることをおもな目的とする文書がある。

議　事　録	→	社内の会議についての記録。決定事項などを関係者（出席者・欠席者）に確認させるための報告書としての役割も持っている。（基本的に㊙文書）
人　事　記　録	→	社員の履歴書，人事異動，人事考課などに関するもの。社員個人のプライバシーに関する秘密事項も含まれるため，取り扱いには細心の注意をはらう。
官庁届出書類	→	監督官庁に届け出るもの。業務上の許認可に関するものが多い。これらは法律で保存年限を決められていることが多いので，保存・保管に留意しなければならない。

議　事　録　の　例

```
社内報編集委員会議事録
                議長　清水課長
                書記　山下　司㊞
1. 日　時　令和○年6月20日(木)
            13時〜14時
2. 場　所　本社小会議室
3. 出席者　総務部社内報編集委員
4. 議　題　①　編集方針について
          ②　原稿依頼について
          ③　予算について
```

- 日時・場所・出席者・議長・書記などを記入する。
- 決定事項を明確に記入する。
- 意見は整理して記入する。
- 保留事項や今後の予定についても付記する。

官　庁　届　出　書　類
(例)税務署に提出する税務申告書

所得の金額の計算に関する明細書		別表四
事 業 年 度	：　：	
法 人 名		
当 期 利 益		
加 算 項 目		
・・・		
・・・		
減 算 項 目		
・・・		

- 税法の規定にもとづいて，記入しなければならない。
- 官庁届出書類は，何よりも，定められたとおりに，誤りなく正確に記入する必要がある。誤りや記入もれ，不備があれば受理されない。

ビジネス文書と漢字の割合

文書は，原則として，漢字とひらがなを用いて表される。ビジネス文書の場合，文書に占める漢字の割合（漢字率）は，30％前後をめやすにしよう。

● 参考（漢字率）

文　　書	漢　字　率	紙面から受ける感じ
——	10％以下	非常にやさしい
児童雑誌	20％前後	やさしい
新聞・雑誌	30％前後	普通
文芸誌・総合誌	35％〜40％	むずかしい
専門誌・論文	45％以上	非常にむずかしい

7 伺いや願いを伝える文書もある

▶▶ 合議を経て上司の決裁を文書（稟議書）であおぐことを稟議という。

稟議制度

　自分の一存では決められない重要な事柄について，稟議規定に定められた順序に従って，関係先の責任者の審査を受ける。そのうえで，最高責任者の決裁をあおぐことになる。

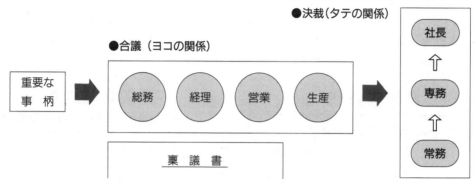

●決裁（タテの関係）

●合議（ヨコの関係）

重要な事柄 → 総務 経理 営業 生産 →

稟議書

社長 ⇧ 専務 ⇧ 常務

┃稟議書により，会議を開く手数がはぶける。

┃稟議書にかかわった関係者の責任の所在が明らかになる。

稟　議　書						
件　名	店内改装の依頼について					
決　裁	社　長	専　務	常　務	部　長	起　案	○年8月1日
					受　付	年　月　日
合　議	総　務	経　理	営　業	生　産	決　裁	年　月　日
					稟議書番号	第　8　号
起案者	営業部1課			（氏名）	後藤　茂雄 ㊞	

当店に隣接する駅前商店街のアーケード改築にあたり，それに合わせて，当店においても売り場改装のため，下記により，……

上司は「ハンコ」を押すのが仕事？

　稟議制度はほとんどの企業に存在するが，この制度では上司は稟議書に押印することが多く，いわゆるハンコ押しに忙殺される。コロナ禍により，リモートワーク，仕事のオンライン化が進んだのにもかかわらず，ハンコを押すだけに出社するという実態が浮き彫りになった。ハンコ文化は，ペーパーレスを妨げる原因の一つである。押印だけでなく，ペーパーレス化も同時に進めるには，電子印鑑や電子署名が一般化していく必要がある。

▶▶ 提案書とは，上司に対して提出する要望・提案・意見などを記入した文書である。

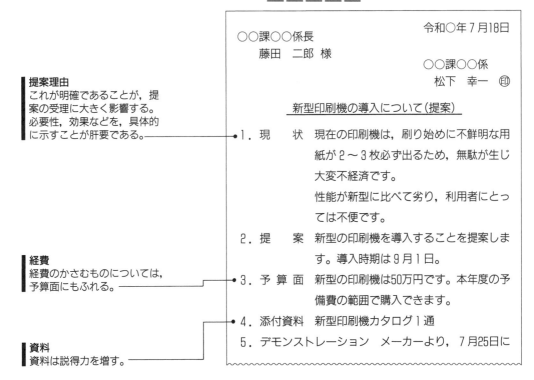

提案書の例──新型印刷機について

令和○年7月18日

○○課○○係長
　　藤田　二郎　様

　　　　　　　　　　　○○課○○係
　　　　　　　　　　　松下　幸一　㊞

新型印刷機の導入について（提案）

1．現　　状　現在の印刷機は，刷り始めに不鮮明な用
　　　　　　　紙が2～3枚必ず出るため，無駄が生じ
　　　　　　　大変不経済です。
　　　　　　　性能が新型に比べて劣り，利用者にとっ
　　　　　　　ては不便です。

2．提　　案　新型の印刷機を導入することを提案しま
　　　　　　　す。導入時期は9月1日。

3．予 算 面　新型の印刷機は50万円です。本年度の予
　　　　　　　備費の範囲で購入できます。

4．添付資料　新型印刷機カタログ1通

5．デモンストレーション　メーカーより，7月25日に

提案理由
これが明確であることが，提案の受理に大きく影響する。必要性，効果などを，具体的に示すことが肝要である。

経費
経費のかさむものについては，予算面にもふれる。

資料
資料は説得力を増す。

▶▶ 始末書とは，会社に対して，社員個人が引き起こした不始末をわびる文書である。

始末書の例──窓しめ忘れについて

令和○年9月20日

○○部○○課長
　　武井　隆一　様

　　　　　　　　　　　○○課○○係
　　　　　　　　　　　青木　淳一　㊞

営業所2階の窓しめ忘れについて

　令和○年○月○日，営業所2階の窓をしめ忘れ，その
まま帰宅してしまいました。
　折りあしく当夜は夜半すぎから風雨が強くなり，窓か
ら雨水が入り込んで，窓側の机上の書類が散乱しました。
また，床も雨でぬれてしまい，○日の朝，関係各位に多
大のご迷惑をおかけいたしました。
　今回の不始末を深く反省し，今後は二度とこのような
ことのないよう十分に注意して参る所存でございます。
　なにとぞ，ご寛大にご処置くださいますよう，お願い
申し上げます。

　　　　　　　　　　　　　　　　　　　　　　以上

始末書（しまつしょ）の提出
不始末の程度によっては，口頭による謝罪でよい場合もある。
始末書を提出することになった場合でも，その前に，とりあえず口頭による謝罪をしなければならない。

謝罪と再発防止
不始末によって会社に迷惑と損害を与えたことについて，素直に陳謝の意を表す。同時に，再発の防止を固く誓うことが大切である。

8　文書の種類によって書き方のポイントがちがう

▶▶ 報告書は，事実の報告が主体になる。

報告書の例1 ── 新入社員の研修報告書

標題を記入
報告書の内容が一目でわかるようにする。

事実の報告
客観的な事実を簡潔に書く。

箇条書き
項目別に箇条書きにする。

5W2H
5W2Hを明確にする。

意見・感想
事実と意見・感想・推測は，はっきり区別して書く。会社によっては，意見や感想を書かせない場合もある。

令和○年○月○日

○○課長　川野慎一様

　　　　　　　　　　　　○○課

　　　　　　　　　　　　　大島　和子　㊞

新入社員研修について（報告）

　このたび，新入社員の研修を終了いたしましたので，下記のとおりご報告いたします。

記

1．研修会名　令和○年度新入社員研修会
2．研修期間　○月○日（月）～○月○日（水）
3．研修場所　本社研修センター
4．研 修 生　30名
5．研修内容　⑴　勤務の心得
　　　　　　　⑵　会社の組織と業務内容
　　　　　　　⑶　電話の対応
　　　　　　　⑷　来客の対応

（感想）

報告書の例2 ── 出張報告書

●報告書の種類

日常的・定期的な仕事に関するもの：営業日報・月報など
経過報告：出張報告書，会議への参加報告書など。
計画，結果の確認に関するもの：調査報告書・会計報告書など。

結論
結論を先に，経過はそのあとに書く。

出 張 報 告 書

部長		課長		係		令和○年○月○日
出 張 者	営業部仕入課　（氏名）　松本　一男　㊞					
出 張 先	○○県○○市					
用 務 先	中央商事㈱営業部長　田中　誠					
出張目的	新発売腕時計の納入期日について延期交渉の件					
出張期間	9月10日～9月12日					
内　容	1．結　論　600個については10月末，400個については11月中旬に決定。 2．理　由　現在，各社から注文が相次ぎ，10月末に一括納入は困難である。					

▶▶ レポートには，自分の主張を盛り込む。

レ ポ ー ト の 例 ——製品ラインについて

単なる報告書ではなく，テーマにもとづいた自分の意見・主張を盛り込み，相手に訴える。

令和○年○月○日

○○課○○係長
　大平　修三　様

　　　　　　　　　　　　○○課
　　　　　　　　　　　　高橋　洋一　㊞

製品ラインの拡大について

序論
問題を提起して，レポートの論旨を読み手につかませる。

　このたび，標記の件について調査・検討の結果，当社の製品ラインを拡大する方向がよいと判断しました。以下，参考資料を添えてレポートします。

本論
レポーターの主張，訴えたいことを具体的に述べ，結論を示唆する。

検 討
結 果：製品ラインを拡大して，電熱式とヒートポンプ式エアコンの新製品を発売することが適当と考えられる。

展開
本論を受けて，その裏付けとなる具体的なデータなどを提示，説得力のあるレポートにまとめる。

理　由：(1) デパートの各種暖房器具の売上高の推移（別添資料参照）により，電熱式の漸増，ヒートポンプ式エアコンの急伸の傾向が顕著である。
　　　　(2) 従来の石油燃焼式のタイプは，失火（とくに地震の際）のおそれ，空気のよごれの2点について，消費者の不満がきわめて強い。

結論
論旨をまとめ，明快に結論を導く。

結　論：製品ラインを拡大する。

▶▶ 説明文には，商品などに関する説明が入る。

説 明 文 の 例 ——新商品について

ある事柄について，内容や事情を知らない人によくわかるように，客観的に説明する。

令和○年○月○日

○○課○○係長
　南条　範行　様

　　　　　　　　　　　　○○課
　　　　　　　　　　　　太田　哲男　㊞

説明する人

新商品について

説明する事柄

　このたび，当課において仕入れた新商品（PS-5）につきまして，説明します。

説明する相手

記

説明する内容

1．種　　　類　　食品（健康食品）
2．形　　　状　　カン入り
3．特　　　色　　野菜と果物をミックスしたジュース
4．機　　　能　　カロチンを含む。ビタミンも豊富。
5．値　　　段　　1カン150円
6．用　　　途　　朝食時に飲用
7．デ ザ イ ン　　人参，レモンのイラスト使用
8．ネ ー ミ ン グ　ヘルシードリンク

9　会社を代表して書いているという自覚を

▶▶　社外文書は個人名で出しても，受信者は「会社から来た文書」として扱う。

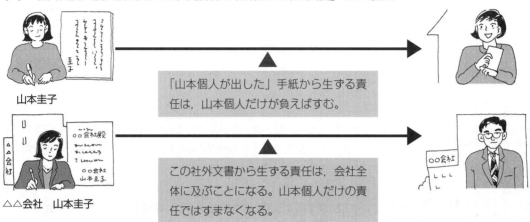

山本圭子

「山本個人が出した」手紙から生ずる責任は，山本個人だけが負えばすむ。

△△会社　山本圭子

この社外文書から生ずる責任は，会社全体に及ぶことになる。山本個人だけの責任ではすまなくなる。

10　社外文書として社交・儀礼の文書がある

▶▶　社交・儀礼の文書は固有の目的を持っており，大事な役割を果たしている。

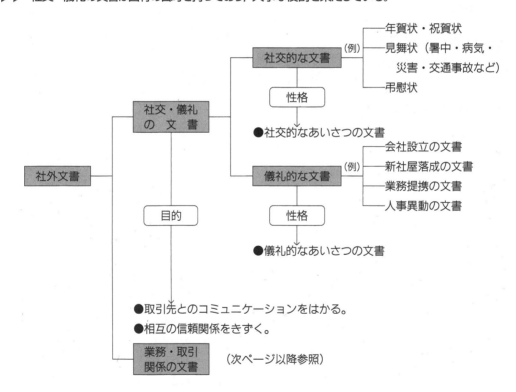

11 業務・取引関係の文書は正確に

▶▶ 業務・取引関係の文書には，いろいろな種類があり，それぞれ重要な任務をもっている。

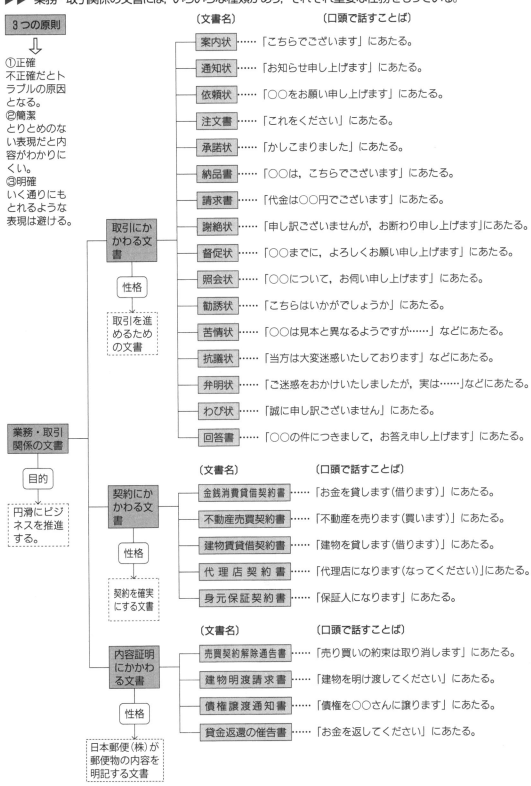

3つの原則

⬇

①正確
不正確だとトラブルの原因となる。
②簡潔
とりとめのない表現だと内容がわかりにくい。
③明確
いく通りにもとれるような表現は避ける。

業務・取引関係の文書

└ 目的 ┘

円滑にビジネスを推進する。

取引にかかわる文書

└ 性格 ┘

取引を進めるための文書

〔文書名〕　　　　　〔口頭で話すことば〕

案内状 ……	「こちらでございます」にあたる。
通知状 ……	「お知らせ申し上げます」にあたる。
依頼状 ……	「○○をお願い申し上げます」にあたる。
注文書 ……	「これをください」にあたる。
承諾状 ……	「かしこまりました」にあたる。
納品書 ……	「○○は，こちらでございます」にあたる。
請求書 ……	「代金は○○円でございます」にあたる。
謝絶状 ……	「申し訳ございませんが，お断わり申し上げます」にあたる。
督促状 ……	「○○までに，よろしくお願い申し上げます」にあたる。
照会状 ……	「○○について，お伺い申し上げます」にあたる。
勧誘状 ……	「こちらはいかがでしょうか」にあたる。
苦情状 ……	「○○は見本と異なるようですが……」などにあたる。
抗議状 ……	「当方は大変迷惑いたしております」などにあたる。
弁明状 ……	「ご迷惑をおかけいたしましたが，実は……」などにあたる。
わび状 ……	「誠に申し訳ございません」にあたる。
回答書 ……	「○○の件につきまして，お答え申し上げます」にあたる。

契約にかかわる文書

└ 性格 ┘

契約を確実にする文書

〔文書名〕　　　　　〔口頭で話すことば〕

金銭消費貸借契約書 ……	「お金を貸します（借ります）」にあたる。
不動産売買契約書 ……	「不動産を売ります（買います）」にあたる。
建物賃貸借契約書 ……	「建物を貸します（借ります）」にあたる。
代理店契約書 ……	「代理店になります（なってください）」にあたる。
身元保証契約書 ……	「保証人になります」にあたる。

内容証明にかかわる文書

└ 性格 ┘

日本郵便(株)が郵便物の内容を明記する文書

〔文書名〕　　　　　〔口頭で話すことば〕

売買契約解除通告書 ……	「売り買いの約束は取り消します」にあたる。
建物明渡請求書 ……	「建物を明け渡してください」にあたる。
債権譲渡通知書 ……	「債権を○○さんに譲ります」にあたる。
貸金返還の催告書 ……	「お金を返してください」にあたる。

12 社外文書の形式

▶▶ 社外文書には，定められた形式がある。

ヨコ書きの文書構成例

前付け

タテ書きのときは末文のあとに書くことが多い。後付けである。

受信者名
東西産業株式会社
営業部長　岩井　義雄　様

文書番号　営発○○○号
日　付　○年○月○日

発信者名
中央工業株式会社
営業部長　加納　直樹

件　名　新製品製作発表会のお知らせ

本文

前文

頭語
拝啓　○○の候，貴社ますますご発展のこととお喜び申し上げます。

主文
　さて，このたび当社では，新製品「○○○○○シリーズ」の開発に成功いたしました。企画段階より皆様方からさまざまなご意見をいただき，環境問題を考慮して製作いたしました自信作でございます。
　つきましては，新製品の展示および説明をさせていただきたく，製作発表会を開催いたしますので，ご多忙のところ誠に恐れ入りますが，ご来社賜わりますようお願い申し上げます。

末文
　まずは書面にて，ご案内まで申し上げます。

結語
敬具

別記

記
1．日　　時　○年6月10日(水)14時〜16時
2．場　　所　当社　3階会議室
3．交通機関　JR中央線四谷駅下車　バス7分

副文

付記
　なお，JR四谷駅より，当社のバスが発着しておりますので，ご利用ください。
同封物　当社案内図　1通　　　　　　　　　　以上

担当者名　担当：営業部第2課
小林　弘
電話(03)3201-1234内線(246)
e-mail: kobayashi@chuo.co.jp

- 文書番号は，毎年度1から始める。
- 日付は，年月日のすべてを記入する。
- 受信者名と発信者名は，この文書の権利・義務の所在を示しており，重要である。
- 件名は，標題，標記ともいう。
- 前文は，あいさつ文である。
- 主文は，用件を述べる部分である。この文書の中心になる。
- 末文は，終わりのあいさつ文である。
- 別記は，主文中に入れるとわかりにくくなることを，ここに箇条書きにしたものである。
- 副文は，本文を補足する添え書きである。
- 担当者名は，この文書に関する事務を直接担当する者の氏名である。

敬称──「様」が一般的である

　1952年に国語審議会が発表した「これからの敬語」のなかに，「さま（様）は，あらたまった場合の形または慣用語に見られるが，主として手紙のあて名に使う。将来は，公用文の『殿』も『様』に統一されることが望ましい。」と記されている。これに従って，最近では，一般に「殿」よりも「様」を用いることが多くなった。

タテ書きの文書構成例

本文 … 前文・主文・末文・別記
後付け … 受信者名
付記

頭語　件名　新社屋落成記念祝賀会のご案内

謹啓　初秋の候、ますますご清栄のこととお喜び申し上げます。

さて、当社では創業三十周年事業として本社社屋の改築をすすめておりましたが、おかげをもちまして、このたび完成の運びとなりました。この三十年間、急激な社会変化にもかかわらず、社業が順調に進展し、この日を迎えることができましたことは、ひとえに皆様方のご支援の賜物と深く感謝申し上げる次第でございます。

つきましては、新社屋の完成を記念して、左記のとおり心ばかりの感謝の宴を催したく、ご多忙中とは存じますが、なにとぞご臨席くださいますようお願い申し上げます。

まずは、ごあいさつかたがたご案内申し上げます。

結語　敬　白

記

一、日　時　令和〇年十月十五日(金)、十五時から十七時まで
二、場　所　当社十階ホール「カトレア」

令和〇年九月十四日

朝日貿易株式会社
取締役社長　横山　俊介

東海商事株式会社
取締役社長　武井正之　様

なお、お手数ながら、ご出欠を同封の返信用はがきにて九月三十日までにお知らせくださいますようお願い申し上げます。

以　上

左ヨコ書きの普及

　文書の左ヨコ書きのスタイルは昭和24年4月5日付けで内閣官房長官通達「公用文作成の基準」が示達され，そのあと昭和27年の「公用文作成の要領」，さらには昭和35年の自治省通達によって急速に普及した。

　ただし，現在でもタテ書きが用いられることのある文書は，次のとおりである。

●あいさつ状……役員交代，営業所の開設，開業，社名変更，中元・歳暮送付などに関するもの
●賞状・証書……表彰状，感謝状，卒業証書，修了証書など
●式辞・祝辞……入社式などに関するもの
●契約書…………取引契約書など

　今後は，現在タテ書きが用いられている文書でも，次第にヨコ書きに統一されていくものと思われる。

13 頭語と結語は対応する

▶▶ 前文の冒頭に頭語を，末文の末尾に結語を書くのが一般的である。

文　書	用いられる頭語の例（頭語の意味）	用いられる結語の例（結語の意味）
一般的な往信文書	●拝啓 ●拝呈 ●啓上 ｝（謹んで申し上げます）	●敬具 ●拝具 ●拝白 ｝（謹んで申し上げました）
とくに丁重な文書	●謹啓 ●粛啓 ●恭啓 ●謹呈 ｝（謹んで申し上げます）	●敬白 ●謹白 ●謹具 ●再拝 ｝（謹んで申し上げました）
至　急文　書	●急啓 ●急呈 ｝（取り急ぎ謹んで申し上げます）	●草々（取り急ぎ申し上げました） ●不一（意をつくしきれませんが）
略式の文　書 返　信文　書	●前略 ●略啓 ｝（あいさつを省略させていただきます） ●拝復 ●復啓 ｝（謹んでご返事申し上げます）	●草々（取り急ぎ申し上げました） ●不一（意をつくしきれませんが） ●敬具 ●拝具 ｝（謹んで申し上げました）

14 時候のあいさつで季節感を添える

▶▶ あいさつには，無難な時候に関するものが用いられる。

〔月〕	時候のあいさつの例	〔月〕	時候のあいさつの例
1月	●新春のお慶びを申し上げます。 ●厳寒の候	7月	●日ごとに暑さが厳しくなりましたが…… ●盛夏の候
2月	●寒さなお厳しい折から…… ●立春の候	8月	●残暑がつづきますが…… ●晩夏の候
3月	●ようやく春めいてまいりましたが…… ●早春の候	9月	●朝夕めっきり涼しくなりましたが…… ●初秋の候
4月	●花々の咲きそろう美しい季節となりましたが…… ●陽春の候	10月	●秋もたけなわとなりましたが…… ●秋冷の候
5月	●青葉の美しい季節となりましたが…… ●新緑の候	11月	●紅葉の美しいシーズンとなりましたが…… ●晩秋の候
6月	●雨に咲くあじさいがひときわ鮮やかですが…… ●梅雨の候	12月	●今年もあとわずかとなりましたが…… ●師走の候

15 前文・末文のあいさつは内容にふさわしいものを

▶▶ 前文では，時候のあいさつ，先方の繁栄や感謝のことばなどを述べる。

前 文 の 基 本 的 な 構 成 例

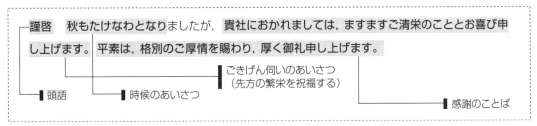

謹啓　秋もたけなわとなりましたが，貴社におかれましては，ますますご清栄のこととお喜び申し上げます。平素は，格別のご厚情を賜わり，厚く御礼申し上げます。

頭語 ─ 時候のあいさつ ─ ごきげん伺いのあいさつ（先方の繁栄を祝福する） ─ 感謝のことば

● ごきげん伺いのあいさつのポイント

　　貴社におかれましては，ますますご繁栄のこととお喜び申し上げます。

　① 貴社：貴店なども用いられる。

　② ご繁栄：ご盛栄，ご隆盛，ご発展なども用いられる。

● 感謝のことばの例

　① 平素は，格別のお引き立てにあずかり，厚く御礼申し上げます。

　② 常々ひとかたならぬご高配を賜わり，深く感謝申し上げます。

▶▶ 末文では，主文の内容のまとめと，終わりのあいさつなどを述べる。

末 文 の 基 本 的 な 構 成 例

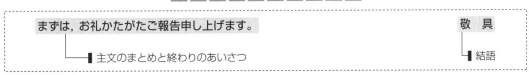

まずは，お礼かたがたご報告申し上げます。　　　　　　　　敬 具

主文のまとめと終わりのあいさつ　　　　　　　　　　結語

● 主文のまとめと終わりのあいさつの例

　① まずは略儀ながら，書中をもってご返事にかえさせていただきます。

　② まずは，用件のみにて失礼いたします。

　③ まずは，ご依頼申し上げます。

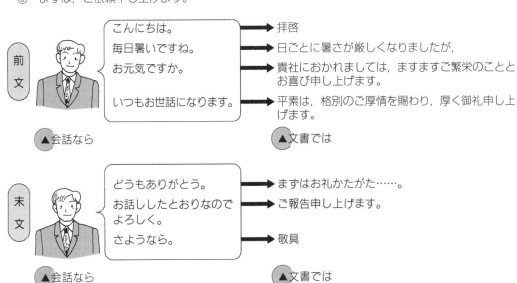

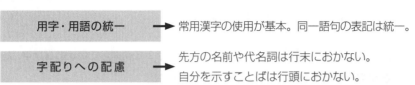

16　封筒や便箋の書き方・使い方と郵便以外の配送・通信サービス

▶▶ 便箋で留意すること。

| 用字・用語の統一 | ➡ | 常用漢字の使用が基本。同一語句の表記は統一。 |

| 字配りへの配慮 | ➡ | 先方の名前や代名詞は行末におかない。
自分を示すことばは行頭におかない。 |

▶▶ 封筒の表書き・裏書きの書き方

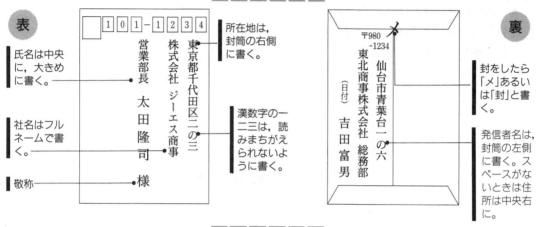

和封筒の場合

表

氏名は中央に，大きめに書く。

社名はフルネームで書く。

敬称

101-1234

東京都千代田区二の三
株式会社 ジェエス商事
営業部長
太田 隆司
様

所在地は，封筒の右側に書く。

漢数字の一二三は，読みまちがえられないように書く。

裏

〒980-1234
仙台市青葉台一の六
東北商事株式会社 総務部
（日付）
吉田 富男

封をしたら「〆」あるいは「封」と書く。

発信者名は，封筒の左側に書く。スペースがないときは住所は中央右に。

洋封筒の場合

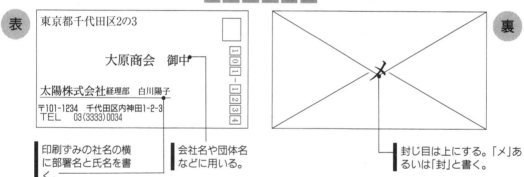

表

東京都千代田区2の3

大原商会　御中

太陽株式会社経理部　白川陽子
〒101-1234　千代田区内神田1-2-3
TEL　03(3333)0034

1 0 1 - 1 2 3 4

印刷ずみの社名の横に部署名と氏名を書く。

会社名や団体名などに用いる。

裏

封じ目は上にする。「〆」あるいは「封」と書く。

敬称の使い方

受信者（あて名）	敬称	使用例
法人・官庁などの団体	御　中	大阪商事株式会社 御中
役職名	様	総務課長 松下　正 様
多数（同文送付）	各　位	株主各位
個人	様	永島　一彦 様

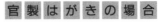

▶▶ はがきの表書きの書き方

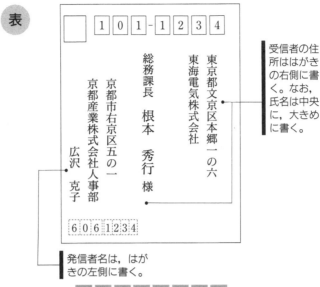

官製はがきの場合

表

101-1234

東海電気株式会社
総務課長　根本　秀行　様

京都市右京区五の一
京都産業株式会社人事部
　　　　　広沢　克子

606 1234

受信者の住所ははがきの右側に書く。なお，氏名は中央に，大きめに書く。

発信者名は，はがきの左側に書く。

往復はがきの場合

表

101-1234

名古屋市千種区通町九の四
株式会社　エーエスシー　㈲　御中

100 1234

「行」を消して，「御中」などの敬称に書き直す。

裏

十月一日（月）の新社屋落成パーティーに

ご出席　いたします。

（どちらか一方を消してください）

ご欠席

このたびは新社屋落成おめでとうございます。

ご住所　千代田区五番町五
　　　　豊橋商事株式会社

ご芳名　北山　五郎

「ご」や「お」は消す。

メッセージを書いてもよい。

▶▶ 郵便以外の配送・通信サービスを調べてみよう。

おもなサービス		
❶電子メール	→	メールソフト利用でリアルタイムのデータ送付。
❷宅配便	→	書類や小荷物などを翌日には時間帯指定で届けるデリバリーサービス。
❸バイク便	→	交通渋滞のはげしい大都市で短時間に書類などを運ぶ。
❹クーリエサービス	→	海外への航空便。通関業務はクーリエ業者が行う。

| コスト意識を持った手段の選択 | → | 大きさや重量によって，郵便料・配送料は異なるので，使用する用紙のサイズや紙質にも配慮する。普通郵便（日本郵便）だけでなく，メール便（宅配会社）などを利用してコスト意識を持つ。 |

17　パソコンは日常業務に不可欠なツール

▶▶ コンピュータ・ネットワークは仕事の環境そのもの

●日常の仕事

記録，報告書から，手紙類，企画業務まで，定型・非定型を問わず，文書作成，データの加工など，デスクワーク全般が処理できる。

社内LANにより　⇩　**ナレッジマネジメント**（Knowledge Management）	→ 通知文，連絡文などが直接自分のパソコンに通知される。 → 会社や個人のスケジュールがパソコン上で管理できる。 → 会議室の空き状況や担当外業務の進捗状況を確認できる。 → 出張精算や伝票処理などの業務作業が，パソコン上でできる。 → 社内共有の文書や情報をパソコン上で管理できる。 → 個人データ（給与明細や人事考課など）がパソコン上で管理され，外部に流出しないよう，本人のみが確認できる。
インターネットにより	→ 電子メールを使って，顧客との交渉・仕事内容の確認ができる。 → ポータルサイトを利用して，業種・業界情報の収集ができる。

●コンピュータ化で変わる仕事状況

デスクワークの時間が大幅に圧縮できるので，仕事全体を効率化できる。

コンピュータ化されて時間が空いたときに	→ コンピュータにはできないこと（人と会うこと，考えること）に時間を使える。 → 顧客に合わせた適切なサービスができるよう，社内で会議や話し合いを行う時間ができる。 → 新しい仕事を開拓する時間ができる。

個人情報保護法

　IT社会の急速な進展にともない，インターネットの利用も増大しつづけており，逆に一方ではプライバシーの権利・利益侵害（個人情報の漏洩や不正利用など）の危険性が増大している。このような社会状況のなか，2005年4月より「個人情報保護法」が施行された。この法律を正しく理解し，取り扱っていくことが企業の重要な責務となっている。

■顧客への対応例

お客様の大切な個人情報のお取扱について

● 株式会社○○○○では，お客様からご提供頂く，お客様の氏名，年齢，住所，生年月日，電話番号，Eメールアドレス，購買履歴など，お客様個人を特定・識別し得る情報（以下「個人情報」）が，プライバシーに関わる重要な情報であることを認識し，個人情報の保護に関する法律を遵守するとともに，以下のポリシーに基き適切な取り扱いに努めることをお約束します。

● お客様の個人情報は，弊社の商品・サービスの提供に使用させて頂くとともに，弊社のグループ会社及び弊社が適切と認めた会社からのお客様に有益と思われる商品・サービスのご案内以外には利用致しません。

● お客様から弊社への個人情報の開示はお客様の任意でございますが，サービスの提供に必要な項目をお知らせいただけない場合，サービス等をご提供できない事もございます。

● ご提供頂きましたお客様の個人情報は，お客様ご本人の同意なしに第三者への貸与・譲渡を行うことはございません。但し，以下の内容にてお客様の許可なしに使用することをご理解下さい。

・ ご注文の商品をお届けするために，運送会社および受注業務受託会社等の業務委託先へのお客様名・ご住所・ご連絡先を開示する場合。
・ 法令等により開示を求められた場合，または裁判所・警察等の公的機関から照会を受けた場合。
・ お客様の動向・統計を行う際，弊社が適切と認めたマーケティング分析会社に万全なセキュリティ体制のもと分析を委託する場合。
・ お客様にて個人情報の開示に同意いただいた場合。

● お客様より利用・提供中止の請求があった場合は，ご本人である事を確認した上で，利用・提供を速やかに中止いたしますので，下記フリーダイヤルまでその旨をご連絡下さい。

フリーダイヤル　**0120-000-000**

18 ネットワークと電子メールの活用

▶▶ ネットワーク化されたオフィスでは，電子メールが有効に活用される。

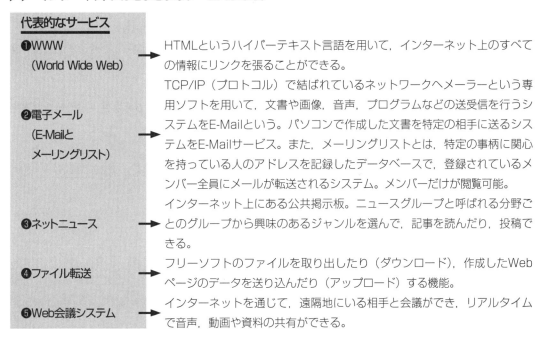

電子メール利用で

❶指示や報告の変化 ➡ メールを利用して，業務の指示，報告，決裁等が行われている。

❷文書の変化 ➡ 電子メールは，用件のみを簡潔，明瞭に表現することが原則。

❸情報の広がりと保存 ➡ 相手が不在でも用件を残せる，同時に大勢に同じ情報を流せる，受け取った情報を他の人に転送できる，返信も簡単にできる，データが保存でき，電話の聞きちがいのようなトラブルを防げるなどのメリットがある。

▶▶ インターネットにはさまざまなサービスがある。

代表的なサービス

❶WWW
（World Wide Web）
➡ HTMLというハイパーテキスト言語を用いて，インターネット上のすべての情報にリンクを張ることができる。

❷電子メール
（E-Mailと
メーリングリスト）
➡ TCP/IP（プロトコル）で結ばれているネットワークへメーラーという専用ソフトを用いて，文書や画像，音声，プログラムなどの送受信を行うシステムをE-Mailという。パソコンで作成した文書を特定の相手に送るシステムをE-Mailサービス。また，メーリングリストとは，特定の事柄に関心を持っている人のアドレスを記録したデータベースで，登録されているメンバー全員にメールが転送されるシステム。メンバーだけが閲覧可能。

❸ネットニュース ➡ インターネット上にある公共掲示板。ニュースグループと呼ばれる分野ごとのグループから興味のあるジャンルを選んで，記事を読んだり，投稿できる。

❹ファイル転送 ➡ フリーソフトのファイルを取り出したり（ダウンロード），作成したWebページのデータを送り込んだり（アップロード）する機能。

❺Web会議システム ➡ インターネットを通じて，遠隔地にいる相手と会議ができ，リアルタイムで音声，動画や資料の共有ができる。

19 パソコン使用上のルール

❶公私の区別をつける

➡ 私用で使ったデータはすべて，会社の記録に残っている。

➡ 会社のシステム管理部門は，パソコンの使用状況をチェックできる権利がある。

➡ 私的利用の状況や内容（顧客データの流出，経営データの漏洩，プライベートなメールなど）によっては，損害賠償などに発展することもある。

➡ 会社全体でソフトウェアなどを統括管理している場合があるので，勝手なインストールはしない。

➡ 公私混同は，仕事に対する意識が欠けているとみなされ，評価の対象になる。

❷ネチケット，著作権に配慮する

➡ ハッキング行為や，スパムメール送信などの違法行為をした場合は，IPアドレスからパソコン使用者の身元が明らかにされ，罰せられる。

➡ ロゴマーク，ブランド名，文書を権利者の許諾を得ずに使用すると，著作権侵害になる。

20 電子メールの書き方

●電子メールの特性を理解し，受け取る相手に配慮して書くことが肝要。

**相手に配慮した
書き方を**

❶内容が予測できる件名 ➡ わかりにくい件名：「先日はお世話になりました」……何のメールかわからない。

わかりやすい件名：「打ち合わせ（〇月〇日）の変更」……件名だけで内容が予想できるようにする。

❷儀礼的なあいさつは不要 ➡ 「拝啓」「敬具」などのような儀礼的あいさつは省略してかまわない。

あて名，簡単なあいさつ，自分の名前，用件の順に書く。

内容は件名の用件だけにし，複数の内容は入れない。

❸1つのメールに1つの用件 ➡ 内容も長くならないように心がけ，1～2スクロールで読み終えるよう簡潔にまとめる。

「署名」をつけるのがメールではマナー。

❹最後に署名を ➡ 送信者の氏名とメールアドレスが必要だが，ビジネスメールの場合は連絡先（アドレスや電話番号）を書くのが一般的。

●返信・引用・添付時にも留意しておきたいことがある。

❶返信について

➡ いつまでも返事が来ないと，相手は「送信できたのかどうか」「届いたのだろうか」と不安になる。

➡ 内容によって返答に時間のかかる場合は，「メールを受け取っている」ことや「返事が遅くなる」ことを，折り返し返信しておく。

➡ ダイレクトメールやスパムメールへの返信は不要。

❷引用（受信文を返送）時の注意

➡ 返信時の元のメールの全文を引用すると，だらだら長くなり，不要部分も返信することになるので避ける。

➡ 打ち合わせや，質問形式のメールの際は，送られてきた本文をそのまま下に残し，上に返事を書く方法をとる。ただし，これも複数回にわたるとメールサイズが大きくなり，読みにくくなるので注意する。

❸添付ファイルについて

➡ 大きなファイルを添付すると，ネットワーク，サーバ，相手に負担をかけ迷惑になることもあるので，圧縮などして送る方法をとる。

形式はLHA，ZIPなどがある。ファイルの解凍はアーカイブ，展開などといわれ，それぞれに解凍ツール（ダブルクリックでできるときもある）が必要。

❹親しき仲にも礼儀あり

➡ 携帯電話の普及で絵文字や顔文字が使われやすくなっているが，ビジネスのメールでは，相手に失礼になるので使用は避ける。

ビジネスメールの例 ——工場見学のお願い

送信者：sugita@abc.co.jp	→ 送信者のアドレス
あて先：takahisa@xyz.co.jp	→ 受信者のアドレス
CC ：	→ 一括送信に使う（送信先アドレスが，受信者に**表示される**）
BCC ：	→ 一括送信に使う（送信先アドレスが，受信者に**表示されない**）
件 名：工場見学のお願い	→ 用件を端的に表現する

xyz 株式会社 → 宛先
高久 ○○ 様

株式会社ABC商会 人事部の杉田と申します。 → 送信者名を名乗る
いつもお世話になっております。 → 簡単なあいさつ

本日は，貴社の工場見学のお願いで → 用件を簡潔に
ご連絡いたしました。

新入社員の研修の一環として → 本文をわかりやすく
貴社の工場をぜひ見学させていただきたく
お願い申し上げます。

以下の要領で計画しております。

1 希望日時 ○年○月○日（○曜日）
      ○時～○時

2 希望場所 ○○工場 → 箇条書きなどでわかりやすい表現に

3 人 数 ○人

ご了承いただけるようでしたら，日程など → 返事の依頼やまとめのことば
その他についてご指定ください。

なにとぞ，よろしくお願い申し上げます。 → 締めくくりのあいさつ

....

株式会社ABC商会 → 署名
人事部 杉田 あきこ
tel: ○○○－○○○
mail: sugita@abc.co.jp

1 次の各文の（　　）にあてはまる用語を，下記の語群のなかから選びなさい。

1. ビジネス文書の役割

(1) ビジネス文書は，他に向かって，情報を（　　）する。

(2) （　　），遺憾などの気持ちや感情を伝えるのもビジネス文書の役割である。

(3) 取引などにおいて，こちらの（　　）や希望などを伝え，相手の行動をうながす役割を持っている。

(4) 相手から伝えられた要求に対しては，文書による（　　）を行うことが多い。

　　ア．管理　イ．伝達　ウ．感謝　エ．交渉　オ．条件

　　カ．氏名　キ．回答　ク．回覧

2. ビジネス文書の種類と特徴

(1) ビジネス文書のうち，会社の内部の業務において利用される文書を（　　）という。

(2) ビジネス文書のうち，会社の外部の顧客，取引先などに対して作成される文書を（　　）という。

(3) ビジネス文書では，その内容を明確にするために（　　）をおさえて作成することが大切である。

(4) 1つの文書のなかに，いくつもの用件を書かないようにすることを（　　）主義という。

　　ア．社外文書　イ．一般文書　ウ．社内文書　エ．例外文書

　　オ．5W2H　　カ．5W　　　キ．1件　　　ク．一件一葉

3. ビジネス文書を作成する際のポイント

(1) その文書が必要とされるときをはずさないように，（　　）に作成する。

(2) それぞれの文書の持つ構成に従って，一定の（　　）を踏まえた文書を作成する。

(3) 誤解を招きそうな表現を避け，こちらの意思を（　　）に伝える。

(4) ビジネス文書では，短文を心がけ，丁寧な表現を用いながらも（　　）にまとめる。

(5) ビジネス文書では，用語の誤字誤用のないよう注意し，「である調」か「です・ます調」かといった（　　）の統一に留意する。

(6) ビジネス文書をわかりやすくまとめるために，（　　）が多く用いられることがある。

(7) （　　）や敬語の多用は，文章をわかりづらくさせることがあるので留意する。

　　ア．適当　イ．速やか　ウ．長さ　エ．形式　オ．正確

　　カ．単語　キ．文体　ク．簡潔　ケ．最小限　コ．記号

　　サ．箇条書き　シ．修飾語　ス．用紙

2 次の各設問に答えなさい。

1. 「用語」(下線部分) の使い方で正しくないものを 1 つ選びなさい。

〔選択肢〕

ア．先生は，<u>必ずしも</u>受け持ちの生徒のすべてを知っているわけではない。

イ．明日は，<u>あいにく</u>お伺いできます。

ウ．<u>せっかく</u>のお申し出でございますが，ほかの方に決まりました。

エ．<u>必ずしも</u>希望どおりにはまいりません。

2. 「送りがな」については，正しくないものを 1 つ選びなさい。

〔選択肢〕

ア．後ろに目がついているとさえ思えた。

イ．半ばあきらめていたので，余計うれしい。

ウ．災わいを転じて福となす。

エ．便りがあったので安心した。

3. 次の文は，いずれも二通りの意味にとれる。どのように表現すれば，それぞれの場合を明確に表現できるか答えなさい。

ア．松井さんだけが課長ではない。

イ．九州に出張中の社長の秘書から，電話があった。

ウ．新入社員と総務課員の半数が出席する。

エ．この製品は，前の製品のように，爆発的には売れないだろう。

オ．8月1日か8月2日の午後に，お伺いします。

カ．このスーパーにないものはない。

4. 漢字のまちがいを直しなさい。

ア．私は彼の意見に意義を唱えた。

イ．この問題に重大な感心をはらっている。

ウ．よくて原状維持と思っている。

エ．この業界は競走がはげしい。

オ．料金を改訂します。

カ．人事移動が発表になった。

キ．この法律が摘要される。

ク．責任は当然追求されるだろう。

ケ．選挙の体勢がほぼ決まった。

コ．ものごとの確信にふれる。

サ．私はどうも，彼を過少評価していたようだ。

シ．2人の争いは泥試合の様相を呈している。

ス．資材を投げ打って，学校を建てた。

セ．このぶんだと，国会の解散は必死だ。

3 5W2Hの組み合わせで，正しくないものを 1 つ選びなさい。

〔選択肢〕

ア．When ……いつ	オ．Why …………なぜ
イ．Where …どこで	カ．How …………どれくらい
ウ．Who ……だれが，だれに	キ．How much …いくらで
エ．What ……何を	

4 次の各文の（　　）にあてはまる用語を，下記の語群のなかから選びなさい。

1. 社内文書の特色

(1) 社内文書の特色は，迅速・正確・（　　）なことである。

(2) 社内文書の役割は，社内の円滑なコミュニケーションをはかり，業務を（　　）的に遂行させることである。

(3) 社内文書は，敬語を最小限におさえ，（　　）的要素をはぶくようにする。箇条書きを用いてもよい。

(4) 社内文書は，各会社によって，それぞれの（　　）が定められていることが多い。

　ア．簡潔　イ．省略　ウ．原則　エ．儀礼　オ．合理　カ．口語
　キ．書式　ク．枚数

4－1
社内文書では，前文や末文は，原則として省略する。

2. 社内文書の種類

(1) 日常業務に関する届けには，（　　）・欠勤届・遅刻届・早退届・退職届などがある。

(2) 指示や通達を行う（　　）文書は，会社の業務上，きわめて重要な役割を担っている。

(3) 社内の報告書は，（　　）や状況に応じて作成される。

(4) 記録にとどめることを，おもな目的とする文書には，（　　）や，人事記録，官庁届出書類などがある。

(5) 担当者が案を作成し，上司の決裁をあおぐために作成するのは，（　　）である。

(6) 上司に対して，要望や提案，意見などを提出するのは（　　）である。

(7) 就業規則に違反したり，自分のミスによって会社に損害を与えたりしたときに提出するのは（　　）である。

　ア．提案書　イ．稟議書　ウ．申請書　エ．規模　オ．職種
　カ．抗議文　キ．取引書　ク．休暇届　ケ．転勤願　コ．始末書
　サ．議事録　シ．わび状　ス．伝達　セ．案内状

4－2
(1)このほか，結婚・離婚・改姓・出生・死亡・住所変更など，会社に提出してある身上書に変更が出た場合に提出すべき届けもある。これらは，扶養家族手当や，所得税の年末調整といった事務的な手続きにも関連する事項なので，速やかに提出する必要がある。
(2)社内文書には，指示や通達などを与える「トップダウンの文書」と，報告書や申請書など，下部の者が上部の者に提出する「ボトムアップの文書」がある。

3. 社内文書の特徴

(1) 届けは，原則として（　　）に提出するべきものである。

(2) 伝達文書は，社内に周知徹底させるために，（　　）されることがあるが，この際には，回覧表を添付し，発信者のもとへ戻るようにする。

(3) 効果的な報告書を作成するために，書式を定め，5W2Hの報告もれがないかチェックし，添付資料などで（　　）に仕上げる。

(4) 社内文書の作成にあたっては，文書に占める（　　）を考えて読みやすい文書にする必要がある。

　ア．漢字率　イ．事後　ウ．事前　エ．回覧　オ．掲示
　カ．ビジュアル　キ．カラフル　ク．手書き

5 次の語句・用語の説明で，適切でないものを1つ選びなさい。

1. 報告書
〔選択肢〕

ア．報告書は，定型化された書式に従って書くとよい。

イ．報告書は，時間をかけて，じっくり書くようにする。

ウ．報告書は，5W2Hをおさえて作成する。

2. 議事録
〔選択肢〕

ア．議事録とは，会議について記録した文書で，記録担当者がまとめる。

イ．議事録の目的は，会議の内容を明らかにして，議事内容を，社内に徹底させることにある。

ウ．議事録は，社員全員が読める共有ファイルに保存する。

3. 稟議書
〔選択肢〕

ア．会社という1つの組織のなかでは，自分の一存でものごとの決定はできないことが多く，このため稟議書が必要になる。

イ．上司に，「……してよろしいでしょうか」とたずねて，その決裁を受ける場合，これを文書主義の原則にもとづいて行うのが稟議書である。

ウ．稟議書は，上司の立場に配慮し，失礼にあたらないように，手紙形式の文書にして提出することが大切である。

4. 提案書
〔選択肢〕

ア．提案書は，提案事項を実現するための文書である。上司に対しては率直な，また建設的な意見を書くようにする。

イ．経費のかかる提案については，資料として見積書などを添付することも必要である。

ウ．稟議書と同様に，上位者にあてて提出する文書であるから，丁寧な文面なほどよい。

5. 始末書
〔選択肢〕

ア．会社に迷惑や損害を与えてしまったときに提出するものである。

イ．不始末の責任が自分以外にもあるときは，それを強調する。

ウ．不始末の内容と責任を明確にし，はやめに提出するようにする。

5−1
報告書は，書きもれのないよう，またタイミングを逃がさぬように作成し，提出する。

5−2
議事録には，日時・場所・出席者・議題・決定事項，今後の予定などについて書く。

5−3
稟議書は，社内の関係各部署の責任者に回付して承認を求める。
そのうえで，さらに最高責任者の決裁をあおぐ。

5−4
提案書は，自分の要望や意見を，上位者にあてて提案する文書である。

5−5
懲罰に関する文書には，始末書のほか，進退伺い・念書・顛末書などがある。

6 次の文書について，（　　　）にあてはまる用語を，下記の語群のなかから選びなさい。

（　　　　　）					
				令和○年10月20日	

森川課長　殿

所属	営業部　　2　課	承認	部　長	課　長
氏名	小山健二　　㊞			
期間	令和○年11月10日より 　　○年11月13日まで　　（3日間）			
区別	1．有給休暇　②．慶弔休暇　3．転勤休暇 4．産前産後休暇　5．特別休暇　6．その他（　　　）			
事由	姉が大阪で結婚式を挙げるので，出席および両親を訪問のため。			
備考	休暇中の業務と連絡先については，相原さんに一任してあります。			

(1)　この用紙は（　　　）である。

(2)　この届けは（　　　）に提出するのが原則である。

(3)　休暇を取る場合は，同僚や上司に，不在中に（　　　）や連絡先について説明し，依頼しておく。

(4)　この届けは，上司の（　　　）を得て，担当部署へ提出する。

　　ア．転居届　イ．休暇届　ウ．事前　エ．事後　オ．承認

　　カ．業務　キ．説明　ク．都合

7 次の文書について，（　　　）にあてはまる用語を，下記の語群のなかから選びなさい。

（　①　）

高野課長　殿

令和○年9月3日

総務部総務課　林　京子　㊞

下記のとおり欠勤したいので，ここにお届けいたします。

（　②　）

(1)　期間　令和○年9月4日から9月6日まで（以上3日間）

(2)　事由　郷里宮崎の両親の家が，過日の集中豪雨により崩壊したため，事後処理と今後の相談のため。

(3)　緊急連絡先　両親宅　123-045-6789
　　　　　　　　e-mail: hayashi@bb.mail　　　　　　　　（　③　）

(1)　この用紙は①（　　　）である。

(2)　次に箇条書きで簡潔に内容を示すので，②（　　　）と書く。

(3)　③には，結びのことば・（　　　）を書く。

(4)　事前の届けが原則であるが，緊急の場合は，上司に（　　　）連絡を入れて事情を説明し，事後ただちに書類を提出する。

　　ア．休暇届　イ．付記　ウ．記　エ．以上　オ．電報　カ．欠勤届

　　キ．敬具　ク．電話

6
休暇には，日曜，祭日という定期的な休みのほか，有給（休みの日に対しても給料が支払われる）の休暇があり，これは各企業の就業規則によって，1年に何日と決められている。
このほか，身内の慶弔事の際の休暇や，女性の生理休暇，産前産後休暇などがある。

7
欠勤は，病気やけが，事故といった内容で休みたいときに取る。休暇や欠勤の届けは，「届」という書式ではなく，「願」という書式で提出させる会社もある。

8 次の文書について，下記の各設問に答えなさい。

```
                                      （ア）……総人発第12号
                                      令和○年４月15日

社　員　（　①　）……（イ）

                              （ウ）……人　事　課　長

               定期健康診断のお知らせ……（エ）

    春の健康診断を下記の要領で実施いたしますので，必ず受診して
ください。

    なお，業務の都合で指定日時に受診できない方は，至急その旨を
人事課の牧原か小野までご連絡願います。


                          （　②　）

1．日　時　　４月23日（火）　　男性　　９：30〜11：30
            ４月25日（木）　　女性　　９：30〜11：30
2．場　所　　本社７階　ヘルスセンター

                                          （　③　）
```

1. 次の（　）にあてはまる用語を，下記の語群のなかから選び
なさい。

(1) この文書は，定期健康診断の（　）に関する文書である。

(2) ①に入ることばは，（　）である。

(3) ②に入ることばは，（　）である。

(4) ③に入ることばは，（　）である。

　ア．案内　イ．招待　ウ．様　エ．各位　オ．付記　カ．記
　キ．敬具　ク．以上

2. 文書のなかの㋐〜㋓について，組み合わせのまちがっているも
のを１つ選びなさい。

〔選択肢〕

ア．社員番号……（ア）

イ．受信者名……（イ）

ウ．発信者名……（ウ）

エ．件　名………（エ）

3. この文書に関する説明で，正しくないものを１つ選びなさい。

〔選択肢〕

ア．この文書は，伝達文書の一種である。

イ．文書の内容を周知徹底するため，掲示や回覧を行う場合もある。

ウ．箇条書きなどを用いて，用件を明確に伝えることが大切である。

エ．本文の初めには，頭語を入れる。

8
伝達文書のポイント：通知
（連絡）のための文書は，
単なるお知らせではなく，
通知を受ける人に対して，
その内容に従った行動や，
意識を高めることを求める
ものである。
①必要事項は，正確に，簡
潔に示す。箇条書きを用い
るとよい。
②社内の関係者に周知徹底
させるよう，回覧・掲示を
併せて行う場合もある。

9 次の文書について，下記の各設問に答えなさい。

令和○年10月15日

需要動向調査報告書

営業部長	営業1課長	主任

営業部　梶原　正之㊞

　　新製品MR−6の需要動向について，9月20日から10月10日まで調
査をした結果についてご報告いたします。

記

　1．（　ア　）
　　本業界の末端市場への需要ルートは大手商社7社が，全体の70%
　を占めている。当社の代理店T社は，7社のなかで第2位の販売
　量であるが，他社の値下げや直販ルートの特売などに阻まれ，販
　売不振に陥っている。
　2．（　イ　）
　　発売当初は前月比7〜12%で出荷されていたが，現在は横ばい状
　態である。販売競争のなかで，他社製品も価格をおさえており，
　MR−6は他社製品に比べて高いというのが，販売店の話である。
　3．（　ウ　）
　　MR−6は，現在のところ，品質には問題がないが，価格の面で多
　少高いために，売れ行きが伸び悩んでいる。
　　当社としては，価格設定に関して再検討を行い，T社代理店に対
　するテコ入れが必要であると考える。
　4．（　エ　）
　　(1)　MR−6出荷台数（4月〜9月）　　(2)　他社製品価格一覧表
　　　　　　　　　　　　　　　　　　　　　　　　　　　　　以上

1. 次の（　）にあてはまる用語を，下記の語群のなかから選び
なさい。

(1)　この文書は（　）に関する調査報告書である。

(2)　報告書の氏名のあとには（　）する。

(3)　報告書の書式は，その内容によって，各社で（　）が統一され
　　ているケースが多い。

(4)　報告書は，できるだけ（　）に上司に提出する。

　　ア．需要動向　イ．市場　ウ．押印　エ．サイン　オ．書式
　　カ．ゆっくりめ　キ．早め　ク．長さ

2. 文書のなかの㋐〜㋓について，組み合わせのまちがっているも
のを1つ選びなさい。

〔選択肢〕

　ア．市場動向…………㋐　　　ウ．見　解……………㋒
　イ．売れ行き状況……㋑　　　エ．追　伸……………㋓

3. 調査報告書に関する説明で，正しくないものを1つ選びなさい。

〔選択肢〕

　ア．上司に対する報告であるから，全体に敬語を使うようにする。
　イ．たとえ都合の悪いことでも，隠さず示すようにする。
　ウ．自分の意見は，事実と分けて書くようにする。
　エ．図やグラフといった参考資料を用いて，専門外の人にも理解でき
　　るように工夫する。

9
報告書のポイント：報告は，
上司からの指示を受けて行
動した結果を伝えるもので
ある。
①提出のタイミングを逃が
さず，上司が知りたいと思
うことを優先し，簡潔にま
とめる。
②内容が複雑で，分量も多
い場合には，まず結論を書
き，経過をあとから書くと
よい。
③報告書を読む人の誤解を
招かないよう，事実と推測
は，明確に区別する。
④自分の意見や感想がある
場合は，最後に書く。
⑤効果的に伝えるために，
資料がある場合は，別に添
付する。

9−1
(2)報告の責任の所在を明ら
かにする。
(4)とくに事故が起こった際
の事故報告書は緊急を要す
る。

9−3
調査報告書には，客観的な
評価と適切な意見を盛り込
むことが大切である。

🔟 次の文書について，下記の各設問に答えなさい。

<table>
<tr><td colspan="11" align="center">稟　議　書</td></tr>
<tr><td colspan="2">第○○号</td><td colspan="9">令和○年○月○日起案　○年○月○日（　ア　）</td></tr>
<tr><td>社長</td><td>専務</td><td>常務</td><td>常務</td><td>常務</td><td>取締役</td><td>担当役員</td><td>部長</td><td>課長</td><td colspan="2">起案担当者</td></tr>
<tr><td>㊞</td><td>㊞</td><td>㊞</td><td>㊞</td><td>㊞</td><td>㊞㊞㊞</td><td>㊞</td><td>㊞</td><td>㊞</td><td colspan="2">技術管理課
○○○○</td></tr>
</table>

ネットワークセキュリティソフト導入について

［主旨および目的の概要］

　現在，各種データ管理は，社内で開発したセキュリティソフトを使って行ってきましたが，クラウドへの移行が進むとともに，アプリケーションのセキュリティの強化が必要になりました。社内のシステム開発チームでは対応できない状況です。

　現在使用中のセキュリティソフトでは，マルチクラウドを積極的に活用している関連企業に遅れをとっており，データの流出など情報漏洩の恐れもあります。

　5G時代への対応を踏まえ，全社的にインターネットのセキュリティを強力なものとし，データ活用をよりスムーズにするため，本ソフトの導入について，稟議いたします。

［計画の内容］

1. 導入品名　　　SOPセキュリティソフト Ver8.0
2. （　イ　）　　日本SOP株式会社
3. 購入金額　　　3億円（（　ウ　）添付）
4. （　エ　）　　（1）　既存データ管理の脆弱化の解消
　　　　　　　　　（2）　5G対応のデータ管理のセキュリティ強化

以上

1. 次の（　）にあてはまる用語を，下記の語群のなかから選びなさい。

(1) この文書は（　）に関する稟議書である。

(2) この稟議書を最終的に決裁するのは，（　）である。

(3) 稟議書の書式には，必ず決裁者の（　）欄がある。

　ア．社長　イ．ネットワークセキュリティの導入　ウ．担当役員

　エ．IoT時代のネットワーク効果　オ．押印　カ．チェック

2. 文書のなかの㋐～㋓について，組み合わせのまちがっているものを1つ選びなさい。

〔選択肢〕

　ア．起案日または承認日……㋐　　　ウ．見積書……㋒

　イ．購入先……㋑　　　　　　　　　エ．効果………㋓

3. 稟議書に関する説明で，正しくないものを1つ選びなさい。

〔選択肢〕

　ア．稟議とは，ヨコの関係で合議し，上司の決裁をあおぐものである。

　イ．稟議書を利用することによって，会議を開く手間をはぶける。

　ウ．稟議書を決裁する機関は，つねに同じ部署である。

　エ．案件を速やかに処理するために，稟議書はスムーズに回覧されなければならない。

🔟

稟議書のポイント：稟議書は，伺い書，起案書ともいい，自分が仕事を進めていくうえで，その案件を実施してよいかどうかを，決裁権を持つ上司や上部機関に伺い，承認を求めるためのものである。会議の手間をはぶくための，組織特有のシステムである。決裁者がだれかは，その案件によって異なる。

①一般的に「〜してよろしいかお伺いいたします」「〜について稟議いたします」といった表現のあとに，決裁を求める事項を箇条書きにする。

②案件を実施する目的，理由，実施した場合の影響などについて述べる。

③必要経費や期間，期待できる成果など，案件を実施するか否かの判断に必要な情報を書く。

④必要に応じて資料を添付する。

⑤書式によって，起案，受付け，決裁になっている場合もあるが，起案と受付けを同時にし，起案，決裁だけの場合もある。

11 次の各文の（　　　）にあてはまる用語を，下記の語群のなかから選びなさい。

1.　社外文書の特色

(1)　社外文書は，たとえ個人名で出したとしても，（　　　）からの文書として受け取られるので，責任と自覚を持って作成する。

(2)　社外文書は，（　　　）・儀礼的文書と，業務・取引文書に大別される。

(3)　社交・儀礼文書は，取引先とのコミュニケーションをはかったり，お互いの（　　　）を築くために欠かせないものである。

(4)　業務・取引文書は，（　　　）・簡潔・明確にを心がけ，円滑なビジネスを進められるようにする。

　　ア．個人　イ．会社　ウ．あいさつ　エ．取引　オ．契約
　　カ．信頼関係　キ．正確　ク．ビジュアル

2.　社外文書の種類と留意点

(1)　社交・儀礼文書には，（　　　），祝賀状・見舞状・弔慰状などのほか，新社屋落成，就任・転任といった儀礼的なあいさつ文とこれにともなう招待状などが含まれる。

(2)　業務・取引文書には，依頼状や，問い合わせのための（　　　），納品書や請求書などのほか，契約書や，内容証明にかかわる文書も含まれる。

(3)　社交文書は，（　　　）文を使用し，発信者と受信者の職位のバランスも考慮して作成する。

(4)　社交・儀礼的文書は，格式を重んじた形式をとるが，業務・取引文書では，（　　　）を省略した事務的な紙面にすることもある。

　　ア．照会状　イ．わび状　ウ．督促状　エ．年賀状　オ．契約書
　　カ．常体　キ．敬体　ク．あいさつ　ケ．主文

3.　社外文書の構成

(1)（　　　）は，本文の前につき，文書番号，発信日付，受信者名，発信者名からなっている。

(2)　前文は，（　　　）とあいさつ文からなっている。

(3)　主文は，（　　　）で始めることが多い。

(4)　末文は，終わりのあいさつ文と（　　　）からなっている。

(5)（　　　）は，本文に入るべき内容であるが，簡潔にわかりやすくするために，別に箇条書きで示したものである。

(6)（　　　）には，本文を補う追って書き，同封物指示，担当者名などが含まれる。補足なので必要のない場合もある。

　　ア．前文　イ．前付け　ウ．頭語　エ．呼びかけ　オ．ところで
　　カ．さて　キ．以上　ク．結語　ケ．別記　コ．追伸　サ．副文
　　シ．末文

11－1
(1)社外文書を作成したら，上司に見せて，内容のチェックをしてもらうようにする。また，必要に応じて，発信者名の位置に，社印や職印・個人印を押す。責任を自覚して文書を作成しよう。

11－2
(2)**内容証明**とは，郵便特殊取り扱いの一種。
法的手段をとるというような現金支払いの督促状などを送る際に，その内容を確実にするため，3枚複写で作成し，発信者，受信者のほか，日本郵便(株)でも保管するもの。開封したまま郵便局に持参し，証明を受けてから封入する。
配達証明というサービスもある。

11－3
(1)タテ書きの場合，文書番号は省略し，発信日付，受信者名，発信者名は後ろに書く。後付けのスタイルである。
(5)「記」と示してから書き出し，以上でしめくくる。
(6)追って書きのことを追伸ともいう。

4. 文書作成における表記

(1) ビジネス文書の表記において，漢字は原則として，（　　）を用いるが，地名・人名その他の固有名詞や引用などの場合は，そのままの文字を用いてもよい。

(2) ビジネス文書中の数字の表記において，原則としてヨコ書きには（　　）を，タテ書きには漢数字を用いる。

(3) ビジネス文書の表記においては，（　　）と謙譲語の使い方に注意し，混同して使わないようにする。

(4) 接続詞でつないだ長い文章は，意味不明瞭になりやすい。少なくとも1行に1つの読点（，）を入れ，読点3つで（　　）（。）を打つ程度にするなど，1つの文をできるだけ短くする。

　　　ア．当用漢字　イ．常用漢字　ウ．アラビア数字（算用数字）
　　　エ．ギリシャ数字　オ．あいさつ語　カ．尊敬語　キ．句点
　　　ク．✓点

⓬　次の組み合わせで，正しくないものを1つ選びなさい。

1. 社外文書の頭語と結語

〔選択肢〕

　ア．拝　啓……敬　具
　イ．謹　啓……敬　白
　ウ．急　啓……不　一
　エ．前　略……拝　具

2. 時候のあいさつ

〔選択肢〕

　ア．1月……新春のお慶びを申し上げます。
　イ．2月……寒さなお厳しい折から，
　ウ．3月……新緑の候
　エ．4月……陽春の候

⓭　次の語句・用語の説明で，もっとも適切なものを1つ選びなさい。

1. 拝　復

〔選択肢〕

　ア．謹んで申し上げます。
　イ．謹んであいさつを省略させていただきます。
　ウ．謹んでご返事申し上げます。
　エ．取り急ぎ申し上げました。

2. 不　一

〔選択肢〕

　ア．意を尽きれませんが，
　イ．謹んで申し上げました。
　ウ．取り急ぎ申し上げました。
　エ．ありがとうございました。

⓫－4

(1)**常用漢字**とは，一般の社会生活における漢字使用のめやすとして定められたものである。現行の常用漢字表は2010年（平成22年）に告示され，2,136字／4,388音訓からなる。

(2)**ヨコ書きの数字の表記**には，次のような例外がある。
①数字の単位が大きいときは，アラビア数字と漢数字を組み合わせる。
(例)　700万円　5千倍
　　　2億4千万人
②数字が語句の一部を構成する場合は漢数字を用いる。
(例)　第一人者，一段落
　　　九州，二者択一
　　　一定量
また数字の表記で誤りやすいものに，「以上・以下」と「未満・超え」，「以前・以後・以降」がある。
(例)　**1,000円以上**
　　　……1,000円を含む
　　　1,000円未満
　　　……1,000円は含まない（999円まで）

10日 ┤ 以前
　　　以後…10日を含む
　　　以降

(4)文書記号の種類
(例)　句点「。」「．」
　　　読点「、」「，」
　　　かぎかっこ「　」
　　　中黒(中点)・
　　　二重かぎかっこ『　』
　　　かっこ・パーレン（　）
　　　コロン：
　　　ダッシュ　―
　　　3点リーダー　…

14 次の社交文書について，下記の各設問に答えなさい。

14
案内状・招待状のポイント
案内状は，新製品の発表会や展示・説明会など，宣伝的要素の強い文書のことである。
これに対して招待状は，会社の創立や○周年などの祝賀会や，顧客を招いての記念行事などの催しものを行う際に，関係者に出される文書のことである。
案内状は，広範囲に向けて出され，出欠の確認をとることは少ない（有料の講習会などは例外）。招待状は比較的限定された範囲に出され，出欠確認があるが，無料であることなどが相違点である。
①行事の目的や内容を述べ，出席を願う心を込める。
②日時と場所は，わかりやすく明記する。
③出欠をとる場合は，その旨を書き，返信用はがきを同封する。
④発送は，当日の3〜4週間前くらいには発送する。

令和○年9月11日

西京物産株式会社

　営業部長　福島　達彦　様

　　　　　　　　　　　　永光機器株式会社

　　　　　　　　　　　　　営業部長　栗原　　浩

ア｛拝啓　平素より格別のお引き立てを賜わり，厚く御礼申し上げます。

イ｛（　①　）当社では，日頃ご愛顧いただいておりますお取引先各位をお招きして，下記のとおり，ゴルフ大会を催すことといたしました。
　　　新鮮な空気と緑のなかで妙技を振るわれ，さわやかな一日をお過ごしいただければと存じます。

ウ｛なにかとご多用のところ，恐縮ではございますが，ぜひご参加くださいますようご案内申し上げます。

　　　　　　　　　　　　　　　　　　　　　　　（　②　）

　　　　　　　　　　　　記

エ｛1．日　時　令和○年10月12日（土）　10時30分スタート
　　2．コース　スターカントリークラブ

オ｛　なお，同封のはがきにご出欠をご記入のうえ，9月25日までにご返送ください。また，JR○○駅前に送迎バスをご用意いたしますので，ご利用の有無につきましても併せてご記入のほどお願い申し上げます。
　　同封物　(1)　スターカントリークラブご案内図
　　　　　　(2)　返信用はがき

　　　　　　　　　　　　　　　　　　　　　　　以上

　　　　　　　担当：営業第2課　佐藤　俊之
　　　　　　　電話：03-1234-5678（内線 101）
　　　　　　　e-mail: sato@eikokiki.co.jp

1. 次の（　）にあてはまる用語を，下記の語群のなかから選びなさい。

(1)　この文書は（　）である。

(2)　①にあてはまる書き出しのことばは（　）である。

(3)　②にあてはまる語は，（　）である。

(4)　受信者は，質問のあるときは，（　）に連絡する。

　ア．さて　イ．ところで　ウ．以上　エ．敬具　オ．案内状

　カ．招待状　キ．担当者　ク．発信者

2. 文書のなかの⑦〜⑦について，組み合わせのまちがっているものを1つ選びなさい。

〔選択肢〕

ア．前　文……(ア)　　　エ．別　記……(エ)

イ．主　文……(イ)　　　オ．追　伸……(オ)

ウ．末　文……(ウ)

14−1
(2)主文起辞という。
(3)頭語の「拝啓」に対応する結語である。

15 次の社交文書について，下記の各設問に答えなさい。

15
祝賀状のポイント
祝賀状は,「開業・開店」「受賞・受勲」「就任・栄転」などの祝い事や慶事を祝う気持ちを伝える文書である。
①相手からの正式なあいさつ状や招待状を受け取ってから発信する。ただし，遅すぎてはいけない。
②お祝いのことばとともに，これまでの業績をたたえ，今後一層の発展を願うことばを加える。

令和〇年5月10日

株式会社　三　栄

　取締役社長　桜田恵美子　様

滝川食品工業株式会社

取締役社長　大沢　晴彦

拝啓（　①　），貴社ますますご隆盛のこととお喜び申し上げます。

　さて，このたびは仙台北支店をご開設されました由，誠におめでとうございます。新しい支店は地の利もよく，時機も当を得たものと拝察し，仙台中央支店につづくご発展のご様子，つねに一歩先をゆく経営姿勢にご同慶の至りでございます。

　今後の仙台北支店の一層の発展とご活躍をお祈り申し上げ，（　②　）のご挨拶といたします。

　まずは，略儀ながら，書中をもってお祝い申し上げます。

敬具

1. 次の（　）にあてはまる用語を，下記の語群のなかから選びなさい。
(1) この文書は，新支店開設に対する（　）である。
(2) ①にあてはまる時候のあいさつは，（　）である。
(3) ②にあてはまることばは，（　）である。
(4) こうした文書で使ってはならない，縁起の悪いことばのことを（　）という。

　ア．見舞状　イ．祝賀状　ウ．立春の候　エ．新緑の候
　オ．お祝い　カ．お悔やみ　キ．業界用語　ク．忌みことば

2. 文中で使われている用語の説明として，正しくないものを1つ選びなさい。
〔選択肢〕
ア．貴　社…………弊　社
イ．由よし………………〜とのこと，〜だそうで
ウ．拝察し…………察するの謙譲語
エ．ご同慶の至り……自分にとっても同じように喜ばしいこと

15−1
(2)この文書の発信日付は5月である。
(4)例としては，「落ちる」「傾く」「焼ける」「流れる」などがある。

15−2
ア．「貴社」は，相手の社を敬って表したことば。

16 次の社交文書について，下記の各設問に答えなさい。

16
見舞状のポイント
知人や取引先に事故や災害が発生したり，関係者が病気になった場合など，直接見舞いに行けないときに出す文書。見舞状には，このほか，暑中見舞や寒中見舞なども含まれる。見舞状では，相手に対して誠意を示し，信頼関係や友好関係を保っていくために大切な役割を果たす。
①事実を確認したら，すぐに書く。
②あいさつ文は省略する。
③困難に直面している相手に対しては，いたわりや励ましのことばを述べて，勇気づける。

令和○年8月3日

港南商事株式会社

　営業課長　　○○○○　様

　　　　　　　　　　　　　　川北商事株式会社

　　　　　　　　　　　　　　営業課長　森　　武志

（　①　）　承りますれば，○○様には交通事故に遭われてご入院なさったとのこと，営業部の神崎様よりお伺いしまして，たいへん驚きました。その後のご経過はいかがでございますか。

　お聞きしたところでは，腕の骨折だけで他におけががなかったとのこと，安心いたしました。日頃よりご多忙の○○様でいらっしゃいますが，ご加療に専念され，一日も早くご回復なさいますようお祈り申し上げます。

　なお，別便にて，心ばかりのお見舞いの品をお届けいたしました。（　②　）直接お見舞いにお伺いすべきところ，ご迷惑になってはと思い，失礼させていただきました。

　まずは書中をもってお伺いかたがた，お見舞い申し上げます。

　　　　　　　　　　　　　　　　　　　　　　　　　草々

1. 次の（　）にあてはまる用語を，下記の語群のなかから選びなさい。

(1) この文書は（　）である。

(2) ①にあてはまる頭語は，（　）である。

(3) この文書では（　）が省略されている。

(4) ②にあてはまることばは，（　）である。

　ア．紹介状　イ．見舞状　ウ．謹啓　エ．急啓　オ．多忙なため

　カ．末文　キ．前文　ク．本来ならば

16−1
(2)急いで出している。結語の草々に対応する頭語である。前略を使ってもよい。

2. 文中で使われている用語の説明として，正しくないものを1つ選びなさい。

〔選択肢〕

　ア．承ります……「聞く」の尊敬語

　イ．お伺い…………「聞く」「行く」の謙譲語

　ウ．ご加療…………「治療をほどこす」の丁寧語

　エ．専　念…………心をそのことに集中する

16−2
ア，イ．ともに，自分をへりくだって言うときに使う。

17 次の社交文書について，下記の各設問に答えなさい。

令和○年8月27日

川北商事株式会社

　営業課長　森　　武志　様

港南商事株式会社

営業課長　○○○○○

拝復　（　①　），ますますご健勝のこととお喜び申し上げます。

　さて，私こと入院加療中は，ご多忙のなかご丁寧なお見舞いのお手紙をいただきありがとうございました。そのうえ，お心尽くしの品まで頂戴いたしまして，誠にありがとうございました。ご厚情のほど感謝申し上げます。

　お陰をもちまして，このほど無事退院することができました。体調を整えたうえ，来月1日より出勤の予定でございます。

　入院中は，なにかと仕事の面でご迷惑をおかけすることが多かったかと存じますが，今後はいままでにもましてがんばる所存でございますので，なにとぞよろしくお願い申し上げます。

　近日中に参上いたし，お礼を申し上げるつもりでおりますが，とりあえず，書面にて退院のご報告とともにお礼申し上げます。

（　②　）

1. 次の（　）にあてはまる用語を，下記の語群のなかから選びなさい。

(1)　この文書は（　　）である。

(2)　①にあてはまる時候のあいさつは，（　　）である。

(3)　②にあてはまる結語は，（　　）である。

(4)　この文書は，以前この受信者から受けた（　　）に対して出した返事である。

　　ア．見舞状　イ．案内状　ウ．祝賀状　エ．返礼状　オ．草々

　　カ．敬具　キ．残暑の候　ク．炎暑の候

2. 文中で使われている用語の説明として，正しくないものを1つ選びなさい。

〔選択肢〕

ア．拝　復……とくに改まった場合の頭語

イ．厚　情……手厚い情け，心づかい

ウ．所　存……考　え

エ．参　上……「行く」の謙譲語

18 次の儀礼文書について，下記の各設問に答えなさい。

あいさつ状には，社屋の新築落成，移転や開業・開店など会社全体にかかわる文書と，就任・転任・退任など人事に関する個人的な文書がある。
①顧客・知人に対して，新たな事実を正確に伝える。
②単なるお知らせにせず，お世話になっている感謝の気持ちと謙虚さが感じられる表現をする。
③より改まった形式のときは，タテ書きを用い，厚手の私製はがきを用いる場合もある。

令和〇年10月20日

お客様 （ ① ）

田中インテリア産業株式会社

取締役社長　吉田　孝三

事務所移転のごあいさつ

謹啓　時下ますますご清栄のこととお喜び申し上げます。日頃よりご愛顧を賜わり，心からお礼申し上げます。

　さて，かねてより，現在の名古屋支店事務所が手狭となり，お客様にはなにかとご迷惑をおかけいたしておりましたが，このたび下記に移転し，11月6日より営業を開始することになりました。

　新しい事務所は従来より広く，皆様のご来訪に十分おこたえできるようになりました。社員一同皆様のお越しを心よりお待ち申し上げております。

　まずは（ ② ）ながら，書中をもってご通知かたがたごあいさつ申し上げます。

（ ③ ）

記

新住所　〒453-1111　名古屋市中村区〇〇〇9－3－2
　　　　　　　　　　　電話（052）〇〇〇-〇〇〇〇
旧住所　〒460-1111　名古屋市千種区〇〇10-5-3
　　　　　　　　　　　電話（052）〇〇〇-〇〇〇〇

なお，11月5日までは，旧住所にて営業いたしております。

同封物：新社屋ご案内図

以上

---

1. 次の（　）にあてはまる用語を，下記の語群のなかから選びなさい。

(1) この文書は，（　）である。

(2) ①にあてはまる敬称は，（　）である。

(3) ②にあてはまることばは，（　）である。

(4) ③にあてはまる結語は，（　）である。

　　ア．あいさつ状　イ．通知　ウ．様　エ．各位　オ．手紙

　　カ．略儀　キ．敬白　ク．以上

2. 文中で使われている用語の説明として，正しくないものを1つ選びなさい。

〔選択肢〕

　ア．時　下………このごろ，目下

　イ．ご愛顧………ごひいき，お引き立て

　ウ．書　中………手紙の文中，文書のなか

　エ．かたがた……みなさん

19 次の取引文書について，下記の各設問に答えなさい。

19
取引文書のポイント
業務・取引に関する文書は，正確であること，簡潔であること，明確であることの3点がポイントである。
①トラブル発生のもとになるので，金額や個数などは正確に伝える。
②箇条書きなどを取り入れ，わかりやすく表記する。
③とりちがえられそうな恐れのある事柄については，とくに注意をうながすように表記する。
④拝啓のあとには，個人あての場合「ご健勝」，「ご清栄」，「ご清祥」などとし，団体あての場合は，「ご発展」，「ご繁栄」，「ご隆昌」などを一般的には使う。

総発第246号

令和○年6月20日

川田産業株式会社

　　営業部　中村　和弘　様

株式会社　イガラシ

総務部　上原　裕美

商品発注の件

拝啓　（　①　）ますますご繁栄のこととお喜び申し上げます。

　さて，先日は（　②　）創立記念日用の引出物商品見本をご送付いただきまして誠にありがとうございました。

　検討の結果，スイス製置時計に決定いたしました。

　つきましては，下記のとおり注文いたしますので，ご連絡いたします。

　なお，注文の品は，7月20日の創立記念日に欠かせない商品ですので，納期遅延のないようお願い申し上げます。

　まずは，取り急ぎ注文まで申し上げます。

敬具

記

1．品　名　　スイス製置時計MN型

2．数　量　　250個

3．納　期　　令和○年7月15日

（　③　）

---

1. 次の（　　）にあてはまる用語を，下記の語群のなかから選びなさい。

(1)　この文書は，（　　）である。

(2)　①に入ることばは，相手の会社を示す（　　）である。

(3)　②に入ることばは，自分の会社を示す（　　）である。

(4)　③に入ることばは，（　　）である。

　ア．督促状　イ．請求書　ウ．注文書　エ．納品書　オ．小社

　カ．貴社　キ．草々　ク．以上

2. 文中に使われている用語の説明として，正しくないものを1つ選びなさい。

〔選択肢〕

ア．総発第246号……部署番号

イ．納期遅延…………商品の納入する期限が遅れること。

ウ．末　文…………「まずは取り急ぎ注文まで」と「敬具」

エ．別　記…………「記」以下，1．〜3．までの表記内容。

❷⓿ 次の取引文書について，下記の各設問に答えなさい。

❷⓿

営発第287号

令和○年3月9日

○○建設株式会社

　経理課長　　○○○○○　様

吉川商事株式会社

営業課長　　瀬川　　淳

商品代金ご入金について

　（　①　）　日頃は格別の（　②　）を賜わり，ありがとうございます。

　さて，令和○年1月30日付け請求書（請求書No.121）にてご請求させていただきました「浄水器クリーンアクア」150点分代金の450,000円が，3月9日現在，入金されておりません。

　ご多忙のところ，恐縮に存じますが，ご確認・ご調査のうえ至急お振り込みいただきたくお願い申し上げます。

　帳簿整理の都合もございますので，ご確認のうえ，至急ご送金くださいますようお願い申し上げます。

　なお，本状と行きちがいにご送金いただいておりましたときには，悪しからず（　③　）願います。

敬具

1. 次の（　　）にあてはまる用語を，下記の語群のなかから選びなさい。

(1)　この文書は，（　　）である。

(2)　①に入る頭語は，（　　）である。

(3)　②に入ることばは，（　　）である。

(4)　③に入ることばは，（　　）である。

　　ア．督促状　イ．請求書　ウ．依頼状　エ．注文書　オ．前略

　　カ．拝啓　キ．お買い上げ　ク．ご愛顧　ケ．ご容赦　コ．ご調査

2. この文書についての説明で，適切でないものを1つ選びなさい。

〔選択肢〕

ア．督促だからといって，初めから強い調子にしないで，1回目は，相手方の事情も配慮した表現にする。

イ．一応相手方に知らせたら，あとは辛抱強く支払いを待ち，2度3度と督促するのは，取引上よくない。

ウ．督促状は，入金日を過ぎたからといってすぐに出すものではなく，担当者の電話での照会にもかかわらず，長期間支払いのなかったときに出すものである。

エ．請求書を紛失してしまった場合もあるので，督促状に再度振り込み用紙などをつけて送ってもよい。

❷⓿
督促状のポイント
督促状は，相手に対し，契約や，支払い（債務）の義務を果たすよううながすもので，2回目以降の請求が，督促状となる。
①相手との取引が継続していくのが普通なので，相手の感情を損わない穏やかな文面にする。
②金銭の請求なので，必ず封筒で送るのがマナーである。
③行きちがいを想定し，いつの時点で入金されていないのかを明記し，さらに末文において，行きちがいの場合への断り書きを書くと丁寧である。

❷⓿－2
イ．長期にわたり督促をしないでおくと，法的に請求する権利を失うこともある。
商品代金支払いについての時効は2年である。

21 次の取引文書について，下記の各設問に答えなさい。

21
わび状のポイント
こちらのミスで相手に迷惑
や損害を与えてしまったと
きに出すのが，わび状であ
る。
①素直におわびする文面と
し，対処のしかたについて
述べる。
②責任の所在を明らかにし，寛大な措置をお願いする。
③再びミスを起こさない決
意を伝える。

営発第536号

令和○年5月23日

株式会社　東和物産

　総務課長　小沢　和樹　様

　　　　　　　　　　　　PST株式会社

　　　　　　　　　　　　営業課長　三浦　誠一

不良品納入のおわび

（　①　）　5月19日付けの貴社よりのお手紙を，確かに拝見いたしました。

　弊社より納品いたしましたパソコン，「PC802」20台のうち1台が作動しなかったとのこと，日頃から完全な商品を納品することをモットーとしております弊社として，今回のような不手際があったことは，誠に申し訳なく，深く反省しております。

　貴社にご迷惑とお手数をおかけしてしまった点，重ねて深くおわび申し上げます。

　早速，不良品は（　②　）いたします。今後このようなミスのないよう十分注意いたしますので，なにとぞご容赦くださいますようお願い申し上げます。

敬具

1. 次の（　）にあてはまる用語を，下記の語群のなかから選びなさい。

(1) この文書は，（　）である。

(2) ①にあてはまる頭語は，（　）である。

(3) ②にあてはまることばは，（　）である。

(4) この文書は，この受信者から受け取った（　）に対する返事の文書である。

　ア．納品書　イ．わび状　ウ．抗議状　エ．依頼状　オ．拝復
　カ．前略　キ．お買い上げ　ク．お取り替え

2. わび状についての説明で，適切でないものを1つ選びなさい。

〔選択肢〕

ア．ミスがわかったら，まず電話を入れてわびるが，そのあとなるべくはやくわび状を出すのが，信頼回復上よりよい方法である。

イ．ミスの原因が不明な場合は，謝意を示すとともに，事実確認のための調査をすることを書き添える。

ウ．相手の怒りや不満をやわらげるためには，ただただ，低姿勢であることが必要となる。

エ．弁解がある場合も事実を示すにとどめ，相手の理解を求める。言い訳やあいまいな表現は禁物である。

21−1
(3)この不良品は，発信者が納入した商品である。

㉒ 次の用語についての説明で,もっとも適切なものを1つ選びなさい。
「CC」とは
〔選択肢〕
　ア．メールの送り先に,同時に送ったこと自体やその送り先を隠しておくときに使う。
　イ．メールの送り先に,参照の目的で同時に送った送り先を表示しておくときに使う。
　ウ．メールを送るとき,図表,写真などのさまざまなファイルを添付するために使う。

㉓ 次の各設問に答えなさい。
　1．「コンピュータ利用と仕事の効率化」について,正しくないものを1つ選びなさい。
〔選択肢〕
　ア．業務の同時大量処理を可能にしたのは,コンピュータの大きな特徴である。
　イ．ネットワークは外部とのやりとりに限られ,会社内での利用はできない。
　ウ．コンピュータによって作成された文書は,定型化され,保存できる,他のソフトでつくった統計データなどの資料を添付してビジュアルに作成できるなどのメリットがある。

　2．「電子メールの利用」について,正しくないものを1つ選びなさい。
〔選択肢〕
　ア．電子メールによって社内での指示や報告がなされる場合は,出社直後に必ずチェックするなど見落としのないように注意し,迅速な情報の共有化をはかる。
　イ．電子メールの文書は迅速に伝達することが目的なので,用件のみを簡潔・明瞭に書くことが原則である。
　ウ．電子メールは,直接コミュニケーションをとらずにすむので,苦情や悪口を直に伝える際に便利である。

㉔ インターネットに関する次の各文の（　　）に,あてはまる用語を書きなさい。
　(1)　インターネットを利用する際に守りたい最低限のエチケットのことを（　　　　　　　　）という。
　(2)　不特定多数の利用者間で情報交換することができる電子掲示板は（　　　　　　　）（ソーシャル・ネットワーク・サービスの略）である。
　(3)　インターネット上に接続されたコンピュータから,フリーソフトなどのファイルを取り出すことを（　　　　　　　）,こちらで作成したホームページのデータを送り込むことを,（　　　　　　　）という。
　(4)　リストにアドレスが登録されたメンバー全員に同一の情報を転送するシステムを（　　　　　　　　）という。
　(5)　インターネット通信で相手の顔を見ながら行う会議は（　　　　　　　）システムである。

㉒
一括送信の方法にCC,BCCがある。CC（カーボンコピー）で送信したときは,送信した他の人全員のアドレスが表示される。BCC（ブラインドカーボンコピー）は,メールのコピーのあて先を伏せる場合に使う。

㉓−1
提案や説明,資料の開示やシミュレーションなどパソコンを利用することが増えた。会議に必要な資料をメールで事前に配布したり,会議の場で議事の要点を記録して,会議終了時に,議事録としてすぐにメールで配布することができる。

㉔
(2)プロフィールを公開して人的ネットワークで広げたり,ネットのコミュニティに参加して情報の交換ができる。個人情報が公になることでもあるので,自己管理と責任が必要である。
(5)お互いのパソコンや携帯電話に,カメラや画像処理機能がある場合は,face to faceで会談や会議が行える。

㉕ 次の佐々木君のケースを読んで，下記の設問に答えなさい。

〔佐々木君のケース〕

　佐々木豊が，雑誌出版社に入社して半年が過ぎた。今回初めて，新刊雑誌の企画書を出すことになった。

　佐々木は，学生時代からパソコンのDTPソフトを使ってさまざまな文書をつくるのが好きで，ビジュアルな資料を使ったプレゼンテーションを得意とし，学園祭でのパンフレットやポスター製作も担当していた。企画書作成を前にはりきっている。

佐々木「企画書のボリュームとしては6枚くらいだろうか。写真は1ページ1枚として，最低でも6枚は必要だな。デジカメで街に出ればいい写真が撮れるぞ」

大　橋「今回の企画の主旨は何だい？」

佐々木「そりゃうちは女子高生対象の雑誌社ですから，『いまどきの女子高生ファッション』を特集したいと思うんですけど。それと人気のスポットの紹介。食べ物ではいまはイタリアンよりエスニックが人気なんです。インターネットでアクセスすれば，有名な店が検索できるだろうし。僕も結構インターネット検索して探した店には食べに行っているんですよ。一応，客観的データを入れる必要があるから，3か月前に吉川さんのセクションでとったアンケートの調査結果を借りるつもりです。パソコンにデータが入っていれば，図表化が簡単なんですけど。3週間で仕上げなければいけないし」

大　橋「何のアンケートなの？」

佐々木「女子高生対象だったのは確かです。質問項目は……ううん，よく覚えてないんですけど」

大　橋「おいおい，佐々木君がこれからつくるのは企画書なんだよ」

1. 企画書をつくるにあたって佐々木君はどんなパソコンソフトを使おうとしていますか？　3つ以上書き出してみましょう。

---

2. 大橋さんに「これからつくるのは企画書なんだよ」と言われてしまった佐々木君の問題点は何か，考えてみましょう。

3 統計データのつくり方，読み方

■ 表とグラフの読み方を学ぶ。
■ 表とグラフの書き方を学ぶ。

1 数値の把握の大切さ

▶▶ 数値の把握は，仕事の成果に大きく影響する。

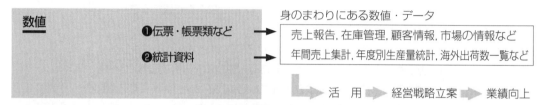

身のまわりにある数値・データ

数値
❶伝票・帳票類など →
❷統計資料 →

売上報告，在庫管理，顧客情報，市場の情報など
年間売上集計，年度別生産量統計，海外出荷数一覧など

活 用 ➡ 経営戦略立案 ➡ 業績向上

2 表とグラフの役割と重要性

▶▶ 表とグラフは，事実を"一目でわかる"形に表すことができる。

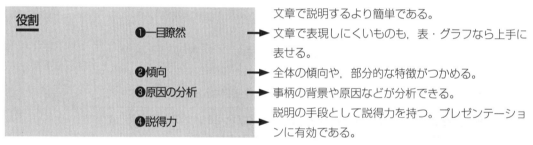

役割
❶一目瞭然 →
❷傾向 →
❸原因の分析 →
❹説得力 →

文章で説明するより簡単である。
文章で表現しにくいものも，表・グラフなら上手に表せる。
全体の傾向や，部分的な特徴がつかめる。
事柄の背景や原因などが分析できる。
説明の手段として説得力を持つ。プレゼンテーションに有効である。

▶▶ 表したいテーマや用途によって，さまざまな種類の表・グラフが活用できる。

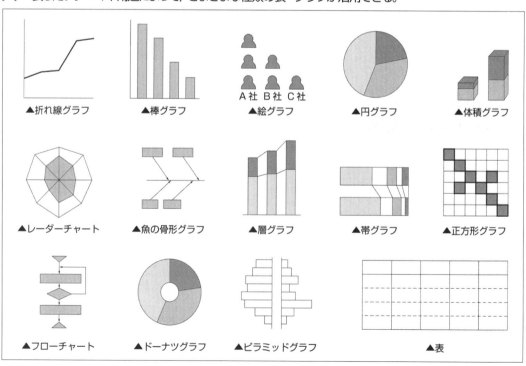

▲折れ線グラフ　▲棒グラフ　▲絵グラフ（A社 B社 C社）　▲円グラフ　▲体積グラフ

▲レーダーチャート　▲魚の骨形グラフ　▲層グラフ　▲帯グラフ　▲正方形グラフ

▲フローチャート　▲ドーナツグラフ　▲ピラミッドグラフ　▲表

3 表の特徴と形式

▶▶ 表の特徴と形式について知り，有効に活用しよう。

表の特徴	→ ① 項目と数字から成り立っている。
	→ ② 行と列によってつくられた枠（セル）に数値を記入する。
	→ ③ 表の数値は，グラフや図をつくるためのもとのデータとなる。

■表の形式と構成例

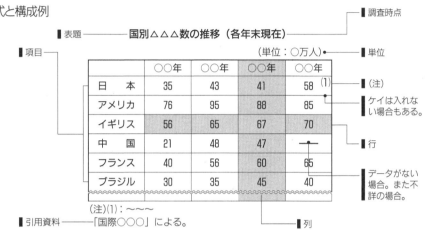

■表題 ── 国別△△△数の推移（各年末現在）

■調査時点

■項目

（単位：○万人）• ■単位

	○○年	○○年	○○年	○○年
日　本	35	43	41	58 (1)
アメリカ	76	95	88	85
イギリス	56	65	67	70
中　国	21	48	47	──
フランス	40	56	60	65
ブラジル	30	35	45	40

■(注)
ケイは入れない場合もある。
■行
データがない場合。また不詳の場合。

(注)(1)：～～～
■引用資料 ──「国際○○○」による。
■列

4 表の作成の手順

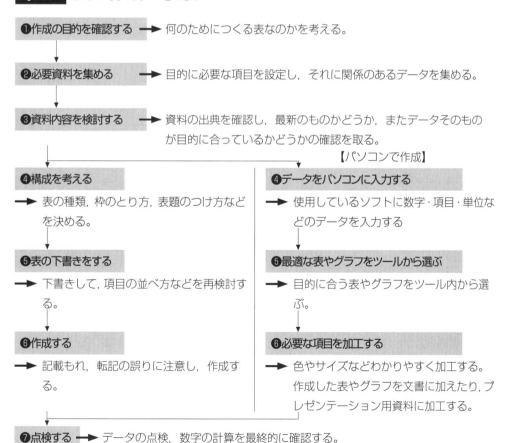

❶作成の目的を確認する → 何のためにつくる表なのかを考える。

❷必要資料を集める → 目的に必要な項目を設定し，それに関係のあるデータを集める。

❸資料内容を検討する → 資料の出典を確認し，最新のものかどうか，またデータそのものが目的に合っているかどうかの確認を取る。

【パソコンで作成】

❹構成を考える
→ 表の種類，枠のとり方，表題のつけ方などを決める。

❹データをパソコンに入力する
→ 使用しているソフトに数字・項目・単位などのデータを入力する

❺表の下書きをする
→ 下書きして，項目の並べ方などを再検討する。

❺最適な表やグラフをツールから選ぶ
→ 目的に合う表やグラフをツール内から選ぶ。

❻作成する
→ 記載もれ，転記の誤りに注意し，作成する。

❻必要な項目を加工する
→ 色やサイズなどわかりやすく加工する。作成した表やグラフを文書に加えたり，プレゼンテーション用資料に加工する。

❼点検する → データの点検，数字の計算を最終的に確認する。

5 表を読むための基礎知識

▶▶ 表を読むために必要な基礎知識を身につけよう。

■ S書店における店舗別の4月の品目別売上金額

（金額単位：千円）

	書　籍	雑　誌	ビデオ	Ｃ　Ｄ	ゲーム	合　計
本　　　店	503	774	964	839	886	3,966
駅　前　店	802	853	785	792	1,114	4,346
合　　　計	1,305	1,627	1,749	1,631	2,000	8,312

●店舗別で，売上が多いのはどちらか。──→表の右端の合計欄を見ればよい。

　　本　店　3,966千円　　駅前店　4,346千円

●品目別の売上合計で，もっとも多いのはどれか。──→表の下段の合計欄を見ればよい。

　　ゲーム　2,000千円

●店舗別・品目別で，売上がもっとも少ないのは，どの店の何か。──→表の1行目と2行目を見ればよい。

　　本店の書籍　503千円

●ビデオとＣＤの売上合計が多いのはどちらか。──→ビデオとＣＤの両欄を見ればよい。

　　本　店　ビデオ964千円＋ＣＤ839千円＝1,803千円

　　駅前店　ビデオ785千円＋ＣＤ792千円＝1,577千円

●店舗別で書籍を除いた他の売上が多いのは，どちらか。──→雑誌からゲームまでの欄を見ればよい。

　　本　店　雑誌からゲームまで　3,463千円

　　駅前店　雑誌からゲームまで　3,544千円

●品目別で売上平均が多いのは，何か。──→品目ごとに，本店と駅前店の売上金額をたし，それを2で割ればよい。

　　書　籍　652.5千円　　雑　誌　813.5千円　　ビデオ　874.5千円

　　Ｃ　Ｄ　815.5千円　　ゲーム　1,000千円

■ T商社の年間出荷台数に関する資料

（単位：千台）

令和△年	総出荷台数	対前年比	国内出荷台数	対前年比	海外出荷台数	対前年比
製品出荷台数	784	＋1.6　％	635	＋0.8　％	149	＋4.9　％
M　型	430	−15　　％	390	−13.3　％	40	−28.6　％
N　型	354	＋33.1　％	245	＋36　　％	109	＋26.7　％

令和○年	総出荷台数	対前年比	国内出荷台数	対前年比	海外出荷台数	対前年比
製品出荷台数	772	0　　％	630	−4.7　％	142	＋29　％
M　型	506	−16　％	450	−17　％	56	−22　％
N　型	266	＋67　％	180	＋48　％	86	＋138　％

●M型とN型を合わせた総出荷台数について，これを対前年比で見る。──→対前年比の欄を見ればよい。

　　令和○年　0%　　令和△年　＋1.6%

●令和○年と令和△年のM型総出荷台数を比べる。──→総出荷台数の欄を見ればよい。

　　令和○年　506千台　　令和△年　430千台

●N型の総出荷台数について，M型との差を比べる。──→総出荷台数の欄を見ればよい。

　　令和○年　M型506千台−N型266千台＝240千台

　　令和△年　M型430千台−N型354千台＝ 76千台

●M型とN型について，対前年度伸び率を比べる。——→対前年比の欄を見ればよい。

	令和○年	令和△年
M型	−16%	−15%
N型	+67%	+33.1%

●令和○年と令和△年のM型およびN型を合わせた出荷台数について，内外を比べる。——→国内出荷台数と海外出荷台数欄を見ればよい。

	国内出荷台数	海外出荷台数	
令和○年	630千台	142千台	4.4：1
令和△年	635千台	149千台	4.3：1

●令和△年のM型の国内出荷台数減少率と，同年の海外出荷台数減少率を比べる。——→対前年比の欄を見ればよい。

令和△年	国内出荷台数減少率	海外出荷台数減少率
M型	13.3%	28.6%

6 表と計数処理

▶▶ 表のなかに示されている数値の意味や役割を理解しよう。

■合計・平均

商　品	販売台数
A	28（台）
B	45
C	76
D	51
〈合　計〉	200
〈平　均〉	50

商品別の販売台数がわかる。
→販売台数の合計がわかる。
→200台÷4＝50台　平均販売台数がわかる。

■構成比

商　品	販売台数	構　成　比
A	28（台）	14.0（%）
B	45	22.5
C	76	38.0
D	51	25.5
〈合　計〉	200	100.0
〈平　均〉	50	

$\dfrac{28台}{200台}×100＝14.0\%$
$\dfrac{45台}{200台}×100＝22.5\%$
$\dfrac{76台}{200台}×100＝38.0\%$
$\dfrac{51台}{200台}×100＝25.5\%$

合計台数100に対する商品ごとの割合がわかる。

●構成比の求め方　$\dfrac{販売台数}{合計}×100$

■客単価

店　舗	客　数	売　上	客　単　価
駅前店	300（人）	180（万円）	6,000（千円）
大通り店	250	125	5,000

お客1人あたりの売上高がわかる。

●客単価の求め方　$\dfrac{売上}{客数}$

■粗利益

商　品	売　上	売上原価	粗　利　益	粗利益率
X	180（万円）	135（万円）	45（万円）	25（%）
Y	230	184	46	20
Z	95	57	38	40

商品別の利益のことがわかる。

●粗利益の求め方　売上−売上原価
●粗利益率の求め方　$\dfrac{粗利益}{売上}×100$

7 棒グラフの特色と見方・書き方を学ぶ

▶▶ 棒グラフで表すとよいものには，どのようなものがあるだろうか。

● 同時点での数値の差の比較

● 目標達成度・前年度比

▶▶ 棒グラフの見方・書き方

① 四方を囲む方法と，Ｌ字型に囲む方法がある。

② タテ軸に数量を，ヨコ軸に時間の推移・場所・名称などの項目を示す。

③ タテ軸の内側に目盛りをとる。

④ あまり細かい目盛り線は入れないほうがよい。

⑤ 単位は，タテ軸の最高値の右肩に示す。

⑥ 棒の並べ方は，一般に左から右へ並べる。

⑦ 数値が空白となる部分は，※印をつけて空欄にしておく。

⑧ 長すぎる棒は，波線などを使って中断法をとる。

⑨ 棒とヨコ軸の間は，あまり空けすぎないようにする。

⑩ 組合せ棒グラフの場合，組み合わせる棒の数は，３本程度が限界である。

棒 グ ラ フ の 具 体 例

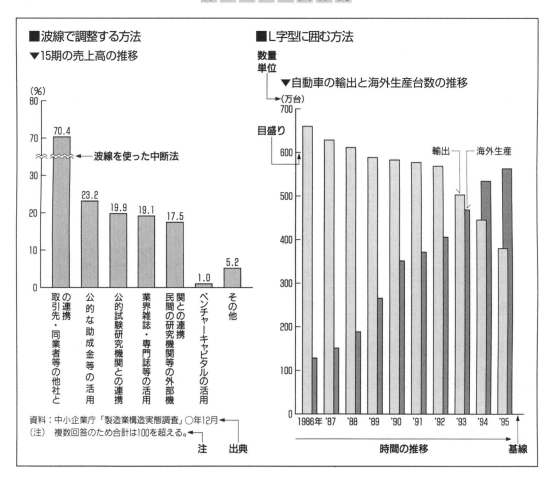

8 　折れ線グラフの特色と見方・書き方を学ぶ

▶▶ 折れ線グラフで表すとよいものには，どのようなものがあるだろうか。

●時間の経過や変化

●年度別推移

●各項目の変化比較

▶▶ 折れ線グラフの見方・書き方

① 　上下・左右を軸で囲む方法と，左タテ軸と下ヨコ軸だけでL字型に囲む方法がある。

② 　左タテ軸に数量を，下ヨコ軸に時間の推移を示すのが一般的である。

③ 　一般には下ヨコ軸をゼロにとり，基線とする。

④ 　目盛りは，軸の内側に目盛るのがよい。

⑤ 　折れ線グラフは，データ全体の示す傾向を見るのが目的であるから，必要以上に細かい目盛り線は入れないほうがよい。

⑥ 　タテ軸の単位は軸線の終わり，ヨコ軸の単位は最後の数字の下に示す。

⑦ 　数値の差が極端に大きくて紙面が大きくなりすぎる場合は，途中の数字を中断して表示することがある。

⑧ 　何本ものグラフ線が入ると見えにくくなるので，種類の異なる線を用いる。

⑨ 　グラフ線の説明は，グラフ線に直接記入するか，グラフ内に記入する。

折 れ 線 グ ラ フ の 具 体 例

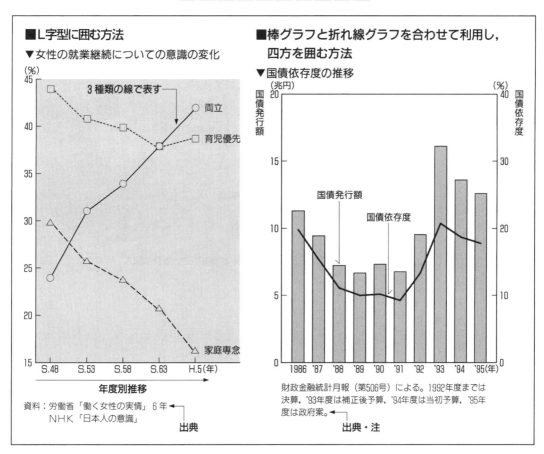

■L字型に囲む方法

▼女性の就業継続についての意識の変化

資料：労働省「働く女性の実情」６年
　　　ＮＨＫ「日本人の意識」

■棒グラフと折れ線グラフを合わせて利用し，四方を囲む方法

▼国債依存度の推移

財政金融統計月報（第506号）による。1992年度までは決算，'93年度は補正後予算，'94年度は当初予算，'95年度は政府案。

9 円グラフの特色と見方・書き方を学ぶ

▶▶ 円グラフで表すとよいものには，どのようなものがあるだろうか。
　●全体の構成比やウエイト
　●内円と外円──▶共通項の概括比　　（例）　○年の商品輸入額の構成比

▶▶ 円グラフの見方・書き方
　① 円を描くのは，コンパスを用いるのが一般的である。
　② 中心点から真上に向かって引く線を基線とする。
　③ 円の周囲に，目盛りを入れるようなことはしない。
　④ 円グラフは，構成比率を示すものであるから，単位はパーセントである。
　⑤ 内訳項目と数値は，扇形の内側に2行に並べて水平に記入する。内側に記入できない場合はリード線
　　を用いて外側に記入する。
　⑥ アミをかけるなど項目ごとの区分をはっきりさせると，グラフが見やすくなる。

円グラフの具体例

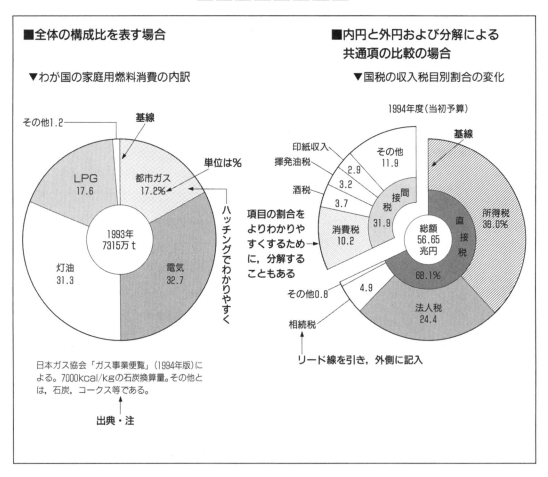

■全体の構成比を表す場合

▼わが国の家庭用燃料消費の内訳

その他1.2
基線
LPG 17.6
都市ガス 17.2%
単位は%
1993年 7315万t
ハッチングでわかりやすく
灯油 31.3
電気 32.7

日本ガス協会「ガス事業便覧」（1994年版）による。7000kcal/kgの石炭換算量。その他とは，石炭，コークス等である。

出典・注

■内円と外円および分解による
　共通項の比較の場合

▼国税の収入税目別割合の変化

1994年度（当初予算）

基線
印紙収入
揮発油税
その他 2.9
3.2
酒税 3.7
間接税 31.9
その他 11.9
消費税 10.2
総額 56.65兆円
直接税 68.1%
所得税 38.0%
項目の割合をよりわかりやすくするために，分解することもある
その他0.8
相続税 4.9
法人税 24.4
リード線を引き，外側に記入

10 帯グラフの特色と見方・書き方を学ぶ

▶▶ 帯グラフで表すとよいものには，どのようなものがあるだろうか。

●全体の構成比の推移やウエイト

●構成比の変化

▶▶ 帯グラフの見方・書き方

① 帯グラフの場合，枠は不要である。

② 帯の上部か下部に，帯と平行させて，帯と同じ長さの目盛り線を引く。

③ 目盛り線の左端を0，右端を100とし，単位の%は，目盛り線の最後の数値100につづけて表示する。

④ 項目の数は7項目程度が限度である。

⑤ 0を基線として構成比に応じた目盛りの位置で帯を区切る。

⑥ 項目名は，一番上の帯の，それぞれの区分のなかに記入するか，あるいは一番下の帯の，それぞれの区分の真下に記入する。

⑦ 帯を2本以上並べるグラフでは，区分線と区分線の間を点線で結んでおくと相互の数値が比較しやすくなる。

⑧ 帯を時間の推移によって何本か並列させる場合，左側外部にそれぞれの調査年次を表示する。

帯 グ ラ フ の 具 体 例

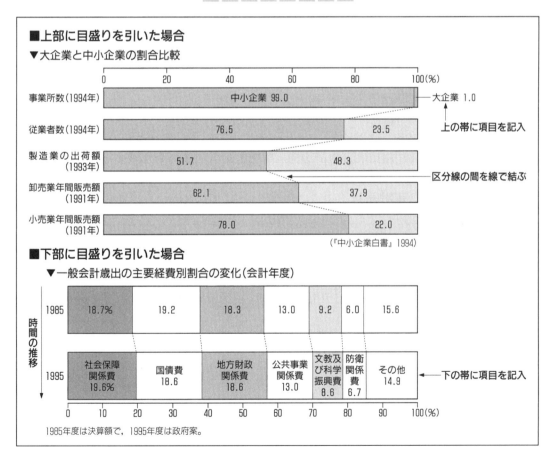

▶▶ グラフを読むために必要な基礎知識を身につけよう。

■K書店大通り支店の過去3か月（4月～6月）の品目別売上金額　　　　　　　　　（金額単位：千円）

4月

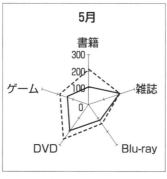
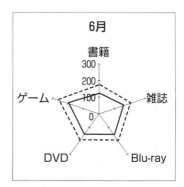

大通り支店 ―――
他支店平均 --------

大通り支店 ―――
他支店平均 --------

大通り支店 ―――
他支店平均 --------

●5品目合計の売上を，過去3か月で比べる。――→大通り支店の売上金額を，月別に求めればよい。

	4月	5月	6月
書　籍	約160千円	約100千円	約120千円
雑　誌	約170千円	約200千円	約150千円
Blu-ray	約170千円	約120千円	約160千円
ＤＶＤ	約150千円	約200千円	約140千円
ゲーム	約210千円	約150千円	約200千円
合　計	約860千円	約770千円	約770千円

●各月の品目別売上のバランスを見る。――→実線と点線について，それぞれ五角形の形を見ればよい。
　4月と6月は，大通り支店の各月の品目別売上のバランスが，他支店平均のそれと同様のパターンである。5月は，同様のパターンではない。

■K書店の過去1年間の品目別売上　　　　　　　　　　　　　　　　　　　　　　　（金額単位：千円）

□ 書籍　▨ 雑誌　▥ Blu-ray　▧ DVD　▤ ゲーム

●月別の売上の変動を比べる。――→棒グラフの高さを，品目別に見ればよい。
　売上の変動が少ない品目：雑誌，ゲーム　　売上の変動が大きい品目：書籍，Blu-ray，ＤＶＤ

■ 次の各文の（　）にあてはまる用語を，下記の語群のなかから選びなさい。

1. 図表・グラフの役割

(1) 図表・グラフは，文章で説明しにくい内容も（　　）で表せる。

(2) 図表・グラフは，全体の（　　）や部分的な特徴がつかめる。

(3) 事柄の背景や（　　）の分析のために，図表・グラフは便利である。

(4) 図表・グラフを使うと，効果的な発表つまり（　　）に有効である。

　ア．プレゼンテーション　イ．フィードバック　ウ．一目瞭然
　エ．手書き　オ．傾向　カ．配列　キ．役割　ク．原因

2. 棒グラフ

(1) 比較（　　）をつける。

(2) 目標（　　）を見る。

(3) （　　）との比較変化を見る。

　ア．前年度　イ．同心円　ウ．順位　エ．達成度　オ．単位
　カ．満足度

3. 折れ線グラフ

(1) 時間の（　　）にともなう数値の変化を示す。

(2) 線の組み合わせにより，（　　）の比較を示す。

(3) 今後を（　　）するのに適している。

　ア．変化　イ．経過　ウ．活動　エ．予測
　オ．単位　カ．項目

4. 円グラフ

(1) ものの（　　）の内訳を示すのに適している。

(2) 全体に対する各項目の（　　）を見るのに適している。

(3) パーセンテージの大きいものから，（　　）に並べていく。

　ア．構成比　イ．大きさ　ウ．時計回り　エ．ウエイト
　オ．左回り　カ．上下

5. 帯グラフ

(1) 全体に対する（　　）を見るのに適している。

(2) 帯の組み合わせにより，（　　）の変化を示すことができる。

(3) 帯を時間の推移で並列させると，構成比の（　　）を見ることができる。

　ア．構成比　イ．推移　ウ．総合的な評価　エ．ウエイト

6. 効果的なグラフの使用

(1) 会社の売上高推移を表すのに適しているのは（　　）である。

(2) 誕生日にもらうとしたらどんな色の花がいいか，というアンケート結果を表すのに適しているのは（　　）である。

(3) 年齢階層別消費支出の構成比を表すのに適しているのは（　　）である。

　ア．円グラフ　イ．帯グラフ　ウ．折れ線グラフ

アドバイス●

■
データの書き方

〔よい例〕

```
5,283
  354
   18
1,984
末尾をそろえる
```

〔悪い例〕

```
5,283
 354
  18
1984
```

プレゼンテーションとは，提示，研究発表などと訳される。企画案や計画を効果的に説明する。略してプレゼン。

2 次の資料を見て，各設問に答えなさい。

〔表〕ビジネスパーソンのOA機器接触度調査 　　　　（%）

OA機器＼接触度	よく操作する	たまに操作する	あまり操作しない
パソコン	85	10	5
ダブレット	55	35	10
スマートフォン	80	15	5
コピー	75	15	10

1. 次の（　　）にあてはまる用語を答えなさい。

(1) 〔表〕のそれぞれの構成比を表すのに適するグラフは，（　　）である。

(2) 4本のグラフを並べたら，この間を点線で結んでおくと，相互の数値が（　　）しやすくなる。

(3) それぞれのOA機器の接触度を示す数字をたすと，（　　）%になる。

(4) 帯を立体的にしたり，（　　）したりすると，見やすくなる。

　ア．折れ線　イ．帯　ウ．計算　エ．比較

　オ．172.5　カ．100　キ．色分け　ク．構成

2. 〔表〕を，帯グラフ化しなさい。

情報収集とメディアの活用

■ 新聞の見方を知り，記事の読み方を身につける。
■ 3大マスメディア（新聞・テレビ・雑誌）と，インターネットの利用のしかたを理解する。

1 世の中を知るための基本ツールは新聞

▶▶ 新聞は，世の中の動き全体を短時間でざっと俯瞰できる。デジタル版のある新聞も多い。

● 2紙以上読むほうがいい
→ニュースの取り上げ方が新聞社ごとに異なり，各紙の意図が表現されている。複数の新聞を読まなければ，論調の偏りなどの影響を受けてしまうことがある。

●「飛ばし読み」が基本
→その日のニュースの全体像をとらえるのが目的。気になる記事のみじっくり読み込み，必要に応じてクラウドなどに保存する。

2 紙面構成を知って効率のよい読み方を

▶▶ どこに何が書いてあるかを知らなければ，短時間に情報をとらえることはできない。

一 般 紙 の 紙 面 構 成 例　　　　（右端が1面）

○○新聞 (3面記事) 社　　会	○○新聞 地域版	○○新聞 レジャー スポーツ	○○新聞 文　化 家　庭	○○新聞 商　況 広　告	○○新聞 経　済 ビジネス	○○新聞 国　際	○○新聞 主張・解説 コラム 投　書	○○新聞 (1面記事) 政　治 総　合
←	←	←	←	←	←	←	←	

▶▶ 新聞記事は，取捨選択して目を通す。

3 マス・メディアを利用した情報の収集

▶▶ 必要な情報を取り入れ，それを有効に活用しなければならない。

●インターネットの情報に頼りきらず，さまざまなメディアから情報を確認する。

●インターネットで構成されている文書にも著作権があるので，無断で使ってはならない。著作権法違反となることもある。

4 インターネットの利用も

▶▶ インターネット上の情報を利用する際，気をつけること

官公庁，企業のホームページ，報道機関，ブログ，キーワードに類似したことばなど，さまざまなサイトが表示（ヒット）される。

表示（ヒット）されたサイトのなかから，自分に有用な情報を収集するときには

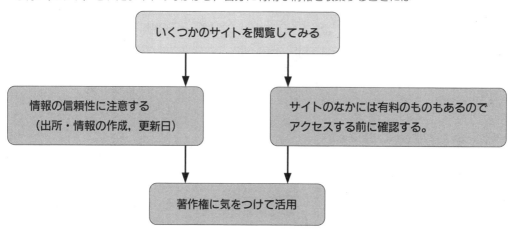

ニュースサイトの記事やSNS上の情報をたどっていくと，第一次情報は新聞というケースが多い。インターネットの普及により，実際の新聞の発行部数以上に新聞の情報を目にするようになっている。

▶▶ コンピュータネットワークによる高度情報化時代

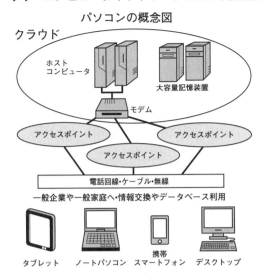

パソコンの概念図

クラウド
ホストコンピュータ
大容量記憶装置
モデム
アクセスポイント
アクセスポイント
アクセスポイント
電話回線・ケーブル・無線
一般企業や一般家庭へ・情報交換やデータベース利用

タブレット　ノートパソコン　携帯スマートフォン　デスクトップ

インターネットの概念図

大学　企業　個人
商店　行政機関

インターネットは，それに参加する機関のコンピュータが世界規模でつながっている「コンピュータ・ネットワーク」。パソコン通信もコンピュータ・ネットワークのひとつ。パソコン通信は会員制であり，外部には閉ざされたネットワークなのに対し，インターネットはより広い範囲の人々を対象とし，自由に情報を交換するための「ネットワークのネットワーク」である。インターネットのW・W・W（ワールド・ワイド・ウェッブ）では，文字のみならず，画像や音声などの情報も手軽に得ることができる。

▶▶ 対話型生成AIサービスの活用により，情報の収集，文書や資料の作成，プログラミングなどの作業が省力化できる。

対話型生成AIサービス

　対話型生成AIとは，人間と会話するように，こちらの質問や指示を理解し，適切に反応するAI（人工知能）のことである。近年，この対話型生成AIを使ったサービスが注目されている。よく知られているものとしてChatGPT（OpenAI社），BingAI（Microsoft社），Bard（Google社）などがある。このサービスの利用によるメリット，デメリットとしては，次のようなことがある。

【メリット】
・質問や指示（プロンプト）により，適切な情報を提供したり，作成したりしてくれる。
・時間の制約がない。
・作業時間が節約できるため，重要な仕事やクリエイティブな作業に専念できる。

【デメリット】
・インターネットの情報など，学習した内容から回答するため，正確性に欠ける場合がある。
・クラウドサービスの一種であるので，情報漏洩のリスクがある。

5　新聞記事の読み方

▶▶ **新聞記事はポイントをおさえて読む。**

■　見出しを見る。

見出しは，普通，記事の内容の論点を要約してつけてある。

右の記事の見出しを見てみよう。

> ❶人手不足　８割超が実感
> ❷来春賃上げ「４％台」最多
> ❸IT人材・女性足りず

■　リード文を読む。

長い記事には，記事のアウトラインを示すリード文がついている。

右の記事のリード文を見てみよう。

> ❹人手不足が賃上げを促す流れが続きそうだ。
> ❺「社長100人アンケート」では自社の人手が足りていないと感じるとの回答が８割を超えた。
> ❻既に４割が来春の賃金改定を考えており，そのうち６割が３％以上引き上げる意向を示した。
> ❼人手不足が成長の妨げになる懸念が深まる中，政府が表明する構造改革によらず民間主導の賃上げの好循環が生まれる可能性もある。

■　記事の結論は，最初の段落に出ている。

ニュースや報道記事では，記事の冒頭に結論が述べられている。

> ❽不足している状態にあたる100%未満との回答が計85.6%にのぼった。

■　図表やグラフを読む。

記事全体をつかむため，ビジュアル化された図や，データを示すグラフを活用する。

> ❾引き上げ水準については「４％台」が最多で28.6%，「３％台」も23.8%と，歴史的な賃上げが相次いだ23年の春季労使交渉における平均賃上げ率3.66%並みか，それ以上の水準に達しそうな勢いだ。

■　記事に付随されたデータは，後半の段落で説明されることが多い。

記事内容以外でも，分析中にわかった情報（とくに数字）も見落とさないで読む。

> ❿データサイエンティストなど「高度専門分野のITエンジニア」が最多で，73.8%だった。
> ⓫「女性マネジメント」も60.7%と目立つ。
> ⓬「女性・シニアの労働力活用やITによる業務の効率化が必要だ」

■　記事は漠然と読まず，具体的に記憶にとどめる。

5W2Hでチェックする。

> ●いつ　（When）→ 2023年6月1日〜15日
> ●どこで・に（Where）→ 国内主要企業の社長（会長などを含む）
> ●だれが　（Who）→ 日本経済新聞社が調査
> ●なにを　（What）→ 自社の人手が全社的にどれほど足りているかを，経営者自身の体感値で尋ねた
> ●どのように（How）→「社長100人アンケート」としてアンケート調査

①人手不足　８割超が実感
②来春賃上げ「４％台」最多

社長100人アンケート

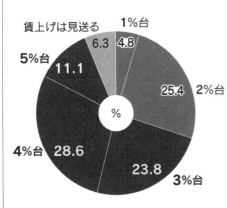

24年春の経営者の賃上げ動向

- 賃上げは見送る　6.3
- 1%台　4.8
- 2%台　25.4
- 3%台　23.8
- 4%台　28.6
- 5%台　11.1

（注）無回答を除く63社

⑦人手不足が賃上げを促す流れが続きそうだ。⑥「社長100人アンケート」では自社の人手が足りていないと感じるとの回答が⑤３％以上引き上げる意向を示した。④人手不足が成長の妨げになる懸念が深まる中、政府が表明する構造改革によらず民間主導の賃上げの好循環が生まれる可能性もある。

（編注：冒頭リード）人手不足が賃上げを促す流れが続きそうだ。「社長100人アンケート」では自社の人手が足りていないと感じるとの回答が８割を超えた。既に４割が来春の賃金改定を考えており、そのうち６割が３％以上引き上げる意向を示した。人手不足が成長の妨げになる懸念が深まる中、政府が表明する構造改革によらず民間主導の賃上げの好循環が生まれる可能性もある。

・8％と、歴史的な賃上げが相次いだ23年の春季労使交渉における平均賃上げ率3・66％に並みか、それ以上の水準に達しそうな勢いだ。

賃上げによってどんな人材の確保を必要としているか。人手不足を感じる経営者に具体的に足りる人材を尋ねたところ、⑩データサイエンティストなど「高度専門分野のITエンジニア」が最多で73・8％だった。「女性マネジメント」も60・⑪7％と目立つ。ANAホールディングスの芝田浩二社長は「女性・シニア⑫の労働力活用やITによる業務の効率化が必要だ」とした。

もっとも、23年の夏季賞与は低調になる見通しだ。22年夏実績に比べ「横ばい」や「減らす」が計40・9％にのぼった。理由は「業績低迷」が44・0％。「環境変化」が急激化したため、夏季賞与のダウンは致し方ない」（ニッスイの浜田晋吾社長）。「業績連動による結果」との回答も多かった。

③IT人材・女性足りず

アンケートは国内主要企業の社長（会長などを含む）を対象にほぼ3カ月に1回実施。今回は6月1〜15日に行い、14社から回答を得た。

自社の人手が全社的にどれほど足りているかを経営者自身の体感値で尋ねた。「不足している状態」にあたる100％未満との回答が計85・6％にのぼった。最も多かったのは9割台で53・6％。7⑧〜8割が26・4％となった。特に「日本」（90・7％）と「米国」（26・2％）で不足を感じるとしている。

日本生命保険の清水博社長は「労働人口が減少していくことを背景に、これまで以上に労働マーケットでの競争が激化する」とコメント。「中長期的に実効性のある少子化対策が肝要」（三菱商事の中西勝也社長）といった日本の人口構造に踏み込んだ提言も目立った。

賃金施策は引き上げドミノの様相を呈している。どんな賃金施策を打つか。今後複数回答で尋ねたところ、「初任給引き上げ」が53・5％、「既⑨存社員の給与引き上げ」も45・1％だった。不足を感じているITなどの専門人材向けの「別建て給与制度の導入」は20・8％だった。

５月の消費者物価指数は生鮮食品を除く総合指数が前年同月比で3・2％上昇と21カ月連続でプラス。物価上昇に賃金が追いついていないという声に経営者も敏感になっているもようだ。2024年春の賃金改定については態度を決めかねている「無回答」が81社ある一方で、４割が既に引き上げの意向を固めている。

引き上げ水準については「４％台」が最多で28・6％、「3％台」も23・8％と、歴史的な賃上げが相次いだ……

「ポストコロナの24年度は、業績の飛躍とともに物価上昇と社会情勢などの変化に対応した賃金改善を実現していきたい」（ファミリーマートの細見研介社長）、「23年度の水準を念頭にしっかり進めていきたい」（JR東日本の深沢祐二社長）との積極的なコメントもある。

（日本経済新聞　2023年7月3日）

❶ 次の新聞記事を読んで，次ページの設問に答えなさい。

公衆Wi-Fi

次世代型普及へ 都が整備

まず年度内に670カ所

安全な通信、観光・災害時も

東京都は安全で使い勝手のよい次世代公衆無線LAN（Wi－Fi）の普及に力を入れる。2023年度中に都立学校など670カ所に導入し、24年度以降に1000カ所程度まで広げる。インバウンド（訪日外国人）客が集まるエリアや災害時の避難施設などで整備を進めるほか、民間や区市町村にも導入を促し、都が掲げる「つながる東京」の実現を目指す。

導入するのは国際業界団体WBAが管理する国際相互接続基盤「OpenRoaming（オープンローミング）」に対応した公衆Wi－Fi。無線通信区間が暗号化され盗聴などの危険が少なく、1度登録すればパスワードなどの入力なしで自動接続できるため利便性も高い。

都は従来型の公衆Wi－Fiのアクセスポイント を約700カ所（22年度末）提供しているが、23年度は次世代型を新たに約330カ所整備する とともに、従来型約340カ所を次世代型に切り替える。

24年度以降も新規設置や切り替えを進め、都有施設など1000カ所規模での運用を目指す。同時並行で鉄道駅や空港、ホテル、飲食店、商業施設などの民間施設や区市町村施設にも整備を促していく方針だ。

公衆Wi－Fiは公共施設などで誰でも利用できる通信サービス。通信各社などが整備しており、カフェでパソコンの作業をする人や通信環境が十分でない外国人観光客などに使われるのが一般的だ。

ただ街中にある公衆Wi－Fiはセキュリティーがなく、個人情報などの通信は、デジタル上で本人を識別するSIMカードなどで1度ログインすれば、国内外どこでも通信環境に入っただけでアクセスが完了する。世界で導入が進み、WBAによると通信会社が主体となると全世界100万カ所以上に広がっている。

東京都はスマートフォンなどの通信環境を電気や水道などに並ぶ基幹インフラとして整備する方針を掲げる。「つながる東京」を標語に、観光などの平時でも、災害時でも、だれもが使える通信環境づくりを目指す。オープンローミングの次世代公衆Wi－Fiは、5G通信などと並んで中心的な役割を果たすサービスになる。

の漏洩リスクが小さくないものも多い。22年に都が実施した調査ではWi－Fi利用時の不安として5割の人が「情報漏洩」を挙げた。また接続のたびにログイン作業が必要になっていることも多い。

オープンローミングの通信は、デジタル上で本人を識別するSIMカードなどで1度ログインすれば、国内外どこでも通信環境に入っただけでアクセスが完了する。

「つながる東京」のイメージ	
いつでも	・利用が集中する時間帯やイベント時でも ・豪雨や積雪の時でも
誰でも	・訪日外国人でも ・高齢者や障害者でも
どこでも	・居住地や主要道路でも ・公共施設や民間施設でも
なんでも	・どんなデバイスでもアプリでも
何があっても	・通信障害や災害時でも

(出所)東京都資料から抜粋

（久保田皓貴）

（日本経済新聞　2023年6月13日）

1. 記事の見出しを4つ書き出しなさい。

①「   」

②「   」

③「   」

④「   」

2. 記事のリード文を読んで，次の（   ）にあてはまることばを書きなさい。

⑴ 東京都は（   ）次世代公衆無線LAN（Wi-Fi）の普及に力を入れる。

⑵ 2023年度中に（   ）など670カ所に導入し，24年度以降に（   ）程度まで広げる。

⑶ インバウンド（訪日外国人）客が集まる（   ）や災害時の避難施設などで整備を進めるほか，（   ）や（   ）にも導入を促し，都が掲げる「つながる東京」の実現を目指す。

3. 導入するサービス（公衆Wi-Fi）について，上段にある簡単な説明を書き出しなさい。

（   ）

4. 2024年度以降新規設置や切り替えを進める際，都有施設などと同時並行で整備する場所を，記事内から書き出しなさい。

（   ）

5. 「つながる東京」について，（   ）にあてはまることばを書きなさい。

⑴ スマートフォンなどの通信環境を電気や水道などに並ぶ（   ）として整備する方針の標語だ。

⑵ いつでも，誰でも，（   ），なんでも，（   ）をイメージしている。

⑶ 観光などの（   ）でも，災害時でも，誰もが使える通信環境であるオープンローミングの（   ）は，5G通信などと並んで中心的な役割を果たすサービスになる。

⑷ 東京都は，インバウンド客だけでなく（   ）や障害者でも，どんな（   ）でもアプリでもつながるようにしたいと考えている。

5 会社数字の読み方

▌会社の仕組みについて知る。
▌売上のすべては利益になるわけではない。

1 会社には3つの大きな特徴がある

▶▶ 会社の法律上の特徴とは何か。

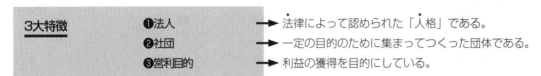

3大特徴	❶法人	→ 法律によって認められた「人格」である。
	❷社団	→ 一定の目的のために集まってつくった団体である。
	❸営利目的	→ 利益の獲得を目的にしている。

▶▶ 社会のなかの企業・組織

　上記の3つの特徴から，会社や組織は，社会の一員として存在していることがわかる。自分の勤める会社が，社会から好意を持って受け入れられなければ，製品やサービスも受け入れられることはない。つまり，企業の利益にはならず，勤めている個人の収入にもならない。

2 売上と利益

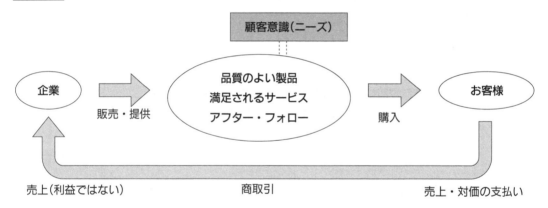

▶▶ 売上と利益の仕組み

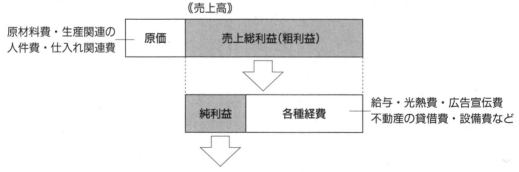

売上純利益－（損益・税金・経費）＝純利益（営業利益）

3 経理に関する基礎知識

▶▶ 表とグラフを読む際に必要な用語について，意味を理解しよう。

●上半期・下半期（上期・下期）	事業年度の前半6か月を上半期（または上期），後半6か月を下半期（または下期）という。
●売上・売上原価・売上総利益	売上高から売上原価を差し引いたものを，売上総利益という。売上総利益は，俗に粗利益ともいう。
●販売費および一般管理費・営業利益	売上総利益から販売費および一般管理費を差し引いたものを，営業利益という。
●営業外収益・営業外費用・経常利益	営業利益に営業外収益を加え，営業外費用を差し引いて算出したものを，経常利益という。

```
    売  上  高
  － 売 上 原 価
  ┌─売上総利益（粗利益）
  │
  └→売上総利益
  － 販売費および一般管理費
  ┌─営 業 利 益（純利益）
  │
  └→営 業 利 益
  ＋ 営 業 外 収 益
  － 営 業 外 費 用
     経 常 利 益
```

企業の業績は，このように計算します。

●事業推移	企業の業績（売上や利益など）の移り変わりを，事業推移という。
●市場占有率（シェア）	その商品の市場で，各企業の商品の売上高が全体の何パーセントを占めているかを示すのが，市場占有率である。市場占有率はシェアともいう。
●消費性向	個人家計の収入から，税金などの非消費支出を差し引いた残りを可処分所得という。この可処分所得のうち，消費支出にあてられる額が占める比率を，消費性向という。
●売上高全体に占めるA商品の売上高の割合	総売上高100万円，A商品売上高30万円とすれば，A商品の売上高は30%（3割）である。 $$\frac{30万円}{100万円}=0.3=30\%$$
●売上台数の伸び率	平成〇年度の売上台数100台，平成△年度の売上台数150台とすれば，平成△年度の伸び率（対平成〇年度）は50%である。

1 次の各設問に答えなさい。

1. 「売上と利益」についての問題で，誤っているものを1つ選びなさい。

〔選択肢〕

ア．売上総利益は一般的に「粗利益」といわれている。

イ．営業利益から損益，税金などを差し引くと，純利益となる。

ウ．原価にかかるコストを削減すれば，純利益は増える仕組みである。

2. 次の組み合わせで，誤っているものを1つ選びなさい。

〔選択肢〕

ア．株式会社の株主…自分が出資した分の責任を負えばいい。

イ．株主の配当…決算期の年2回以外余剰金の配当もある。

ウ．会社の決算書…株主のみ閲覧することができる。

2 次の各文の（　）にあてはまる用語を，下記の語群のなかから選びなさい。

(1) 今年の売上高は2,000万円であり，昨年の売上高は1,000万円だったので，売上高は（　）したことになる。

(2) 今年の市内で発生した交通事故件数は58件であり，昨年の事故件数は120件だったので，事故件数はほぼ（　）したことになる。

(3) 当社の今年の経常利益は80億円であり，昨年の経常利益は79億円だったので，ほぼ（　）をつづけている。

(4) 大阪支店の販売員は50人であり，売上高は600百万円だったので，販売員1人あたりの販売金額は（　）百万円である。

(5) 当社福岡営業所の上半期の売上金額は150百万円であり，当社全体の上半期の売上金額は800百万円だったので，福岡営業所のそれは全体の（　）に満たない。

(6) A社の下半期の売上金額は1,800百万円であり，販売台数は900台だったので，1台あたり平均販売価格は（　）百万円である。

(7) 売上高が7,200百万円，売上原価が5,760百万円であったので，粗利益率は（　）％である。

(8) 当社の売上高5,700百万円に占める九州営業所の売上高（　）百万円は，目標とした構成比（当社の売上高に占める九州営業所の売上高）30％に達した。

ア．3　イ．5割　ウ．16　エ．倍増　オ．12　カ．半減

キ．横ばい　ク．2割　ケ．2　コ．減少

サ．1,500　シ．25　ス．1,710　セ．20　ソ．120

3 次の資料を読んで設問に答えなさい。ただし，この営業部では，各課とも，商品X，商品Y，商品Zの3種類を販売している。

表1　営業部各課の当期の売上高実績および当期首に設定した目標売上高
（単位：百万円）

	売上高実績	目標売上高
営業第1課	980	1,000
営業第2課	770	750
営業第3課	720	900
営業部　計	2,470	2,650

表2　営業第1課の営業成績（当期）　　　　　　　（単位：百万円）

	売上高 ①	売上原価 ②	売上総利益 ③	販売費・一般管理費 ④	営業損益 ⑤
商品X	330	190	140	135	5
商品Y	540	360	180	150	30
商品Z	110	90	20	40	−20
計	980	640	340	325	15

注　③＝①−②　　⑤＝③−④
　　営業損益欄のマイナス表示は，営業損失を示す。

表3　各商品の売上高推移　（単位：百万円）

	前期	当期
商品X	480	890
商品Y	850	1,040
商品Z	690	540
商品全体	2,020	2,470

1. 営業部各課の目標売上高達成度に関する記述のうち，正しいものはどれか。（表1参照）

〔選択肢〕

ア．目標売上高達成度がもっとも低いのは営業第2課である。

イ．営業第1課の目標売上高達成度は，営業第3課のそれより高い。

ウ．目標売上高を超えたのは，営業第1課だけにとどまった。

エ．目標売上高達成度がもっとも高いのは営業第3課である。

2. 営業第1課の売上高，売上原価，売上総利益に関する記述のうち，正しいものはどれか。（表2参照）

〔選択肢〕

ア．3種類の商品のうち，もっとも売上総利益が大きいのは商品Xである。

イ．3種類の商品のうち，もっとも売上高対売上総利益率が低いのは商品Zである。

ウ．3種類の商品の売上高のうち，営業第1課全体の売上高に占める割合が大きいのは商品Xである。

エ．売上高に占める売上原価の割合が低い商品ほど，売上高対売上総利益率は小さくなる傾向がある。

3. 営業第1課の販売費，一般管理費，営業損益に関する記述のうち，正しいものはどれか。（表2参照）

〔選択肢〕

ア．売上高対販売費・一般管理費率がもっとも高いのは商品Xである。

イ．売上総利益は小さくても，販売費・一般管理費が大きければ，営業利益は大きくなる。

ウ．営業損失が生じたのは，商品Yである。

エ．販売費・一般管理費をあと20百万円節減すると，営業利益が10百万円になるのは商品Zである。

4. 3種類の商品の売上高に関する記述のうち，正しいものはどれか。（表3参照）

〔選択肢〕

ア．対前期比でもっとも売上高が伸びているのは，商品Yである。

イ．対前期比でもっとも売上高が伸び悩んだのは，商品Xである。

ウ．商品Xと商品Yの売上高の合計が，その期の売上高に占める割合は，当期よりも前期のほうが大きい。

エ．商品全体の売上高に占める商品Yの売上高の割合は，当期も前期とあまり変わらない。

5. 次の記述のうち，正しいものはどれか。

〔選択肢〕

ア．当期，営業第2課と第3課の商品Yの売上高合計が，600百万円を下回ることはあり得ない。

イ．当期，営業第3課の商品Zの売上高が260百万円であるとすれば，同課の商品Xと商品Yの売上高合計は560百万円でなければならない。

ウ．当期，営業部全体の売上高に占める営業第3課の売上高は，3割5分を超えている。

エ．当期，営業部全体の売上高に占める営業第2課の売上高は，3割を超えている。

ビジネス能力検定ジョブパス 3 級　模擬試験問題

ビジネス能力検定ジョブパス 3 級実施要項

1．実施時間

説明時間　10分

試験時間　60分

2．出題形式

出題はすべて多肢選択方式。

3．合格基準

100点満点のうち原則として70％以上の得点をもって合格とする。

問題１．次の（　　）にふさわしい適切な言葉を選択肢から選びなさい。

(1)　（　①　）とは，一定期間に一国で産み出された（　②　）の合計額をいうが，日本の（　①　）の水準はおおよそ年間500兆円である。
　　【①②の選択肢】
　　　ア．GDP　　　イ．GNP　　　ウ．付加価値　　　エ．消費

(2)　合議を経て，上司の決済をあおぐための文書を（　　）という。
　　【選択肢】
　　　ア．議事録　　　イ．稟議書　　　ウ．申請書

(3)　国際間の決済や金融取引などで基軸となる特定国の通貨を「基軸通貨」という。現在，基軸通貨は（　　）である。
　　【選択肢】
　　　ア．日本円　　　イ．米ドル　　　ウ．人民元

(4)　次は知的財産権に区分される権利に関する記述である。①～④の（　　）にあてはまる語の組み合わせで，適切なものを選択肢から選びなさい。
　　（　①　）権とは，自分が取り扱う商品やサービスについて，他人のものと区別するためのマーク等，いわゆる（　①　）を独占的に使用することができる権利である。
　　（　②　）権とは，工業製品について，形状・模様・色彩またはその組み合わせで視覚を通じて美感を起こさせるもの，いわゆる工業デザインを保護する権利である。
　　①，②，特許権，実用新案権の4つを（　③　）といい，（　④　）が管理している。
　　【選択肢】

	①	②	③	④
ア	著作	商標	育成者権	デジタル庁
イ	商標	意匠	産業財産権	特許庁
ウ	意匠	商標	知的財産権	登記所

(5)　新製品の購買など，購入者の意思決定に大きな影響力を持ち，SNSやマスメディア広告と連動して情報を発信する人を（　　）という。
　　【選択肢】
　　　ア．ウィキペディア　　　イ．アンバサダー　　　ウ．インフルエンサー

問題２．次の各事項の対応として，適切なものを選択肢から選びなさい。

(1) 顧客意識を表す説明として，適切なものを選びなさい。
【選択肢】
　ア．店舗では地球環境を考え，過剰包装を控えるよう努力する。
　イ．礼儀正しく接するだけでなく，お客さまの要望に応えることが大切である。
　ウ．職場の人たちとよりよい関係を築けるよう会議など増やし交流をする。

(2) 電話の声が聞き取りにくいとき，お客さまに伝えることばとして，適切なものを選択肢から選びなさい。
【選択肢】
　ア．「周りの音でよく聞こえないので，場所を変えてからまた電話してください」
　イ．「電波の調子が悪いようなので，後ほどかけ直してもよろしいでしょうか」
　ウ．「ただいま移動中でよく聞こえないので，また，かけていただけませんか」

(3) 電子メールのあて先の設定として，適切なものを選択肢から選びなさい。
【選択肢】
　ア．課内で取り組んでいた案件についての中間報告を，「CC」で課員に送信した。
　イ．上司の指示に対して不満があったので，言いたいことを「CC」で課員に送信した。
　ウ．メールアドレスを変更したので，その報告のため「CC」でアドレス帳の全員に送信した。

(4) 来客対応の基本について，誤っているものを選択肢から選びなさい。
【選択肢】
　ア．名刺の名前が読めないときは，「失礼でございますが，なんとお読みしたらよろしいのでしょうか」と伺ってもかまわない。
　イ．面識のあるお客さまがいらっしゃったとき，「○○さまでいらっしゃいますね。お待ちいたしておりました」と，名前を言うのは失礼になる。
　ウ．お客さまをエレベーター前まで見送るときは，「それでは失礼いたします」と，ドアが閉まるまでおじぎをする。

(5) 円グラフの特徴を生かした使い方として，適切なものを選択肢から選びなさい。
【選択肢】
　ア．ある支店の営業担当者別売上額を比較するとき。
　イ．ある製品の過去10年間の売上高の推移を見るとき。
　ウ．ある学校の学生の出身国の割合を比べるとき。

問題３．次の用語の説明として，適切なものを選択肢から選びなさい。

(1) ヒヤリ・ハット報告書
【選択肢】
　ア．お客さまには被害が及ばなかった小さな事故でも，担当者の気づきとして報告する。
　イ．担当者の性格によるヒューマンエラーなどは，事故の報告とは分けて報告書を残す。
　ウ．報告書はコンプライアンスにかかわるので，管理者以外の目に触れないよう保管する。

(2) メンタルヘルス
【選択肢】
　ア．一定数以上の従業員が働く企業は，定期的にストレスチェックが義務づけられており，心の健康を意味する。
　イ．初期症状では風邪と似ていて判断しにくいが，重篤化すると命にかかわる，武漢で発生したといわれている新型ウイルス。
　ウ．年齢に関係なく，胃酸が逆流して食道に炎症が起こり，食後に体調不良になったり，よく眠れなくなったりするなどの症状が出る。

(3) ルーティンワーク
【選択肢】
　ア．事例のない出来事や仕事に対し，最適な手順を判断する必要がある業務。
　イ．高いパフォーマンスを発揮することもあり，手順に沿って繰り返される業務。
　ウ．ヒューマンエラーともいわれ，後に，事故原因の1つになることもあるサイクル業務。

(4) ダイバーシティ
【選択肢】
　ア．商品の部品や原材料の流通経路を，生産段階から追跡，確認できること。
　イ．立体物を完全にコピーできることで，3Dコピーという表現で知られている。
　ウ．年齢，性別，国籍，人種などのちがいを尊重し，多様な能力，価値観，発想を持った人材活用のこと。

(5) ブレーンストーミング
【選択肢】
　ア．金融機関以外の民間が保有する現金や預金などの残高で，市中に出回っている通貨の量のこと。
　イ．CATV，光ファイバーなど従来の電話のダイヤルアップ接続のいらない広域，高速ネットワークのこと。
　ウ．否定的，批判的なことを主張しないで，自由で拘束のないアイデア発想支援のための会議のこと。

問題４．次の各事項について，適切なものを選択肢から選びなさい。

(1)　敬語への言い換えについて
【選択肢】
　ア．“行く”…「いつ，東京にいらっしゃったのですか」
　イ．“来る”…「私は先月，ベトナムから参られました」
　ウ．“いる”…「大阪に住んでおられたのですか」

(2)　仕事への取り組みについて
【選択肢】
　ア．OJT…職場内で部下や後輩に，具体的な仕事を通じて仕事全般を教育すること。
　イ．Off-JT…中途採用者など，とくに仕事に関して教育する必要がない場合の表現。
　ウ．メンター…仕事上の指導者で，管理職への教育を行う高度な研修のこと。

(3)　NFTアートについて
【選択肢】
　ア．二次流通時にも作家に収益が入る「ロイヤリティ機能」の設定はできない。
　イ．取引する際は，対価として世界通貨のイーサリアムが必要になる。
　ウ．ブロックチェーン技術により唯一性を証明できるデジタルアートのことである。

(4)　メールの書き方について
【選択肢】
　ア．ビジネスでは,タイトルは省いてもアドレスから仕事内容がわかるからかまわない。
　イ．感情を伝えるために，ビジネスメールでは絵文字は避け，なるべく顔文字にする。
　ウ．ビジネスでは，儀礼的なあいさつは省いてよく，簡単なあいさつのあとすぐ本文
　　　に入る。

(5)　株式会社について
【選択肢】
　ア．株　主…自分が出資した分の責任を負えばよい。
　イ．配　当…決算期の年４回に加え余剰金の配当もある。
　ウ．決算書…株主のみが閲覧できる書類である。

問題５．次の新聞記事を読んで，各設問に答えなさい。

（日本経済新聞（共同通信配信）2021年4月13日）

「ヤングケアラー」初調査

中学生5％ 家族を世話

就学と両立困難、国支援へ

厚生労働省と文部科学省は12日、家族の介護や世話を担う子ども「ヤングケアラー」に関する初の実態調査を公表した。

中学2年生の17人に1人にあたる5・7％が「世話している家族がいる」と回答。このうち、1日7時間以上ケアに従事する子どもも1割程度、確認された。

ヤングケアラーは障害や病気のある家族の世話をしたり、家族に代わって幼い兄弟姉妹の世話を担っている18歳未満の子どもを指す。急速な少子高齢化や核家族化の進展で家族の世話を担わざるを得ない子どもは少なくない。就学などと両立する子どもの負担は大きく、政府は支援につなげる計画だ。

菅義偉首相は3月に支援を表明しており、両省はヤングケアラーの支援策を検討するプロジェクトチーム（PT）で今回の調査を報告した。5月にはヤングケアラーの早期発見や支援策などを盛り込んだ報告書を作成し、今夏にまとめる骨太の方針（政府の経済財政運営と改革の基本方針）に盛り込んで支援につなげる計画だ。

調査は昨年12月以降に実施し、5558人が回答した。このうち、約320人が「世話している家族がいる」と回答。全国の中学2年生を対象に実施し、全日制高校2年生や定時制高校、通信制高校の生徒も併せて調査したところ、全日制高校2年生のうちケアしている家族がいるのは、4・1％だった。定時制高校2年生は8・5％、通信制の高校生は11・0％。7時間以上ケアをする生徒はそれぞれ1〜2割だった。

ケアの対象は兄弟姉妹が61・8％と最も多く、父母（23・5％）、祖父母（14・7％）と続いた。

要介護や障害、精神疾患や依存症の親をケアする子どもが多かった。

一方、自身をヤングケアラーと認識している子どもは中学2年生で1・8％にとどまり、実態の見えづらさも浮き彫りになった。厚労省などはまず、こうした子どもの早期発見や社会的な認知向上を図る計画だ。

家族を世話していると答えた生徒のうち、1日のケア時間が7時間以上に及んでいたのは11・6％に上った。ケアのために「やりたいができないこと」を聞いたところ、「自分の時間が取れない」が20・1％、「宿題や勉強の時間が取れない」が16・0％だった。

ニッセイ基礎研究所の三原岳主任研究員は「介護などケアをする側への支援はこれまであまり手をつけられてこなかった」と課題を指摘。地域のつながりの衰退や核家族化の進展、共働き世帯の増加などで介護を担う人は今後も増えていくと見通し、「ケアラー支援は世界的な課題となっている。英国やオーストラリアではすでに公的支援が始まっており、国内では埼玉県が全国に先駆けて2020年3月に「ケアラー支援条例」を施行した。

▼ヤングケアラー 「YOUNG（若い）」と「CARER（世話する人）」を組み合わせ、英国で生まれた言葉とされる。日本ケアラー連盟などによると、大人が担うような家事や病気や障害がある家族の介護を日常的に行っている18歳未満の子どもを指す。幼い弟妹の世話や日本語がうまく話せない家族の通訳などを担い、学業や進路に影響を及ぼすだけでなく、健全な発育や人間関係の構築を阻むとされている。英国では1980年代に、こうした子どもの研究が始まり、支援のための法整備が進む。

家族の世話のため「やりたいけどできないこと」
（中学2年生の回答）

- 自分の時間が取れない
- 宿題や勉強の時間が取れない
- 睡眠が十分取れない
- 友達と遊べない
- 進路変更を考えざるを得ない／進路変更した
- 学校に行けない

（注）「特にない」が58.0％
（出所）ヤングケアラーの実態に関する調査研究

(1)　ヤングケアラーの説明について，下線部分のうち誤っているものを選択肢から選び
　なさい。
　　　ヤングケアラーとは，大人が担うような家事や幼い兄弟姉妹の世話をしたり，病気
　や障害のある家族の介護を日常的に行ったりしている中学２年生をさす。
　【選択肢】
　　ア．幼い兄弟の世話　　　イ．日常的　　　ウ．中学２年生

(2)　ヤングケアラーの支援策を検討するプロジェクトチーム（PT）について，適切なも
　のを選択肢から選びなさい。
　【選択肢】
　　ア．PTはおもにヤングケアラーの早期発見や介護対策を盛り込んだ調査をする計画だ。
　　イ．PTは少子高齢化や核家族化の進展を目的に分析され，首相に報告された。
　　ウ．PTの報告をもとに，家族の世話と就学を両立する子どもへの支援策を検討する。

(3)　次の（　　）にあてはまることばの組み合わせで，適切なものを選択肢から選びな
　さい。
　　　ヤングケアラーに関する実態調査では，中学２年生の17人に１人にあたる（　①　）
　が「世話をしている家族がいる」と回答した。このうち１日（　②　）をケアに従事
　する子どもは１割程度確認され，ケアの対象は（　③　）が２番目に多い。
　【選択肢】

	①	②	③
ア	5％	7時間以上	祖父母
イ	5.70％	7時間以上	父母
ウ	5.70％	7時間	兄弟姉妹

(4)　家族の世話をしていると答えた中学２年生のデータについて，適切なものを選択肢
　から選びなさい。
　【選択肢】
　　ア．ケアのために，「宿題や勉強の時間が取れない」と答えた生徒は16％いた。
　　イ．家族の世話で，「やりたいけどできないことがある」と20.1％の生徒が答えた。
　　ウ．自身を「ヤングケアラーと認識している」子どもは1.8％で，実態より多かった。

(5)　グラフと記事を読んで，適切なものを選択肢から選びなさい。
　【選択肢】
　　ア．研究員のなかには「ケアする側への支援策はない」と課題を指摘している。
　　イ．英国や豪州では公的支援が始まっており，埼玉県も施行している。
　　ウ．日本語が話せない家族の通訳を務めている子どもは支援対象にならない。

問題６．次のケース①〜④を読んで，各設問に答えなさい。

━━ ●ケース① ━━

　大石京太郎がこのリース会社に入社して，約１年が過ぎた。入社後の研修を経て営業１課へ配属された。いままで，試用期間として課長はじめ６名の課員のアシスタントを務めてきた。大石は，早く先輩のように外回りの営業がしたいと思っていたが，課全員の営業事務を一手に引き受け，どんな仕事でも一生懸命取り組んできた。

　今朝は，課の先輩の野田ひろ子から，昨日の午後に頼まれた見積書添付の資料データを加工して仕上げ，野田が11時に外回りの営業に出るまでに完成させなくてはならない。
　大石「資料といっても，M社のデータは共有ファイルにありませんけど…」
　野田「営業３課が管理しているはずよ。悪いけどデータを送ってもらって資料を完成させておいて欲しいんだけど」
　昨日は，こんなやりとりの結果，大石が同期の３課の課員，中島京子からデータを送ってもらったのだ。もう少しで作業も終わると思っていたちょうど10時ごろ，A保険会社の小島課長から上司の田辺課長へリモート会議のログイン申請があった。そのとき大石は，今朝，A保険会社の小島課長から田辺の出社する前に，電話があったことを思い出した。今朝の電話は，
　小島「今日の午前中に田辺さんとリモート会議をすることになっていまして，時間が未定でしたが，10時からではいかがでしょうか」
ということだった。しかし，大石はその電話を自分の机でないところで受けてしまったので，メモを取らず，田辺課長へ伝言するのをつい言い忘れてしまっていた。

(1)　A保険会社の小島課長から電話があったとき，大石はどう対処するべきだったか。もっとも適切なものを選択肢から選びなさい。

【選択肢】
　ア．小島課長に，田辺はまだ出社していないので，あとでまたかけ直してくれるよう頼む。
　イ．自分の机に戻ったら，田辺あてのメモを作成して，課長の机の上に目立つように置く。

━━ ●ケース② ━━

　大石「田辺課長…課長のパソコンでA保険会社の小島課長からのログイン申請のアラートが鳴っていますよ」
　野田「えっ，午前中とは言っていたけど…。すぐ田辺課長に承認してもらわなきゃ。悪いけど，この資料を急いで文字のフォントを大きくして画面共有できるようクラウドに保存してくれないかしら。小島課長とのリモート会議で使用するものだから」

(2)　上司への伝達もれミスに気づいたとき，大石はどう行動すればよかったか。もっとも適切な選択肢を選びなさい。
　①　自分の机ではなかったので，メモが書けなかったことをさりげなく伝えてわかってもらう。
　②　小島課長のログイン申請について伝達し忘れたことを，きちんと告げる。
　③　今後はミスを起こさないよう，ポケットにメモとペンをいつも携帯する。
　④　結果的に小島課長と話ができたのだから，この件はもう蒸し返さない。

【選択肢】

ア	①	と	④
イ	②	と	③
ウ	③	と	④

●ケース③

　田辺と小島課長のリモート会議が始まり，野田に言われたフォントの変更とクラウドへの保存作業をしていたところ，同じ1課の沢村が，野田と一緒に大石の席にやってきた。

　野田「昨日頼んだ見積書に添付する資料できてる？」

　大石「あっ，もう少しでできます。確か出かけられるのは11時でしたよね。あと1時間あれば完成できます」

　沢村「それが都合で，私と一緒にもう一社寄ることになってね。いまから出かけたいんだけど何とかならないかな」

　大石「あと，ほぼ画像の加工だけなので，やればすぐできます」

　野田のデータの加工は，課長がリモート会議で使う資料のあとでも間に合うと思ったが，課長の資料は大量だった。大石は野田が急いでいるようだったので，野田の作業を優先させることにした。パソコンの画面を，課長の資料から野田のデータに変えて，早速取りかかると，思ったより手間取ってしまった。何とか10分後に野田たちにデータを渡せた。そのとき，田辺課長がリモート会議を中断して大石のところへやってきた。

　田辺「大石さん，クラウド内を探しても資料が見つからないんだ。小島課長と画面共有しながらチェックしたいことがあるんだけど」

　大石「はい，いま，やってますから」

　田辺課長はムッとした感じで，小島課長とのリモート会議に戻っていった。

---

(3) 大石の田辺課長への対応には問題がある。どうしたらよかったのか，もっとも適切なものを選択肢から選びなさい。

【選択肢】

　ア．自分がいかに忙しいか理由を説明し，課長にも手伝ってもらうべきだった。

　イ．急いでいたのに，お待たせしてしまい申し訳ありません，とあやまるべきだった。

(4) 今回のように，急ぎの仕事が2つ重なってしまったとき，大石はどうしたらよかったのか。もっとも適切なものを選択肢から選びなさい。

【選択肢】

　ア．急ぎのことが重なったときは，先に受けた指示から優先して処理すべきであった。

　イ．ひとりで抱え込まずに，上司に相談したり，先輩，同僚の協力を求めるべきだった。

●ケース④

　フォント変更をしてクラウドに保存し終えた大石に，営業3課の中島から内線電話がかかった。

　中島「昨日のM社のデータ，3課仕様に数字や画像を変えているからね。気をつけてね」

　大石はデータをそのまま加工して1課の見積書に添付し，それを野田に渡してしまっていた。

---

(5) 営業3課の中島から3課仕様のデータだったことを聞いて，大石は大きなミスをしたことに気づいた。このあとの対応の流れで，もっとも適切な選択肢を選びなさい。

　①　データを送ってくれるとき，何で言ってくれなかったのかと，中島に詰め寄る。

　②　すぐ，野田にデータを1課用に変更しないで加工してしまったことを伝える。

　③　急いで1課用のデータでつくり直して，野田が持参のパソコンにメールで送る。

　④　先方に「その見積書の添付データにはミスがあります」と，すぐメールする。

　⑤　野田が先方に到着していないようなら，とりあえず会社に戻って欲しいと伝える。

　⑥　適切でないデータを野田に渡してしまったことを，田辺課長に報告する。

【選択肢】

ア	①→⑤→⑥
イ	④→②→⑤
ウ	②→⑥→③

問題7．次の〈資料1〉，〈資料2〉は温泉旅館を経営するZ社の3年間の売上高と宿泊客数
の推移，3年間の宿泊客の年齢層別の割合をまとめたものである。これらの資料を
見て各問に答えよ。

〈資料1〉 3年間の売上高と宿泊客数の推移

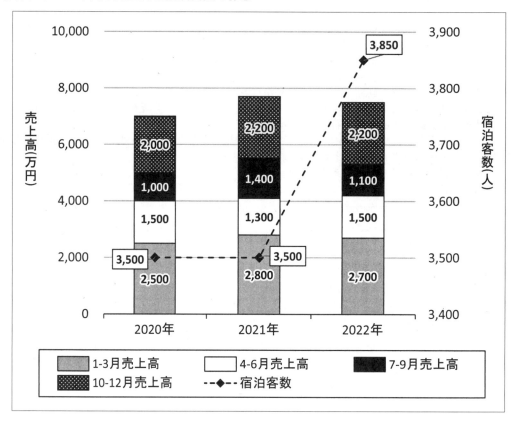

〈資料2〉 3年間の宿泊客の年齢層別の割合

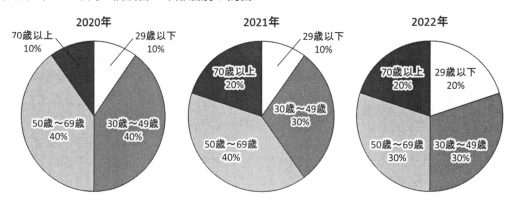

(1) 〈資料1〉から読み取れる売上高の変化に関する記述について，下記の[   ]に入れるべき語句の組み合わせとして，適切なものを選択肢から選べ。

　　2020年から2022年の3年間でZ社の売上高がもっとも大きいのは[a]で，各年で売上高がもっとも大きい時期は[b]になっている。2022年の売上高を時期ごとに見ると，もっとも大きい時期と小さい時期の差は[c]である。

【選択肢】

	a	b	c
ア	2021年	10-12月	1,200万円
イ	2022年	1-3月	1,200万円
ウ	2021年	1-3月	1,600万円

(2) 〈資料1〉から読み取れる宿泊客数と客単価に関する記述について，適切なものを選択肢から選べ。ただし，客単価＝売上高÷宿泊客数とする。

【選択肢】

　ア．2021年の宿泊客数は7,700人で，2020年と比較して700人増加している。

　イ．宿泊客数がもっとも多いのは2022年で，2021年と比較して10％の増加となっている。

　ウ．2022年の客単価は2万円で，3年間でもっとも高くなっている。

(3) 〈資料2〉から読み取れる宿泊客の年齢層別の割合の傾向と変化に関する記述の正誤の組み合わせとして，適切なものを選択肢から選べ。

　a．「29歳以下」の割合は，2020年と2021年では変化はないが，2022年と2021年を比較すると2倍に増えている。

　b．3年間のすべてにおいて，50歳以上の宿泊客が60％以上を占めていて，その中でも「50歳～69歳」の年齢層の割合が大きい。

　c．2021年と2022年を比較すると，「30歳～49歳」と「70歳以上」の年齢層の割合に変化がない。

【選択肢】

	a	b	c
ア	正	誤	正
イ	誤	誤	正
ウ	正	正	誤

⑷ 〈資料1〉，〈資料2〉から読み取れる売上高と各年齢層の宿泊客数に関する記述について，下線部の語句のうち適切なものを選択肢から選べ。

　2020年の「70歳以上」の宿泊客数と「50歳〜69歳」の宿泊客数の差は700人である。また，「30歳〜49歳」の宿泊客数の推移を見ると毎年減少している。売上高の推移を見ると3年間を通して2番目に多い時期は10月から12月であり，毎年，売上高全体の25％以上を占めている。

【選択肢】
　ア．700人
　イ．毎年減少
　ウ．25％以上

⑸ 〈資料1〉，〈資料2〉から，Z社の今後の売上高増加のための方針に関する記述について，もっとも適切なものを選択肢から選べ。

【選択肢】
　ア．「29歳以下」の宿泊客数は毎年増加していて，3年間で2倍以上の人数になっているため，1月から3月に価格を抑えた宿泊プランの設定やSNSでの情報発信を進めることで，さらなる宿泊客数の増加を目指す。
　イ．「50歳〜69歳」の宿泊客数は3年間で15％以上減少しているため，同年齢層が集まる施設にチラシを置いたり，過去の利用者にダイレクトメールを送付したりして，宿泊客数の回復を目指す。
　ウ．2022年の売上高に占める7月〜9月の売上高の割合は，2021年に比べて増えているので，地元の観光協会と協力して夏祭りをPRすることで，さらなる宿泊客数の増加を目指す。

●問題1　〔ヒット商品番付〕　次の新聞記事を読んで，下記の設問に答えなさい。

（日本経済新聞　2023年12月6日）

2023年ヒット商品番付

東	横綱	西
生成AI	横綱	大谷翔平＆WBC
藤井八冠	大関	アレのアレ（阪神38年ぶり日本一）
YOASOBI「アイドル」	関脇	ゼルダの伝説 ティアーズ オブ ザ キングダム
chocoZAP（チョコザップ）	小結	日本バスケ旋風
VIVANT（ヴィヴァン）	前頭	円安リッチ訪日客
サントリー「こだわり酒場のタコハイ」	同	アサヒビール「アサヒスーパードライ ドライクリスタル」
シャープ「プラズマクラスタードレープフロードライヤー IB-WX901」	同	パナソニック「ラムダッシュ パームイン」
丸亀製麺「丸亀シェイクうどん」	同	三井住友FG「Olive」
Kアリーナ横浜	同	麻布台ヒルズ

（注）2023年の消費動向や売れ行きなどを基に担当記者がランク付けした。前頭は抜粋

「生成AI」「大谷翔平＆WBC」
ライブ・コスパ消費に支持

23年ヒット商品番付

日本経済新聞社は2023年の日経MJヒット商品番付をまとめた。東の横綱は「生成AI（人工知能）」、西の横綱は「大谷翔平＆WBC（ワールド・ベースボール・クラシック）」。23年は行動制限が緩和され、スポーツなどのイベントが盛り上がりをみせた。

た物価高で、コスパのいいサービスや商品への支持が広がった。

商品番付は「生成AI」。誰でも簡単に文章や画像などを生み出せるようにした「生成AI」は変革を日本でもたらした。伊藤園は日本で初めてテレビCMに生成AIで作ったモデルを起用したほか、LINEヤフーやメルカリ

なども利用者向けサービスに相次ぎ導入した。

スポーツやライブといったイベントは5月の新型コロナウイルスの5類移行に伴い活気を取り戻した。今年は特にスポーツの熱狂が続いた1年となり、14年ぶりのWBC優勝や、38年ぶりの阪神タイガース日本一などに沸いた。関連消費にも波及し、米大リーグで日本人初の本塁打王に輝いた大谷翔平選手を広告起用したブランドを中心に「大谷売れ」が続出した。

円安を追い風に高額品やラグジュアリーな体験を求める「円安リッチ訪日客」が勢いづいた。10月の全国百貨店の免税売上高は過去最高だ。

一方でコスパの高いサービスや商品も支持を集めた。月額2980円（税抜き）の低価格ジム「chocoZAP（チョコザップ）」はサービス開始から1年強で会員数が101万人を超え、日本一のジムに浮上した。

次の（　）にあてはまることばを記入して，記事をまとめなさい。

(1)　2023年のヒット商品番付の東の横綱は「（　①　）」だ。（　①　）は誰でも簡単に（　②　）などを生み出せる。伊藤園は，日本で初めてテレビCMに（　①　）で作った（　③　）を起用した。

(2)　西の横綱は「（　④　）」だ。14年ぶりの（　⑤　）や38年ぶりの（　⑥　）日本一など，今年はスポーツの熱狂が続いた。米大リーグで日本人初の（　⑦　）に輝いた大谷翔平選手を広告起用したブランドを中心に「（　⑧　）」が続出した。

(3)　西の前頭の一つは「（　⑨　）」だ。円安を追い風に高額品やラグジュアリーな体験を求めたことで，10月の全国百貨店の（　⑩　）は過去最高だった。

(4)　東の小結は「（　⑪　）」だ。（　⑨　）による高額品需要の一方で，コスパの高いサービスや商品も支持された。低価格ジムの（　⑪　）はサービス開始から1年強で会員数が（　⑫　）人を超え，日本一のジムに浮上した。

●問題2　〔全国学力テスト〕　次の新聞記事を読んで，次ページの設問に答えなさい。

（日本経済新聞　2023年8月1日）

中3英語「話す」正答率12%

学力テスト　6割0点、対話AI活路

中学3年英語
4技能別の平均正答率
2023年度

読む	聞く	書く	話す
51.7%	58.9%	24.1%	12.4%

「話す」で正答した問題数の割合

4問 1.8
5問 0.4
3問 4.2
2問 9.6
1問 20.9
0問 63.1%

（注）
「話す」は5問出題。約500
校分を集計した推計値

文部科学省は31日、2023年度の全国学力・学習状況調査（全国学力テスト）で、中学3年の英語の「話す」問題の正答率が12・4%だったと発表した。4年前の前回調査を18・4ポイント下回った。生徒の6割は全問不正解で、自分の考えを英語で表すことが不得意という特徴が浮かんだ。

「聞く」と「読む」の正答率は5〜6割で「話す」の低さが際立つ。同省は21年度から実施した「話す」を試すのは2回目。生徒が各自の学習用端末を通じて音声データをオンラインで送信して解答した。5問出され、1問も正答できなかった生徒が63・1%に上った。

前回はイラスト内容を短文で答える問題が目立った。今回は会話形式が増え、即興で答える問題や、話す力と同時に聞く力を試す問題も出た。

外国人留学生のプレゼンテーションを聞き、自分の考えと理由を30秒で説明する問題の正答率はわずか4・2%。無回答率は18・8%で、話す内容が分からない生徒が41・1%を占めた。

英語の授業を巡り、同省は20年度に小学5、6年で正式教科にし、中学は21年度から英語で行うことを基本にした。

上智大の渡部良典教授（応用言語学）は授業が発話重視に偏っているとみる。「間違えてもいいから話してみようという授業の傾向が強すぎるのではないか。『読む』『聞

英語で会話をする活動の重視を打ち出し、問題にも反映された。

担当者は「場面設定が難しく、自分の意見をすぐに言えない問題が多かった。英語力が低下したとは判断できない」とした。高度化した指導要領に沿った設問の難易度が適切でなかったとの指摘が出る可能性がある。同回目。生徒が各自の学習中学の学習指導要領で、

く」を含めてインプットする時間を確保し、バランスよく学ぶ必要がある」と指摘する。

同省は対話型AI（人工知能）の活用などで英語力底上げを図る。

9月以降、千葉県の高校や香川県の中学校で自動で受け答えするAIを活用する実証事業を始める。千葉県では生徒のレベルに応じたやり取りができるAIを使い、自宅学習で英会話力を磨く。

渡部教授は「文法や表現の正確さを指摘してもらうなど、教員が個別で指導しきれない部分をAIで補うのは有意義だ」と評価する。

日本人の英語力育成は道半ばだ。非英語圏の英語レベルを測る「EFエデュケーション・ファースト」（本部・スイス）の調査によると、111カ国・地域の約210万人が受けた22年調査で日本は80位だった。

(1) 次の（　　）にあてはまることばの組み合わせで，適切なものを選択肢から選びなさい。

　　2023年度の全国学力テストで，（　①　）の英語の（　②　）問題の正答率が12.4％だった。
（　③　）の調査から18.4ポイント下がった。

【選択肢】

	①	②	③
ア	中学	「会話」	前回
イ	中学３年	「読む」	2023年
ウ	中学３年	「話す」	４年前

(2) 正答率の分析について，下線部分で適切なものを選択肢から選びなさい。

　　「聞く」と「読む」は「話す」の正答率に比べると高く，高度化した指導方法に沿った設問の難易度が適切でなかったという指摘が出る可能性がある。場面設定が難しく，全体の説明をすぐに言えない問題が多かった。

【選択肢】

　　ア．高く　　　　イ．指導方法　　　　ウ．全体の説明

(3) 「話す」問題について，適切なものを選択肢から選びなさい。

【選択肢】

　　ア．解答は，生徒がスマホを通じて音声データをオンラインで送信する方法で行った。

　　イ．問題は５問で，そのうち１問はイラスト内容を短文で答えるものだった。

　　ウ．今回の問題は会話形式が増え，話す力と同時に聞く力を試す問題が出た。

(4) 英語の授業について，適切なものを選択肢から選びなさい。

【選択肢】

　　ア．文部科学省は，2021年度に小学校５，６年生から英語で授業を行うことを決めた。

　　イ．授業は，間違えてもいいから話してみようという発話重視に偏っている。

　　ウ．文法や表現の指摘は対話型AIを活用し，全国的に自宅学習で英語力の底上げをする。

（日本経済新聞　2022年6月8日）

ＳＮＳトラブル最多

昨年、消費者白書　**相談5万件、20代2割**

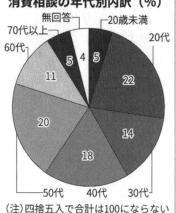

SNSがきっかけの消費相談の年代別内訳（％）

- 20歳未満 5
- 20代 22
- 30代 14
- 40代 18
- 50代 20
- 60代 11
- 70代以上 5
- 無回答 4

（注）四捨五入で合計は100にならない

ＳＮＳ（交流サイト）がきっかけの消費者トラブルを巡る相談が、2021年は5万406件となったことが7日、同日閣議決定された消費者白書で分かった。前の年から25％増え、過去最多となった。20代が最も多く、22年4月から成人となった18、19歳も含めて若者が被害に遭わないよう、消費者教育の徹底が欠かせない。

22年版の白書による と、ＳＮＳ関連の広告や勧誘などをきっかけにした21年の消費者トラブルの相談は20代が多い。「ＳＮＳで知り合った人から投資用ソフトを勧められ、契約・購入など様々な契約が可能になった」「暗号資産（仮想通貨）への投資を勧められ、現金を支払わないことが多く、契約内容の熟慮や適切な判断が難しいことがある」と指摘した。

21年の消費者相談は20代としての相談が多い。「ＳＮＳでも親の同意を得ずに定期購入など様々な契約が可能になった。白書は「若者は知識や経験が十分でない若者がトラブルに巻き込まれやすい実態が浮かぶ。美容関連も目立つ。

年代別では20代の相談が全体の22％を占めて最多で、50代（20％）、40代（18％）が続いた。ＳＮＳ関連のトラブルは各代では71％と、全体（52％）より多かった。白書は「つけ込むような勧誘によって、トラブルに巻き込まれる恐れがある」と指摘した。

21年の消費者相談は1万1264件で前年に比べ1割強増えた。20代の相談の6割を20～24歳が占め、成人から間もない若者がトラブルに巻き込まれやすい実態が浮かぶ。

21年度の「消費者意識基本調査」によると、「チャンスと感じたら逃したくない」と考える人が20代（18％）で、40代（20％）も少なくない。ＳＮＳ関連のトラブルは各代に広がっている。消費者庁によると、若者だけでなく幅広い世代に広がっている。

白書では「消費生活センターなど身近な相談先を把握しておくことが大切だ」とした。ただ、調査では行政の窓口などを「困ったときの相談先と考えていない」と回答したのは10代後半で59％、20代で41％を占め、全体（25％）より高かった。白書によると、架空請求など全体の相談件数は85万2千件だった。新型コロナウイルスに関連する相談が多かった20年から約1割減った。

4月には成人年齢が引き下げられ、18、19歳でも親の同意を得ずに定期購入など様々な契約が可能になった。白書は「若者の相談はもうけ話に関き下げられ、18、19歳でも親の同意を得ずに定期購入など様々な契約が可能になった。

同調査では、1日のＳＮＳ利用時間が3時間以上と回答した人は20代の39％にのぼった。広告を目にする機会も多く、消費トラブルにつながった可能性がある。

(1) 次の（　　）にあてはまることばや数字の組み合わせで，適切なものを選択肢から選びなさい。

　2022年版の消費者白書によると，SNSがきっかけの消費者トラブルをめぐる（　①　）が5万件以上だったことがわかった。（　②　）から25％増え，過去最多となった。20代がもっとも多く（　③　）を占め，そのうちの（　④　）は20〜24歳だった。

【選択肢】

	①	②	③	④
ア	相談	2020	2割	5％
イ	被害	2021	20％	1割
ウ	相談	2020	22％	6割

(2) 記事の内容について，下線部の適切な箇所を選択肢から選びなさい。

　消費者庁によると，若者の相談はSNSで知り合った人から<u>投資サークル</u>を勧められ，契約してしまったり，暗号資産への投資を勧められ，<u>仮想通貨</u>を支払ったりなど，もうけ話関連が多い。<u>脱毛</u>関連の相談も目立つ。2021年度の消費者意識基本調査によると，チャンスと感じたら逃したくないと考える20代が71％で，全体より<u>多い</u>ことがわかった。

【選択肢】

　ア．投資サークル　　　イ．仮想通貨　　　ウ．脱毛　　　エ．多い

(3) 記事を読んで，もっとも適切なものを選択肢から選びなさい。

【選択肢】

　ア．SNS利用者の多い20代の39％が，広告を通じてトラブルに巻き込まれている。

　イ．18，19歳でも，親の同意なしで定期購入などの契約が可能になった。

　ウ．18，19歳は知識や経験が豊富でないので，契約内容が理解できないことが多い。

(4) グラフと記事の内容について，<u>誤っているもの</u>を選択肢から選びなさい。

【選択肢】

　ア．消費生活センターなど行政の窓口を「困ったときの相談先」だと考えていない10代後半や20代の割合は，全体より高かった。

　イ．消費相談の内訳を見ると，50代が20％，40代が18％と20代に続き多く，SNS関連のトラブルは各世代に広がっている。

　ウ．新型コロナウィルスや架空請求に関する相談は2020年では多かったが，2022年の白書では1割減ったことがわかった。

●問題４　〔少子化〕　次の新聞記事を読んで，下記の設問に答えなさい。

（日本経済新聞　2023年7月14日）

50年の大学定員 2割分埋まらず

少子化で入学者49万人 文科省初推計

2050年の国内の大学入学者が49万人になる推計を文部科学省が初めてまとめたことが13日、分かった。少子化が原因で、22年を13万人下回る。入学定員が現状を維持すると2割分が埋まらない。生き残り競争は厳しく、淘汰加速は必至だ。

入学者の減少は大学経営を直撃する。特に厳しいのが授業料や入学金が収入の7割を占める私立大で、既に約600校の半数が入学定員を割り、3分の1が赤字だ。経営の悪化で学生募集を停止し、閉校する大学が増えるとみられる。

中央教育審議会（文科相の諮問機関）の大学分科会は5月、大学の撤退や再編統合を視野に入れた対応策の議論を始めた。政府の教育未来創造会議は定員削減のインセンティブとなるような私学助成の配分方法の検討を求めている。

定員割れした大学への補助金削減の強化も含め、文科省が踏み込んだ。

対策を示せるかが焦点になる。

関係者によると、推計入学者数は国立社会保障・人口問題研究所が推測した将来の18歳人口に進学率を掛け、外国人留学生らの数を加えて出した。22年に63万人だった入学者は40年以降は2割減の49万〜51万人に落ち込む。

18歳人口は外国籍を含め50年に79万人に減ると仮定した。進学率は22年を3ポイント上回る60％で、留学生数は新型コロナウイルス禍で激減する前の水準と仮定した。

22年時点で全国の大学は約800校あり、入学定員は62万人、定員充足率は101％だった。大学の定員規模が今のままだと、40年以降の定員充足率は80％前後に落ちる。留学生数が主要7カ国（G7）平均並みに増えても定員充足率は80％台半ばにとどまる。

大学入学者数は急減する

（単位）万人　120／100／80／60／40／20／0

18歳人口　22年の入学定員　大学入学者数

2022年　40　50

（注）文部科学省がまとめた推計などをもとに作成

---

(1)　文部科学省が初めて示した国内の大学に関する推計の内容を簡単にまとめなさい。
（　　　　　　　　　　　　　　　　　　　　　　　　　　　　　　　　　　　　　　）

(2)　大学入学者の減少について，適切なものを選択肢から選びなさい。

【選択肢】

ア．私立大学の7割は授業料や入学金の収入で経営が成り立っている。

イ．大学の撤退や再編統合を視野に入れて対応していく議論が始まった。

ウ．定員割れした大学へ補助金をインセンティブという形で配分することにした。

(3)　定員充足率について，（　　　）にあてはまることばや数字を書きなさい。

　22年時点での全国の大学は約（　①　）校あり，入学定員は62万人。定員充足率は（　②　）％だったが，大学の定員規模が今のままだと，40年以降の定員充足率は（　③　）％前後になり，（　④　）がG7平均並みに増えても定員充足率は（　⑤　）％台半ばになる。

あ

ICタグ

非接触で製品管理ができる小型の情報チップである。RFタグともいう。

IoT（Internet of Things）

スマートフォンのように，あらゆるものがインターネットやクラウドで接続され，情報交換により相互に制御できるサービスやビジネスモデルまたはそのしくみをいう。

iPS細胞

人工多能性幹細胞。体細胞に数種の遺伝子を導入し，多くの細胞に分化できる分化万能性と，分裂増殖を維持できる自己複製能力を持たせた細胞。京大の山中伸弥教授はこの研究で2012年ノーベル生理学賞を受賞した。免疫拒絶のない再生医療に向けての大きな一歩である。

IR情報

IR（インベスター・リレーションズ）は，企業が投資家に向けて経営・財務状況，業績の動向などの情報を提供する活動で，その「投資家向け広報」として発信する情報をいう。

アウトソーシング

企業や行政が，業務を専門的により得意とする専門家に外部委託すること。外注，外製などともいう。

アカウンタビリティ

社会的に大きな影響力を持った政府や企業などは，直接・間接的にかかわりのある人や組織に，その活動・権限行使・内容・結果などを説明・報告する必要性がある。その説明責任のこと。

赤字国債

人件費や事務費などの経常的経費をまかなうために発行する国債。国家財政の大幅な赤字を埋めるために赤字国債が発行されている。

アニュアル・レポート

年次報告（書）のこと。事業年度ごとの企業の経営活動をまとめた報告書。株主，利害関係者，一般投資家などへの報告，アピールに利用される。

アプリ

アプリケーションソフトの略。ワープロの表計算など特定の目的のために使うソフトの総称。ただし，最近は，スマートフォンなどで使うソフトをさすことが多い。

アフィリエイト

企業サイトに，Webサイトやメールマガジンなどがリンクを張り，閲覧者がそれを見て，その企業の商品を購入したり会員登録したりすると，リンク元主催者に報酬が支払われる成果報酬型広告の方法。

粗利益

売上高から売上原価を差し引いたものが粗利益である。

ROE（株主資本利益率）

企業の経営能力を測る指標で，株主資本（株主による自己資本）がどれだけ企業の利益（収益）につながったかを示す。ROEが高いほど経営能力のある企業といえる。

ROE＝1株あたりの利益÷1株あたりの株主資本

育児・介護休業法

労働者が仕事と育児や家族介護を両立できるよう支援する制度。1995年成立，99年4月施行。2021年6月の改正で，出生時育児休業（産後パパ育休）の創設および育児休業の分割取得（2022年10月施行），育児休業取得状況の公表（2023年4月施行）が盛り込まれた。

Eコマース（EC）

Electronic commerce（電子商取引）のこと。ネットを介して受発注や決済，契約などを行う。サイバーモール，オンライントレード，ネットオークションなどがある。

一般データ保護規制（GDPR）

General Data Protection Regulationの頭文字。2016年EEA（欧州経済領域 30か国，EU＋3か国）で採択された個人データ保護を基本的人権と位置付けて，規制の強化をはかった。GAFA BATHなどのプラットフォーマーだけでなく，グローバル企業もこの規制を適用しなくてはならない。

イニシャルコスト

パソコンやシステムを新規に導入・構築する際などに必要な初期費用のこと。一方，運転資金にあたる経費のことは，ランニングコストという。

イノベーション

「革新する」「刷新する」という意味。経済・経営の分野では，生産技術の革新，資源の開発，新消費財の導入，特定産業の再組織などをさす，きわめて広義な概念を示すことばとして扱われ，おもに「技術革新」「経営革新」などの意味で用いられる。

インサイダー取引

企業内部の人間が，その立場から得た内部情報を利用して不公正に株式売買を行うこと。

インセンティブ

特定の行動を促すために，外部から人や組織などに与える刺激や誘因のこと。企業経営的には，成果をあげた社員に対して報奨金で報いるときなどに，「インセンティブを与える」などと使われる。

インターンシップ制度

学生が実際に職場体験を行う制度。アメリカではこの制度は一般的であり，日本でも授業改革の一環として導入する学校も増えており，1998年から文部科学省・経済産業省・厚生労働省もこれを推進する方針を決定した。

イントラネット

インターネットを利用したLAN（企業内情報通信網）のこと。通常のLANより広範囲に構築することができ，業務の効率化をはかることができる。

インバウンド

外国人旅行者を自国へ誘致することや，海外から来日

する観光客自体をさす。また，外部から入ってくる内向きの情報や通信あるいはそれを受信することをいう。

インフォームド・コンセント
医師が医療行為の目的や内容，副作用などを患者に十分説明したうえで，患者が，理解，同意すること。

インフルエンサー
新製品の購買など，購入者の意思決定に大きな影響力を持ち，SNSやマスメディア広告と連動して情報を発信する人。

インフレーション（インフレ）
ある一定期間にわたる一般物価水準の持続的上昇。

ウィキペディア（Wikipedia）
ウィキペディア財団が，個人や団体の寄付で運営するインターネット無料百科事典。

ウェルビーイング（Well-being）
個人，グループ，企業が身体的，精神的，社会的に「幸福」「健康」な状態にあること。社会福祉の専門用語だったが，近年はビジネスの場で使われている。

AR
現実世界をデジタル情報に出現させ拡張する技術。平面にスマートフォンをかざすと街並みが現れるなど，現実を拡張してコンテンツを楽しむことができる。拡張現実Augmented Realityの略。

エコロジー商品
生態系や環境問題への関心の高まりを背景に登場した生態系と環境保全（エコロジー）に配慮した商品。

エシカル消費
「論理的な（ethical）」という意味で，「良識的に考えると，こうではないか」と多くの人が考える消費行動のこと。他人のことを思う利他的な行動も含まれる。売り上げに応じて途上国に清潔な水を提供する被災地応援消費，フェアトレードなど広がっている。SDGs（持続可能な開発目標）のアクションの1つである。

SEO（Search Engine Optimization）
検索結果でWebサイトがより多く露出されるために行う対策のこと。

SSL
個人情報が漏洩しないよう，インターネット通信でWebブラウザとWebサーバーとの間でデータ通信を暗号化するしくみ。

SDGs（Sustainable Development Goals）
持続可能な開発目標のこと。国連が2015年に採択し，2030年の15年間で達成するために掲げた目標。17の大きな目標と，それを達成するための具体的な169のターゲットで構成されている。

エッセンシャルワーカー
必要不可欠な仕事(essential service/business)に従事する人(worker)。コロナ禍のなか，感染のリスクと戦いながら，社会の機能を維持するため誇りを持って，命と暮らしを守る仕事をする医療・福祉従事者，小売業界の店員，物流やライフラインにかかわる従事者。

NFT（Non-Fungible Token）
非代替性トークン。ブロックチェーン技術を使って発行される，所有証明書や鑑定書の役割を持った偽造不可能なデジタルデータのこと。デジタルアートなどにNFTを紐づけて販売し，実物の絵画のように一点ものや限定品として売ることが可能になる。

NGO
政府組織から独立している（非政府性），収益活動をしないということではなく，活動資金を役員や会員に分配したり，その施設などを私的に利用しない(非営利性)ということを有する団体。活動の参加者はボランティアで，活動資金の多くも寄付によって成り立っている。

NPO
営利を目的としない民間団体。たとえばNGO，ボランティア，経済団体連合会などがある。1998年NPO法が施行され，NPOの社会的な信用が向上した。

LEDライト
順方向に電圧を加えたときに発光する半導体素子（発光ダイオード）による照明器具のこと。寿命は白熱電球などに比べかなり長い。

円高／円安
円の対外価値が高くなることを円高といい，逆に円の対外価値が低くなることを円安という。

欧州連合（EU）
1993年のマーストリヒト条約の発効により，欧州共同体（EC）を発展させて成立された。市場や通貨の統合のほか，新たに，外交，安全保障などの統合を目的に掲げている。2023年現在，27か国。

オゾンホール
生物に有害な紫外線を吸収するオゾン層が，南極上空などで極端に減少し，穴のように消失する現象。

オープン価格
定価や標準価格，メーカー希望小売価格とは異なり，小売店が自由に値をつけることができる価格制度で，家電・食品業界などで増えている。

オフショアリング
企業が，自社の業務プロセスの一部または全部を，コスト削減などのためにコストの低い海外企業に移管・委託すること。

オンライントレード
インターネットを通して行う株の取引のこと。手続きが自動化されているので，従来の窓口や電話による取引よりも手数料が安い。

か

外貨準備高
政府や中央銀行が対外決済手段として保有しているドルなどの外貨や金などの準備資産。

確定拠出年金
拠出時非課税という税制面のメリットがある私的年金。アメリカの401Kにならったため日本版401Kと呼ばれる。企業型（事業主が拠出する）と個人型（iDeCo）の2種類がある。

ガット（GATT）
「関税および貿易に関する一般協定」のことで，自由・

無差別の国際貿易の促進が目的。

GAFAM BATH
　米国のG（グーグルGoogle），A（アマゾンAmazon），F（フェイスブック Facebook（Meta）），A（アップル Apple），M（マイクロソフト Microsoft），中国のB（バイドゥ Baidu），A（アリババ Alibaba），T（テンセント Tencent），H（ファーウェイ Huawei）9社の頭文字。この9社は「プラットフォーマー」と呼ばれ，それぞれの領域で独自の経済圏を拡張している。GAFAMはNetflixを加えFANGAMとも呼ばれる。

株価収益率（PER）
　１株あたり利益に対して，株価がどの程度買われているかを判断する指標。

株主資本利益率（ROE）
　税引後純利益を，株主資本（自己資本）の期首・期末平均で割って算出する。この数値が高いほど，株主資本を効果的に活用していることを示す。

カーボンオフセット
　CO$_2$（二酸化炭素，Carbon dioxide）を相殺する（offset）という意味で，人間の経済活動などで生み出された二酸化炭素などの温室効果ガスを，植林・森林保護・クリーンエネルギー事業などによって排出した分を相殺しようというしくみや活動。

カーボンニュートラル
　炭素排出をゼロにするということ。地球上の炭素（CO$_2$）の排出と吸収がプラスマイナスゼロになるようなエネルギーの利用をシステム化する考え方。

為替レート
　異なる通貨との交換比率をいう。

環境アセスメント（環境影響評価制度）
　開発行為が，開発に与える影響を事前に予測・評価して，公害のない開発計画を検討しようとする制度。

完全失業率
　労働力人口に占める完全失業者の割合。完全失業者とは，調査期間に収入をともなう仕事に１時間以上従事せずに，求職活動をしている人。

かんばん方式
　必要なときに，必要な量だけつくることを基本理念とし，在庫ゼロを目標とするトヨタ自動車があみ出した生産管理方式。JIT（Just in Time）と略される。在庫を持たないメリットはあるが，災害やパンデミックが起こった際は物不足になる弱点がある。

機関投資家
　株式投資を行う人のうち，個人を一般投資家というのに対して，団体や企業の場合を機関投資家という。資産運用のために大規模で組織的な株式投資をしている。

危機管理
　大地震などの自然災害や不測の事態に，迅速・的確に対処できるよう，事前に準備しておくこと。リスクマネジメントともいう。

基軸通貨
　国際間の決済や金融取引などで基軸となる特定国の通貨。現在は米ドル。

規制緩和
　行政による民間活動に対するさまざまな規制を廃止，緩和すること。民間の力による経済の活性化が目的。

キャッシュフロー
　現金流動化。資金流入額。現金収入があること。

QRコード
　デンソーウェーブ社が開発した，正方形の点を縦横同じ数だけ並べたマトリックス型二次元コード。バーコードは読み取りがはやく，正確ということもあり，日本で普及しているが，QRコードは水平と垂直の二次元方向に情報を持つことで，情報量を飛躍的に増加させた。

クラウド・コンピューティング（Cloud Computing）
　インターネット上に自分のデータを保存する利用形態やサービスのこと。ハードウェア，ソフトウェア，データなど，ユーザーが自分のパソコンや携帯端末で保管・管理するだけでなく，クラウドに保存・管理を任せられる。

クラウドファンディング（Crowdfunding）
　インターネットや端末を通して，個人や企業が資金を募ること。映画製作や商品開発など幅広く実施されている。クラウド（Crowd＝群衆）とファンディング（Funding＝資金調達）を組み合わせた造語。

クーリングオフ
　消費者が，不意の自宅訪問で勧誘を受け，自分の意思がはっきりしないまま契約しないよう，頭を冷やして再考できる機会を与える制度で，一方的に契約申し込みの解除や撤回ができる。

グローバルサウス
　新興国・途上国の総称であり，これらが南半球に多いことに由来する。BRICSのインドが主導的立場にある。人口増加による生産性の向上，資源国としての経済成長が見込まれている。

経済成長率
　経済成長の速さを示すバロメーター。GNP（国民総生産）またはGDP（国内総生産）の対前年増加率で表す。

公正取引委員会
　独占禁止法にもとづいて，公正に取引が行われるように監督する機関。内閣から独立して職権を行使する。

公定歩合
　日本銀行の貸出金について適用される基準金利。

公的介護保険
　身寄りがなかったり，介護を要する老人を社会的に救う体制を整えるための社会保険。国民から保険料を集め，施設の運営や介護家族の支援金にあてる。

公的年金制度
　社会保障制度の１つとして国が行う年金制度。20歳以上60歳未満の全国民に共通する基礎年金と，国民年金（自営業者）・厚生年金（企業の従業員・公務員）・共済年金（公務員）に分けられる。少子高齢化によって制度にひずみが出てきており，年金不信の払拭を目的として，公的年金制度改革が進められている。

顧客満足度（CS）
　顧客第一主義の立場に立って，顧客が業界や企業に対

していだく満足度を数値化することで，客観的に評価する。その評価によってサービスの向上をめざす考え方。

国債

国が歳入不足を補うために発行する債券。国が民間からする借金の「借用書」のようなもの。建設国債と赤字国債（特例国債）がある。

国際収支

一定期間における対外支払いと，受け取りの集計。

国際バカロレア

国際基準の教育プログラム。世界共通の大学入学資格で，条件を満たせば世界中の大学に進学することができる。授業はおもに英語で行われる。

国民総生産（GNP）・国内総生産（GDP）

GNPとは，1年間に国民によって生産された財貨とサービスの合計額をいい，GDPとは，1年間に国内で生産された財貨とサービスの合計額をいう。近年，日本企業の海外進出，外国企業の日本進出が盛んとなり，GDPが経済の実態を知る指標として多く利用されている。

個人情報保護法

個人のプライバシーや権利・利益を保護するための法律。2020年改正（2022年4月施行）では，利用停止・消去等の請求権の拡大，漏えい等報告・本人通知の義務化などの内容が盛り込まれ，2021年改正（2023年4月施行）では，民間企業から行政機関まで，全体の所管が個人情報保護委員会に一元化されることになった。

コーチング

人材を開発するための1つの方法で，もともとコーチ（COACH＝馬車）が人を目的地に運ぶところから，コーチを受ける人を特定の目標達成に導く人のことをさすようになった。一般的には運動・勉強・技術などの指導をいうが，現在では，ビジネスや個人の目的達成のために広く応用されている。

コーポレートガバナンス

企業統治と訳される。経営の透明性を高め，適切な経営をするためのしくみ。社外取締役制度などがその一例。従来日本では，経営はもっぱら経営者にまかされていたが，近年の相次ぐ経営不祥事により，株主らが監視できるようにすべきであるという考え方が出てきたことが背景にある。

雇用統計

雇用状況の刻々の変化を見るために用いられ，よく利用されるものに労働省の「毎月勤労統計調査」がある。

コンセプチュアルスキル

米国の経営学者カッツによって提唱された，マネジメントに求められるスキルの1つ。組織・社会を視野に，総合的情勢判断と政策決定を行う能力をいう。

コンプライアンス

法令を遵守すること。企業活動において，法令遵守という意識や教育が全従業員に徹底されていないため，不祥事に発展し，会社としての信用を失うばかりか，存続さえ危うくなるケースもある。

さ

サイバー攻撃

政府機関や企業のコンピュータネットワークをハッキングして，コンピュータウイルスを投入し，破壊や妨害，データの改ざんを行うこと。端末をロックして使用できなくするなどして，元に戻すことと引き換えに「身代金」を要求するランサムウェア（身代金要求型ウイルス）が増えている。

再販売価格維持制度

メーカーが卸・小売業者に売値を守らせ商品価格を維持する制度。独占禁止法で原則禁止となっているが，新聞・書籍・ＣＤなどの著作物は例外的に認められている。

サブスクリプション方式

日ごとや年ごとなど期間契約し，利用料金を払う方式。ＯＳのアップグレードに追加料金が発生しないというビジネスモデルだったが，飲食，自動車など，業界は拡大している。

サミット（主要先進国首脳会議）

日本を含め主要先進国の首脳が一堂に会して，政治，経済，環境などの問題を協議する。毎年1回開催。

産業構造

一国の全産業に占める各産業の生産高や就業人口の割合。第一次産業・第二次産業・第三次産業に分類する。

産業の空洞化

製造業の海外移転・現地生産が拡大した結果，国内の生産活動や雇用が失われること。

CC（カーボンコピー），BCC（ブラインドカーボンコピー）

CCは，送信する同じ内容のメールを別の人にも見て，確認してもらいたい場合に使用する。受信者はCC欄のアドレスを見ることで，自分以外に送られた人をメッセージヘッダーから読み取ることができる。これに対し，BCC欄を使用して複数の人にメールした場合は，受信者側には受信した人のアドレスだけしか見えない。

CEO，COO，CFO

アメリカ企業における，会社トップの呼称。意思決定権限の所在と責任が明確で，日本においても定着しつつある。CEO（最高経営責任者）が経営方針を決定し，それをCOO（最高執行責任者）が遂行する。CFO（最高財務責任者）は，企業の収益という視点からCEOを支援する。CEO＝会長，COO＝社長などの形態は，企業によりさまざま。

G20

主要国首脳会議（G8）の8か国，欧州連合（EU），新興経済国11か国の計20か国および地域の財務相・中央銀行総裁による世界経済の安定と成長を図る国際会議。

CPU（Central Processing Unit）

パソコンやスマートフォンに搭載されているデバイスのこと。中央演算処理装置。パソコンやスマートフォンの内部で処理を行う「頭脳」の役割を担う。プロセッサとも呼ばれる。処理性能は「クロック周波数（0.0GHz ギガヘルツ）」や「コア（Core i0）」などで表記される。

ジェネリック医薬品

　製薬会社が開発した医薬品の特許が切れてから，他のメーカーが同じ有効成分でつくった後発の医薬品。価格が安いのが特徴の1つ。

時価総額

　企業価値を評価する際の指標の1つ（株価×発行株式数）。時価総額が大きいということは，業績だけではなく将来の成長に対する期待も大きいことを意味する。

実質経済成長率

　市場価格をもとにしている国内総生産（GDP）から物価上昇率を差し引くことで導き出される，実質的な成長率。

実質賃金

　賃金額を，消費者物価指数で割ることにより，物価上昇分を調整したもの。

社会資本（インフラ）

　社会資本（インフラストラクチャー＝インフラ）とは上下水道・道路・公園などのあらゆる人々の暮らしに必要な施設・設備をいう。

出向

　会社が社員を在籍のまま別会社や官庁に勤務させること。不況期には人員削減の一環として大企業が実施する場合が多い。

消費者物価指数

　消費者が日常購入する財貨・サービスの小売り段階での物価の水準を測定したもの。

情報公開法

　住民の「知る権利」を保障するために国や地方自治体の有する情報を請求により開示するという法。公開を自治体当局に義務づけた条例。

食品ロス

　まだ食べられる状態の食品が捨てられること。

ジョブ型雇用

　あらかじめ明確な職務内容や役割を提示して雇用契約を結び，それにもとづいて評価し，報酬を支払う雇用システム。基本的に転勤や配置転換などはない。

シンギュラリティ

　AI（人工知能）が人間の知能を超える転換点（技術的特異点）。到達すると，AIによる人間の行動・思考の代替や進化など，大きな変革をもたらすといわれている。

スキーム

　枠組みを持った計画。行政の基本計画，基本構想，企業の事業計画などをいう。

スタグフレーション

　景気停滞とインフレーション（物価上昇）が併存した状態で，現代資本主義の経済的危機を示すことば。

ステークホルダー

　企業や行政などに直接・間接的に利害関係を持つ利害関係者。

STEM（ステム）

　ハイテク分野の研究開発に欠かせない科学（Science），技術（Technology），工業（Engineering），数学（Mathematics）の頭文字。

スパムメール

　不特定多数に大量配信される迷惑な電子メールのこと。内容は広告，詐欺まがいの情報，デマなど。他者への転送を依頼するチェーンメールなども含まれる。受信者が通信料を負担する点や，一度の大量配信により公共回線に負担がかかる点が問題となっている。

スマートシティ

　スマートグリッドなどによる電力の有効利用，熱・エネルギーの面的利用，交通システムの市民のライフスタイルの変革などを複合的に組み合わせた，地域単位の次世代エネルギー・社会システムの概念。各国で実験段階にある。

政令指定都市

　地方自治法により，政令で指定する人口50万人以上の市で，都道府県並みの権限が与えられる。実際には100万人以上の市が指定の一般的な基準とされている。

世界遺産条約

　世界的に重要な文化遺産と自然遺産を保護するために国連ユネスコ総会で1972年に採択された条約。「世界遺産」指定地の監視，保全，修復を目的とする。

セカンドオピニオン

　医師の診断や治療法が適切かどうか，患者が別の医師の意見（第2の意見）を求めること。正しいセカンドオピニオンはカルテ開示とも関連し，医療の公開，適正化を促進する。しかし第2，第3の意見を聞いたとしても，混乱をまねくだけで終わることも多い。医師と患者が時間をかけて話し合うことや，患者自身が勉強することも必要だという指摘もある。

セクシュアル・ハラスメント（性的いやがらせ）

　職場の上司や同僚から，異性が受ける性的いやがらせ。

総合的品質管理（TQC）

　品質管理（QC）を生産現場だけにゆだねるのではなく，全社的に行うこと。部品の供給メーカーも含めたあらゆる部門が一体となって，それぞれの仕事を通じて品質をつくり込むという考え方に立った全社的な運動。

SOHO（ソーホー）

　Small Office Home Officeの略。通信ネットワークの発達により，パソコンなどの通信機器を自宅や小規模な事務所に置いて仕事を行う様式のこと。

ソリューション

　業務上の問題点の解決や要求の実現を行うための情報システム。

損益分岐点

　管理会計上の概念の1つで，売上高と費用の額が等しくなる売上高をいい，売上高が損益分岐点以下になれば損失が生じ，以上になれば利益が生じる。採算点ともいう。一般的に，損益分岐点上の売上は次式で求められる。

　損益分岐点＝固定費÷（1−（変動費÷売上高））

損失補てん

　株式，債券など，有価証券の売買で生じた投資家の損失を，証券会社が事後に補うこと。

た

ダイオキシン

発ガン性，催奇形性のきわめて高い猛毒物質で，水に溶けず，半永久的に毒性はなくならない。

代替エネルギー

化石燃料や原子力エネルギーなどに代わる再生可能な新エネルギーのこと。バイオマス，太陽熱，地熱，風力，太陽光などのエネルギーをいう。

ダイナミックプライシング（変動価格性）

AIなどの分析により，需要と供給のバランスを予測して，多頻度でサービスや価格を設定すること。商品や宿泊・レジャー施設のチケット，運賃などで採用されている。

ダイバーシティ

「多様性」を意味する言葉で，企業経営的には「人材と働き方の多様性」のこと。異なる考え方を企業内に取り入れ，組織力を強化しようとする視点や動きをさす。

ダウ平均株価

アメリカのダウ・ジョーンズ社が，毎日発表しているニューヨーク市場平均株価。日本でもダウ平均株価にならって，日経平均株価などを発表している。

ダウンロード配信

インターネットを通じて，音楽をサーバから直接ユーザーのパソコンや携帯電話に取り込むこと。音楽流通の新しいビジネスモデルとして注目されている。また，音楽だけでなく，映画などの配信も始まっている。

多国籍企業

自国以外の複数の国で生産事業を行っている企業。

談合（入札談合）

国や地方自治体の公共事業や物品調達の入札に対し，参加を希望する事業者があらかじめ話し合い，受注予定者や入札価格などを事前に決定すること。

男女雇用機会均等法

1999年4月に男女が平等に働くことができる環境づくりをめざす「男女雇用機会均等法」が改正された。改正点には，これまで企業努力義務とされていた募集・採用，配置，昇進など男女差別の解消について明確に禁止したこと，セクハラ防止義務を課したこと，是正勧告に従わない企業の名前を公表するなどがある。

ダンピング

短期間に海外市場に食い込むため，国内市場よりも大幅に安い価格で販売すること。

担保

特定の債券について，あらかじめ債務不履行に備えて経済的価値を確保すること，またはそのための手段をいう。

知的財産権

知的な成果物を保護する権利のこと。音楽・出版物・コンピュータソフトなどの著作権，特許・商標・デザインなどの工業所有権がその中心となる。

ChatGPT

2022年11月にアメリカのOpenAI社がリリースした対話型生成AIサービス。GPTはGenerative Pretrained Transformerの略。

ディスクロージャー（企業情報開示）

一般投資家や株主を保護する目的で，企業の決算報告書などの情報を一般に開示する制度。

出来高

取引所で売買が成立した株式の数。

テザリング

スマートフォンなどが持つデータ通信機能を利用して，複数の機器をインターネットに接続できるようにすること。

デジタル課税

GAFAMなどのIT企業に対して適正に税金を徴収するための課税ルール。

デジタルマネー（電子マネー）

実物の貨幣を使わず，電子情報のみで代金を支払うことができる暗号資産のこと。ビットコインなどもその1つ。一定の金額をICカードやスマートフォンのアプリ上でチャージして，加盟店で決済できる「前払い（プリペイド）型」と，チャージの必要がなく，登録したクレジットカードや口座から，あとで引き落とされる「後払い（ポストペイ）型」がある。

デノミネーション（デノミ）

一般に貨幣の呼称単位。多くの場合その切り下げという意味で使われる。

デフォルト

英語で「何もしないこと」の意味。金融では，政府や企業が債券を発行しながら，利払いや元本償還ができない状態に陥る債務不履行のこと。コンピュータでは，ソフトウェアやハードウェアの初期設定の状態をいう。

デフレーション（デフレ）

ある一定期間にわたる一般物価水準の持続的下降。

デフレスパイラル

デフレが生じているとき，企業が将来の収益悪化や物価下落にともなう実質金利の上昇による債務者負担を恐れ，生産の削減や雇用のリストラを行うことによってさらなる物価下落を引き起こしデフレを悪化させるという悪循環を引き起こすこと。

デリバティブ（金融派生商品）

金融の現物取引から派生した「先物」「オプション」「スワップ」などの新しい金融商品のこと。金融の投機活動として，コンピュータによる取引で急膨張している。

テレワーク

情報通信技術（ICT）を活用した，場所や時間にとらわれない柔軟な働き方のこと。テレ（Tele＝離れたところ）とワーク（Work＝働く）を合わせた造語。在宅ワーク，リモートワークともいう。

投資信託

投資家から資金を集め，証券投資の専門家である投資信託委託会社が，株式や公社債を中心に運用して収益を分配する金融商品。

独占禁止法

私的独占，不当な取引制限，不公正な取引の禁止を内容とする法律で，国民経済の健全な発展を目的とする。

独立行政法人

国が出資するが，業務効率化のため，民間の経営手法を行政に取り入れる法人。国立大学や国立病院など，2004年度から独立行政法人となっている。

ドナーカード

臓器提供の意思を表示するためのカード。

ドメスティック・バイオレンス（DV）防止法

家庭内で起こる夫婦間の暴力（DV）の防止をめざす法律。夫婦間の暴力が犯罪であることを明確化し，第三者による通報や被害者の保護体制強化がはかられた。2001年に成立・施行された。

トレーサビリティ

対象とする物品やその部品や原材料の流通経路を，生産段階から最終消費段階（または廃棄段階）まで追跡・確認できる状態をいい，追跡可能性のこと。

ドローン

無人で遠隔操作や自動制御によって飛行できる飛行機の総称。広告，測量・調査，物流，農薬散布，警備，災害復旧などさまざまな産業で活用されている。

な

ナノテクノロジー

1ミクロンよりも3ケタ小さいナノメートル（100万分の1ミリ）単位で加工，計測する技術。超々精密技術。

ナレッジマネジメント

個人の持つ知識や情報を組織全体で共有し，有効に活用することで業績を上げようという経営手法。日本語では，「知識管理」と訳され，「KM」と略される。

ニート

イギリス政府が，労働政策上の分類で定義したことば「Not currently engaged in Employment, Education or Training」から生まれたことばだが，定義は誤用も含め多様である。一般的には，通学や有配偶者を除く無業者のうち，就業希望をしていながら求職活動をしていない個人である非求職型と，就職希望もしていない個人である非希望型に分けて考えられる。

ニッチ戦略

大企業が取り組んでいない分野や，まだ注目されていない分野をねらって進出しようという戦略。「すきま産業」のこと。

日本経団連

日本経済団体連合会の略称。2002年，経済団体連合会（経団連）と日本経営者団体連盟（日経連）が統合してできた。会員数は企業・団体など1,666（2023年現在）。

ニューノーマル

直訳すると「新しい状態」。生活習慣や働き方，学習方法，資本主義の考え方を含め国のあり方も変わるような新しい状態，常識が定着する状況をさす。

ネットオークション

インターネットなどの通信サービスで行われるオークションのことで，オンラインオークションともいう。出品者と落札者との間のトラブルが問題視されている。

ノックダウン輸出

海外現地に組立工場をつくり，部品を輸出して，現地で組み立てする輸出方式。

ノーマライゼーション

身体的・知的障害があっても，障害がない人と変わりなく過ごせる社会を実現するため，生活環境や人々の意識を改善していくこと。

ノンバンク

預金などを受け入れないで，金融業務を営む「銀行」でない金融業の総称。信販会社，リース会社，クレジット会社，消費者金融会社，住宅金融専門会社などがある。

は

バイオ食品

遺伝子組み換え技術（バイオテクノロジー）を応用し，製品化した食品。

派遣社員

1986年に施行された労働者派遣法にもとづく契約社員で，雇用主は派遣元企業，使用者は派遣先企業になる。

バジェット

政府の予算や予算案，特定の用途の経費。〈安価な〉の意味でも使われる。

バーチャル・モール

インターネット上に軒を連ねている電子商店街（複数のオンラインショップ）のことで，サイバーモールとも呼ばれる。

ハッカー

コンピュータへの知識と技術に精通した人のこと。その優れた能力を悪用し，違法行為をする人もハッカー（もしくはクラッカー）と呼ばれている。

ハブ空港

各地へ放射状に伸びた航空路線網の中心的役割を担う拠点空港のこと。ハブは，航空路線網を自転車の車輪になぞらえたもの。

バブル経済

投機によって土地や株式などの価格が実際の値打ちからかけ離れてはね上がり，それによって経済全体が膨張状態になること。日本経済は1980年代後半にバブル経済となり，1990年から91年にかけてこのバブルが崩壊した。バブルとは英語で「泡」のこと。

パワーハラスメント

職場でのいじめや嫌がらせの行為の総称で，パワハラとも略され，職務上の地位や優位性のもとに，業務の適正な範囲を超えた身体的・精神的苦痛を与えたり，職場環境を悪化させる行為をいう。

パンデミック

感染症（ウイルス感染症，細菌感染症，原虫感染症など）や伝染病が世界的に大流行する状態をさす。

PM2.5

粒径2.5μm（2.5mmの千分の1）以下の粒子状物質で，中国の急成長で工場より発生するものは大気汚染の原因となっている。日本にも飛来している。

PL法（製造物責任法）

製品の欠陥などが原因で消費者が被害を被った場合，製造者は過失の有無にかかわらず，損害賠償の責任を負うことを定めた法律。1995年に施行され，消費者には，従来のような製造者側に対する過失の立証が不要になった。

非核三原則

核兵器に対する，①つくらず，②持たず，③持ち込ませずの三原則。1968年以来の基本政策・原則。

ピクトグラム

「絵文字」「絵単語」とも呼ばれ，何らかの情報や注意を示すために表示される，視覚記号（サイン）やマークのこと。非常口，トイレ，オリンピックの競技種目など，誰もがその情報を理解しやすく表示したもの。

PKO（国連の平和維持活動）

国連が，軍事監視団や警察官，行政職員などを現地に派遣して，紛争や事態の悪化を防ぐ活動。

PTSD（心的外傷後ストレス障害）

災害や事故などで，生命を脅かされるような恐怖を感じた場合に，不眠，不安，抑うつなど，精神的不安定になる症状が出る障害のこと。ベトナム戦争の帰還兵に多く見られて注目されるようになった。阪神・淡路大震災，地下鉄サリン事件や東日本大震災の被害者にもその症状が見られる。

ビジネスモデル

利益を生み出す製品やサービスなどの戦略，収益構造のこと。

ビッグデータ

市販のデータベース管理ツールや既存のデータ処理アプリでは処理できない膨大かつ複雑なデータ集合集積物。その膨大なデータを解析してビジネスに活用する。

ビデオ・オン・デマンド（VOD）

映画や番組を，見たいときに呼び出して見られる機能。

ヒートアイランド

都市部の気温がその周辺の近郊部に比べ，高温を呈する現象。地表を覆う人工物の増加，車の排気ガスや空調機器の排熱の増加，都市の高密度化や気象の影響などが原因とされる。最近では，都市部における異常な集中豪雨などの関係でも問題視されている。

ヒヤリ・ハット

直接事故には至らないものの，重大な事故に直結する一歩手前の，ヒヤリとしたりハッとしたりする事例。

貧困率

国家内の所得格差を表す指標の１つ。OECDの貧困率の算出法によれば，国民の標準的な所得の半分（平均値ではなく中央値）を貧困の基準とし，それ以下の世帯の，全世帯に対する割合をいう。

ファストファッション

流行（トレンド）のファッションをシーズンに遅れないようタイムリーに製造して，安価で販売すること。

フィンテック

IT技術を使った新たな金融サービスのこと。金融を意味するFinanceと技術を意味するTechnologyを合わせた造語。金融IT，金融テクノロジーともいわれる。和製英語ではないので，英語として使える。代表的なものは，スマートフォンなどの携帯電波でモバイル決済ができるしくみである。また，クレジットカードのネット明細や電子マネーの利用履歴などを，まとめて自動で（クラウド）家計簿をつけてくれるしくみもある。データの改ざん，消失，漏洩を防ぐための技術がブロックチェーンである。

フェア・トレード

公正貿易。生産者である発展途上国には環境保護と正当利益を保障し，消費者である先進国には必ずしも低価格ではないが，その国独自の工芸品や産物を提供することを目的とする。

フェイクニュース

おもにインターネット上で発信される，事実ではない虚偽のニュース。

VUCA（ブーカ）

Volatility（変動性），Uncertainty（不確実性），Complexity（複雑性），Ambiguity（曖昧性）の頭文字。ビジネス環境や市場，組織，個人の考え方の変化により，将来の予測が難しい状態のこと。

プライベートブランド（PB）

スーパーやデパートなどの流通業者が，メーカーに拠らず自ら設定した商標。

プラットフォーマー

米国GAFAM（Google，Amazon，Facebook，Apple，Microsoft），中国BAT（Baidu，Alibaba，Tencent）など，ビジネスや情報配信を行う際，基盤となるような製品，サービス，システムを第三者に提供する事業者。

ブリーフィング

簡単な報告や司令。報道機関に対する事情説明。

不良債権

金融機関が企業などに貸し出したお金（債券）で，返済されないか，返済されない恐れのあるもの。バブルの崩壊により不良債権が増大した。

ブルートゥース

パソコンやスマートフォンと，周辺機器などをつなぐ無線通信規格。

ブレーンストーミング

会議などで否定的，批判的な主張をしない自由で拘束のないアイデア発想支援法。

ブログ（Blog）（ウェブログ（Weblog）の略）

インターネットの普及により，個人のWebサイトに日記をつけ，内容を日々更新していくという新しいメディアである。通常の日記風なものから，専門的見地から意見を述べ，広く一般に公開することによってコミュニケーションをはかるものまである。

ブロックチェーン

分散型台帳と呼ばれている。暗号化された情報を一元管理せず，取引データを分散して（みんなで）管理，保存しあう技術のこと。暗号資産（ビットコイン，イーサリアムなど）や音楽配信サービスの著作権の管理などに使われている。

ペイオフ

金融機関が倒産したときに，預金保険機構が預金者に一定額の保証をする制度。元本のみ1人1口座あたり1,000万円まで保証される。

ポジティブ・アクション

これまでの性別役割分担意識などによって生じた差を解消するように，均等な機会・待遇を確保する取り組み。たとえば「管理職の大半が男性」「営業職に女性がいない」というような差の解消を目的として，個々の企業が自主的かつ積極的に女性の採用をすすめること。国が相談なり援助を行うこともある。

POSシステム（ポスシステム）

販売時点情報管理システム。13ケタのバーコードを使用して管理できるしくみになっており，小売店などでの販売活動を総合的に把握するシステムとして広く使われている。

補正予算

国の予算が成立して，実行の段階に入ったあとで，情勢の変化により，内閣は予算を追加して国会に提出する。これを補正予算といい，年度当初に作成された予算を当初予算という。

ポータルサイト

インターネットの入り口となるWebサイトのこと。検索エンジンやリンク集などがある。利用者は無料で情報を活用し，サイト提供者は利用者を増やすことで広告や各種サービスなどから収入を得る。

POP（Point of Purchase）

商品やサービスの購入時点で，店舗で行う販売促進広告活動のこと。購入意欲促進広告。商品の説明カード，プライスカード，ポスター，パネル，ディスプレー，ステッカーなど購買意欲を高める手段のすべてをさす。

ボランティア休職（休暇）

企業が社員のボランティア活動を支援するため，休職（休暇）を認める制度。

ホールセール（クラブ）

ホールセールとは卸売りのことで，会員制ディスカウントストアをいう。支払いは現金で，配送は行わないため低価格販売を実現，「キャッシュ＆キャリー」とも呼ばれる。

ま

MICE（マイス）

Meeting（企業などの会議），Incentive Travel（企業などの報奨・研修旅行），Convention（国際機関・団体，学会等が行う国際会議），Exhibition/Event（展示会・見本市・イベント）の頭文字のことであり，多くの集客交流が見込まれるビジネスイベントなどの総称。

マイナンバー制度

行政の効率化のために，住民票を持つすべての個人に1人1つの番号を付し，社会保障，徴税，災害対策の分野で情報管理しようとするシステム。

マイノリティ

少数派，社会的少数派のこと。社会的弱者という意味で使われることもある。

マニフェスト

本来「宣誓」や「宣言」を意味することばで，選挙のときに政党や候補者が提示する，具体的な数値目標などを盛り込んだ政策綱領。

マネーサプライ

金融機関以外の民間部門が保有する現金や預金などの残高で，市中に出回っている通貨の量。

メセナ

主に企業が資金を提供して，文化や芸術活動などを支援すること。

メタバース

超（meta）と宇宙（universe）を組み合わせた造語。仮想空間内で多くのアバター（ユーザー）が，その空間を共有できる。空間内でイベント参加，出勤，また商取引も可能。

メタボリックシンドローム

生活習慣病に関係するような肥満や高血圧，糖尿病などをあわせ持った，注意を要する状態。心筋梗塞や動脈硬化にかかるリスクが高くなる。

メンター

仕事上（または人生）の指導者，助言者のこと。メンター制度とは，企業においては，新入社員などの精神的なサポートをするために専任者を設ける制度をいう。OJT制度が元になっている。

メンタルヘルス

「心の健康状態」を表す言葉。メンタルヘルスが不調になると，脳の機能が低下し，集中力や判断力のほか，ものごとに対する意欲や好奇心が低下する。

メンバーシップ型雇用

明確な職務や役割を提示せずに人材を雇用する雇用システム。雇用後は割りあてた業務に従事させ，研修や業務のなかで経験やスキルを身につけさせる。

モーダルシフト

CO_2削減に向けて，自動車による輸送を鉄道輸送に代替するように，貨物や人の輸送手段の転換をはかること。

モバイル・コンピューティング

電話回線を利用し，携帯電話やPHS，小型コンピュータなどの携帯情報端末機を使って，いつでもどこからでも情報をやりとりすること。

や

ヤングケアラー

家族の介護や世話，家事や労働を日常的に担っている18歳未満の子どものこと。

有効求人倍率

労働力の需給バランスを示す指標の1つ。有効求職数に対する有効求人数の割合で，1倍を超えれば人手不足，1倍未満なら人手過剰。

ユニバーサルデザイン

身体的な障害や機能低下のある人のためだけでなく，だれも公平かつ自由に使用でき，容易に使用方法や情報が理解でき，無理なく安全に使えるようユニバーサル（普

遍的）にデザインされた商品や設計，アイディア。

ユーロ（EURO）

EUの共通通貨の名称およびその通貨単位。欧州連合加盟国のうち20か国（2023年現在）が用いている。

要介護・要支援認定

介護保険の被保険者が申請したとき，どの程度の介護や支援を必要としているのかを，市町村が設置している介護認定審査会が「全国一律の客観的な基準」によって調査・認定すること。

ら

ライフライン

本来「命綱」「生命線」の意味だが，転じてガス，水道，電気，電話，放送，道路，鉄道，流通など，ライン（線，管など）で結ばれた日常の生活を支える諸々のシステムをさすようになった。阪神・淡路大震災で，ライフラインがずたずたになり，復興と救援を困難にした。

ラムサール条約（国際湿地条約）

1975年に発効した「とくに水鳥の生息地として国際的に重要な湿地に関する条約」。条約加入国では，渡り鳥などの多い生息地として重要な湿地を登録，保護している。

ランニングコスト

企業内で設備や建物の維持，機器やシステムの保守・管理にかかる費用。導入の費用はイニシャルコスト。

リエンジニアリング

企業を根本から変える業務革新。業務の根本的革新。

リコール

法律やメーカーの自主判断にもとづいた欠陥商品の点検，修理，製品交換，代金の払い戻しなどの行動。

リスキリング（Reskilling）

職業能力の再開発，再教育のこと。企業のDX戦略に対応できるようにするための再教育という意味で使われている。

リスクマネジメント

リスクを組織的に管理（マネジメント）して，損失の回避や低減を図るプロセスをいう。リスク（Risk）と危機（Crisis）の違いから，危機管理とは区別される。

リストラクチャリング（事業の再構築）

企業が収益力の向上など経営体質を強化するために，不採算部門を整理したり別の事業に切り替えたりすること。バブル崩壊以後，リストラの動きが広がっている。

リテール

一般消費者向け小売り（⟺ホールセール＝卸売り）。

リファラル採用

人柄をよく知っている自社の社員や関係者から，紹介や推薦により採用選考の対象を決める採用方法。

累進課税

所得の増大にともなって納税額が増える課税制度。

レアメタル

天然の存在量が少なく，品質の高い金属で，技術開発やパソコン，携帯電話などに不可欠な金属。

レイオフ

労働者の一時解雇。

レガシーキャリア

フルサービスを提供する既存の大手航空会社のこと。逆に，効率化をきわめて低価格なサービスを提供する航空会社をLCC（Low Cost Carrier）という。

ロイヤリティ

著作権使用料。特許権・特殊なノウハウの所有者に，その使用料をライセンス契約によって支払う料金のこと。

労働災害（労災）

労働者が業務上，不可抗力もしくは安全衛生設備の不備などにより，負傷，罹病，死亡する事故が発生した災害のこと。

ロコモティブシンドローム

筋肉，骨，関節，軟骨，椎間板などのロコモ（運動器）に，加齢や生活習慣から衰えや障害が起き，日常生活や歩行が困難な要介護のリスクが高まる状態。

ロジスティックス

物流の調達・生産・販売・回収などの分野のこと。戦略的な経営管理といえる。

わ

Wi-Fi（ワイファイ）

限られた範囲で，パソコン同士やパソコンとインターネットを無線でつなぐ「無線LAN」の通称。

ワーキングプア

先進国で見られる新しい種類の「働く貧困層」のことで，正社員として（あるいは正社員並みに）フルタイムで働いても，最低の生活さえ維持できない（あるいは生活保護の水準以下の収入しか得られない）就労者の社会層をいう。

ワークシェアリング

社員1人あたりの労働時間を短縮し，限られた仕事をより多くの人で分け合うことで，失業問題を解決しようという手段。サービス残業が常態化している企業では人件費増加につながるなど，問題点もある。また，長期的に見れば日本経済の競争力低下につながりかねないという意見もある。

ワークライフバランス

仕事と生活のアンバランスが原因で起こる精神疾患・過労死，家庭崩壊などを抑えるために，「仕事と生活の調和」の必要性が叫ばれ，その取り組みが進められている。

ワーケーション

「ワーク」と「バケーション」を組み合わせた造語で，旅行先などで休暇をとりながら働くこと。

英略語

ADHD	注意欠陥／多動性障害	KPI	重要業績評価指標
AFTA	東南アジア自由貿易圏	LAN	企業内統合通信網
AI	人工知能	LCC	格安航空会社
AIDS	エイズ（後天性免疫不全症候群）	LDC	後発発展途上国（LLDCとも書く）
APEC	アジア太平洋経済協力閣僚会議	LGBTQ+	幅広いセクシャリティの総称
ASEAN	東南アジア諸国連合	LSI	大規模集積回路
ATC	列車自動制御装置	M&A	企業の合併・買収
B to B, B to C	企業間，企業対消費者間電子商取引	ME	マイクロエレクトロニクス
CASE	自動車業界の方向性	MMC	市場金利連動型預金
CATV	ケーブルテレビ	MR	複合現実
CO-OP	消費生活協同組合	MSF	国境なき医師団
COP	締約国会議	NAFTA	北米自由貿易協定
CP	コマーシャルペーパー（商業手形）	NASA	アメリカ航空宇宙局
CPI	消費者物価指数	NATO	北大西洋条約機構
CPU	中央演算処理装置	NPO	特定非営利活動・市民活動
CTBT	包括的核実験禁止条約	NPT	核拡散防止条約
DAC	開発援助委員会	OA	オフィス・オートメーション
DX	デジタルトランスフォーメーション	ODA	政府開発援助
EFTA	ヨーロッパ自由貿易連合	OECD	経済協力開発機構
EPA	経済連携協定	OEM	納入先商標による受託製造
FANGAM	GAFAM に Netflix を加えた呼び方	OJT	企業内教育
FAO	食糧農業機関	OPEC	石油輸出国機構
FTA	自由貿易協定	OS	オペレーティング・システム（基本ソフトウエア）
GDP	国内総生産	pH	ペーハー（水素イオン濃度）
GNE	国民総支出	PKF	国連の平和維持軍
GNH	国民総幸福度	PKO	国連の平和維持活動
GNP	国民総生産	POP	購入意欲促進広告
G7/G8	先進7か国蔵相・中央銀行総裁会議（ロシア参加⇒8か国＝G8）	POS	販売時点情報管理システム
		ppm	100万分の1の単位
HACCP	危害分析重要管理点方式。ハサップ	SDGs	持続可能な開発目標
IAEA	国際原子力機関	SNS	ソーシャル・ネットワーキング・サービス
IBRD	国際復興開発銀行（世界銀行）	3R	リデュース，リユース，リサイクルの 3R 原則
IC	集積回路	TOPIX	東証株価指数
IDA	国際開発協会（第二世界銀行）	TPP	環太平洋戦略的経済連携協定
ILO	国際労働機関	UN	国際連合
IMF	国際通貨基金	UNCTAD	国連貿易開発会議
INP	物価指数	UNDC	国連軍縮委員会
INS	高度情報通信システム	UNESCO	国連教育科学文化機関
IOC	国際オリンピック委員会	UNF	国際連合軍
IOS9000	国際標準化機構の品質管理システム規格の総称	UNHCR	国連難民高等弁務官事務所
		UNICEF	国連児童基金
IRC	国際赤十字社	VAN	付加価値通信網
ISO	国際標準化機構	VR	仮想現実
IT	情報技術	WFP	世界食糧計画
JA	日本農業協同組合	WHO	世界保健機関
JAS	日本農林規格	Win-Win	双方に利得のある状態
JETRO	日本貿易振興会	WIPO	世界知的所有権機関
JICA	国際協力機構	WTO	世界貿易機構
JIS	日本工業規格	WWF	世界自然保護基金
JOCV	青年海外協力隊	You Tube	インターネット動画共有サービス
KGI	重要目標達成指標		

万事遺漏のないように	功労者を慰労する	定期公演	講演会
異議を唱える	意義ある大会	部品交換	好感をいだく
意外な結果	それ以外	好機を逸する	好奇心
意志が弱い	意思表示	計画を公言する	巧言令色
一矢報いる	一糸乱れぬ	広告宣伝	即時抗告
一変した態度	一片の通知	口座振込	講座の設置
民族移動	人事異動	過小評価	税の過少申告
遺留品	辞意の慰留	親の形見	肩身がせまい
電車の運行	貨物船の運航	外科学会	学界で認められる
会社の沿革	遠隔の地	自然観察	行政監察
温情主義	恩情をかける	風景の観賞	絵画の鑑賞
概観する	建物の外観	感心なこども	関心を払う
快気祝い	怪奇な事件	官製はがき	管制塔
当時を回顧する	懐古趣味	火災感知器	関知しない
会心の出来ばえ	改心する	精密機械	器械体操
快速電車	快足ランナー	電気器具	農機具
料金改定	本の改訂版	技巧をこらす	歯科技工士
アンケート回答	数学の解答	規制緩和	政治資金規正
プールの開放	奴隷解放	既製服	規成事業
自然科学	化学反応	奇跡が起きる	軌跡をたどる
勝利の確信	核心に触れる	規定種目	既定方針
事業の拡張	格調が高い	記念行事	平和祈念
注意を喚起する	室内の換気	共有財産	権利の享有
利益の一部を還元する	甘言を使って誘い出す	苦渋の選択	苦汁をのむ
景気がよい	病気を契機にする	掲示板	神の啓示
戦局が急迫	財政が窮迫	厚生年金	自力更生
驚異の躍進	自然の脅威	工程管理	行程半ば
スターの競演	共演者	巧妙な手口	功名心
強行突破	強硬手段	債権者	債券の発行
競争が激しい	100m競走	最小限	最少得点
その点を強調	協調介入	練習試合	泥仕合
協同組合	共同住宅	諮問機関	口頭試問
傾向を分析する	蛍光塗料	ゴミ収集	事態の収拾
原価が安い	減価償却	身元照会	自己紹介
原形をとどめる	鋳物の原型	借金清算　　精算料金　　成算見込み	
現状維持	原状回復	人格形成	形勢不利

上司の決裁	決済手段	
思案顔	私案	試案
自衛手段	自営業	
資材置場	私財を投げ打つ	
それ自体	緊急事態	
プライバシーの侵害	どう考えても心外だ	
精巧な機械	温厚な性向	
正当防衛	正統派	
精力的	勢力拡大	
絶対禁止	絶体絶命	
その前後	善後策	
専任講師	役員の選任	
創造性	想像する	
発達を阻害する	仲間から疎外される	
調査対象	対照的性格	
大勢が決まる	体勢をととのえる	
親子の対面	体面を気にする	
計画の断行	国交の断交	
沈痛な表情	鎮痛剤	
目的の追求	責任の追及	
適正価格	適性検査	
摘要欄	法律の適用	
不法投棄	投機的動き	
本の発行	条約の発効	
必死に追う	倒産は必至	
人手不足	人出で賑わう	
意思表示	道路標示	
不純物	天候不順	
不信感	不審火	
経営不振	道路の普請	
不断の努力	普段から	
不変な態度	普遍の真理	
不用品	印鑑は不要	
平行線	平衡感覚	並行輸入

在外邦人	社団法人	
法定利息	裁判所の法廷	
保健所	生命保険	
身元保証	補償を求める	
有終の美	憂愁に閉ざされる	
教授の勇退	学生の優待券	
用件を済ます	要件を満たす	
本を著す	喜びを表す	
敵を討つ	拳銃で撃つ	
ドアを押す	委員に推す	
集計が済む	空気が澄む	
道順を尋ねる	知人を訪ねる	
写真を撮る	栄養を摂る	
便宜を図る	悪事を謀る	
障子が破れる	勝負に敗れる	
暑い夏	厚い本	熱い湯
魚が傷む	腹が痛む	死を悼む
罪を犯す	境界を侵す	
のどが渇く	空気が乾く	
仲を裂く	時間を割く	
布を断つ	連絡を絶つ	
けがを治す	寸法を直す	
夜が更ける	見た目が老ける	
金づかいが荒い	かごの目が粗い	
表彰を受ける	工事を請ける	
学問を修める	税金を納める	
機転が利く	薬が効く	
手で触る	気に障る	
災害に備える	仏壇に花を供える	
会社に勤める	司会を務める	
所期の目的	初期設定	
お蔭さま	影ひなたなく働く	
次官級会議	時間給	
自愛	慈愛	

誤りやすい国語表現

誤	正	意　　　　味
相づちを入れる	相づちを打つ	相手に同調すること。
悪が強い	灰汁が強い	その人特有の癖や個性が感じられること。
上げ足を取る	揚げ足を取る	小さなミスを大げさになじること。
怒り心頭に達する	怒り心頭に発する	心底から怒る。
一切かまわず	委細かまわず	どのような状況であっても。
一同に会する	一堂に会する	大勢が1か所に集まる。
印籠を渡す	引導を渡す	あきらめさせること。
上へ下への大騒ぎ	上を下への大騒ぎ	混乱している状態。
鋭気を養う	英気を養う	気力を充実させる。
押しも押されぬ	押しも押されもせぬ	名実ともに優れている。
押して知るべし	推して知るべし	推測すればすぐにわかること。
関心を買う	歓心を買う	気に入られようとする。
聞いた風	利いた風	知ったかぶった様子。
機を一にする	軌を一にする	同じ考え方。
肝に命じる	肝に銘じる	忘れないようにする。
興味深々	興味津々	興味が絶えずあふれ出て尽きない様子。
均頭割り	均等割り	平等に分けること。
汚名挽回	汚名返上・名誉挽回	よくない評判を取り除き，名誉を回復すること。
一把一からげ	十把一からげ	どれもこれもきわめて価値のないものとして，多数をひとまとめに扱うこと。
常軌を失する	常軌を逸する	常識はずれな扱いをする。
寸暇を惜しまず	寸暇を惜しんで	少しの時間も大切にして。
是が否でも	是が非でも	何としてでも。
同業（同類）相憐れむ	同病相憐れむ	同じ境遇を持つもの同士が，互いに同情し合う様子。
無しのつぶて	梨のつぶて	まったく返事・連絡のないこと。
的を得た	的を射た	的確な。
眉をしかめる	眉をひそめる	不愉快になる。
満を期す	満を持す	十分に準備する。
胸先三寸に納める	胸三寸に納める	心のなかに隠しておくこと。
命運を分ける	明暗を分ける	結果の善し悪しがはっきり分かれること。

間違えやすい慣用表現

慣 用 表 現	意　　　　　　味
言い得て妙	状態を言いあてた巧みな表現。
気が（気の）置けない	遠慮せずに何でも言える（〜仲間）。
件のごとし	例のように。いつもの決まりの。
順風満帆	船が追い風を受けて勢いよく進むように，ものごとがうまく進んでいく様子。
青天の霹靂	（晴れた青空に，にわかに雷が起こる様子を表し）突然に起こる変動や急に生じた大事件。
鶴の一声	権威者・有力者などの発する一声が，周囲の者を圧倒すること。
情けは人のためならず	人に情けをかけておけば，めぐりめぐっていつかは自分のところに戻ってきてよい報いを受けられるということ。
目から鼻に抜ける	優れて賢いこと。あるいは，抜け目がなく敏捷な様子。
役不足	その人の力量に比べて，役目が軽過ぎること。

ことわざミニ辞典

こ　と　わ　ざ	意　　　　　　味
あつものに懲りてなますをふく	一度失敗したのに懲りて，意味のない用心をすること。
石に漱ぎ，流れに枕す	こじつけて言い逃れること。負け惜しみの強いこと。
隗より始めよ	遠大なことをなすためには，まず身近なことから始めること。
勝って兜の緒を締めよ	何かに成功したら気をゆるめず，次に備える。
禍福はあざなえる縄のごとし	禍（不幸）と福（幸福）は縄がよれ合うようにつねに変化する。
漁夫の利	双方が相争う隙につけこんで第三者が利益を横取りすること。
腐っても鯛	本当に優れたものは，だめになったようでもなお値打ちを保つ。
逆鱗に触れる	目上の人の怒りを買うこと。
光陰矢のごとし	月日のたつのは速いということのたとえ。
好事魔多し	よいことには邪魔が入りやすいこと。
後世畏るべし	あとから生まれた年下の者にも学ぶべきことは多い。
紺屋の白袴	自分の専門でも，自分自身に関しては案外おろそかにしがちなこと。
五十歩百歩	大差のないこと。
虎穴に入らずんば虎児を得ず	危険を冒さなければ大きな成果は得られないということのたとえ。
人事を尽くして天命を待つ	人間ができる限りの努力をして，あとは天からの運に任せる。
断じて行えば鬼神もこれを避く	強い意志を持って行えば，障害はおのずと取り除かれる。
ならぬ堪忍するが堪忍	できないような我慢をすることこそが我慢である。
人間万事塞翁が馬	世の中に吉凶禍福の転変つねないこと。
門前の小僧習わぬ経を読む	日頃見聞きして慣れていると，知らず知らずのうちにそれを学び取っていけるということ。

本書に関するお問い合わせに関して

●正誤に関するご質問は，下記いずれかの方法にてお寄せください。
・弊社Webサイトの「お問い合わせフォーム」へのご入力。
　https://www.jikkyo.co.jp/contact/application.html
・「書名・該当ページ・ご指摘内容・住所・メールアドレス」を明記の上，FAX・郵送等，書面での送付。
　FAX：03-3238-7717
●下記についてあらかじめご了承ください。
・正誤以外の本書の記述の範囲を超えるご質問にはお答えいたしかねます。
・お電話によるお問い合わせは，お受けしておりません。
・回答期日のご指定は承っておりません。

表紙デザイン
難波邦夫
本文基本デザイン
田内　秀

要点と演習　ビジネス能力検定ジョブパス3級　2024年度版

2024年3月30日　初版第1刷発行

●**著作者**──ビジネス能力検定ジョブパス研究会
　　　　　　杉﨑みどり
　　　　　　城戸　宏之

●**発行者**──小田　良次

●**印刷所**──株式会社広済堂ネクスト

〒102-8377
東京都千代田区五番町5
電話〈営　　業〉（03）3238-7765
●**発行所**　実教出版株式会社　　〈高校営業〉（03）3238-7777
　　　　　　　　　　　　　　　　〈企画開発〉（03）3238-7751
　　　　　　　　　　　　　　　　〈総　　務〉（03）3238-7700
　　　　　　　　　　　　　　　　https://www.jikkyo.co.jp

ISBN978-4-407-36362-3

▌要点と演習　ビジネス能力検定ジョブパス３級　解答

■第１編　演習

演習1（p.11〜15）
1〜**3**　解答略

演習2（p.25〜27）
1　1.−(3)　2.−(3)　3.−(3)　4.−(2)
　　5.−(4)　6.−(1)　7.−(1)　8.−(2)
2　(4)
3　ア

演習3（p.36〜43）
1　1.−ウ　2.−ア　3.−ウ　4.−ウ
2　(1)ク　(2)カ　(3)ア　(4)ウ　(5)エ
　　(6)キ　(7)コ　(8)イ　(9)オ　(10)ケ
3　(1)ア　(2)キ　(3)ク　(4)ケ　(5)オ
　　(6)ウ　(7)カ　(8)コ　(9)エ　(10)イ
4　1.−ア　2.−ウ　3.−イ　4.−イ
5　1.−ウ　2.−ア
6　1.−ウ　2.−ウ　3.−ア　4.−イ　5.−ア
7　1.−ウ　2.−イ　3.−イ
8　1.−イ　2.−イ　3.−ウ
9　1.−ウ　2.−イ
10　1.−ウ　2.−ア　3.−エ

演習4（p.49〜55）
1　1.−イ　2.−ア　3.−イ　4.−イ
2　(1)初めてなので，案ができたら相談にのってくださ
　　　いますか。
　　(2)一部しかないので，できたらコピーをとってくだ
　　　さい。
　　(3)申し訳ありません。いまから外出しますが，お急
　　　ぎですか。
　　(4)いま手帳で確認するからちょっと待ってください。
3　1.−イ　2.−ウ　3.−ア
4　1.(1)カ　(2)キ　(3)ア　(4)オ
　　2.(1)ウ　(2)キ　(3)ク　(4)ア
　　3.(1)イ　(2)ア　(3)オ
　　4.(1)ウ　(2)オ　(3)イ
5　1.−ウ　2.−ウ　3.−ア　4.−ア
6　1.−ウ　2.−イ　3.−ア
7　1.−ウ　2.−エ　3.−ア

演習5（p.62〜67）
1　1.−ウ　2.−ア　3.−ウ　4.−ア
2　(1)イ　(2)ア　(3)エ　(4)ウ
3　1.−ウ　2.−エ　3.−ウ
4　1.−ウ　2.−ア
5　1.(1)イ　(2)エ　(3)オ　(4)キ　(5)ケ
　　2.(1)イ　(2)エ　(3)カ　(4)ク
6　1.−イ　2.−ウ　3.−ウ

7　(1)私（わたくし）
　　(2)私ども（わたくしども），てまえども
　　(3)当社
　　(4)御社
　　(5)どちらさま
8　1.−エ　2.−エ
9　1.(1)カ　(2)イ　(3)オ　(4)ア
　　2.(1)ア　(2)エ　(3)カ　(4)キ
10　(1)それはやはりいたしかねます。
　　(2)その問題は大変困難です。
　　(3)お手紙を拝見いたしました。
　　(4)当社（小社，弊社）の社長は稲垣と申します。
　　(5)はい，かしこまりました（承知いたしました）。
　　(6)ご心配いただきまして，ありがとうございます。
　　(7)またのお越しをお待ちしております(お待ち申し
　　　上げております)。
11　1.(1)どういうご用件でしょうか。
　　　(2)いかがでしょうか。
　　　(3)少々お声が遠いのですが。
　　　(4)（失礼ですが）お名前はなんとおっしゃるの
　　　　でしょうか。
　　2.(1)ございません。
　　　(2)いたしかねます。
　　　(3)存じません。
　　　(4)さようでございます。
　　3.(1)少々お待ちください。
　　　(2)〜していただけませんでしょうか。
　　　(3)おいでください。お越しください。
　　　(4)お聞きになってください。おたずねください。
12　(1)部長はただいま出かけております。
　　(2)私どもの課長の山田が，よろしくと申しておりま
　　　した。
　　(3)清原部長はいらっしゃいますか。
　　(4)久保田さまとおっしゃる方が，明日いらっしゃる
　　　ことになっております。
　　(5)会議室でお待ちください。
　　(6)どちらさまでいらっしゃいますか。
　　(7)ご予定は本木課長におたずねください。
　　(8)同封の文書をご覧ください。
　　(9)不明の点がございましたら，下記へおたずねくだ
　　　さい。
　　(10)この文書は，部長がお書きになりました（書かれ
　　　ました）。
　　(11)そのようなことは，いたしかねます（が）。
　　(12)そのようなものはございません（が）。
　　(13)ゴルフをなさいますか。
　　(14)ただいま，呼んで参りますので，少々お待ちくだ
　　　さい。
　　(15)御社（貴社）へお伺いしてもよろしいでしょうか。

演習6（p.72〜75）
1 1．－ウ 2．－ウ 3．－イ
　　4．－ア 5．－イ 6．－ウ
2 1．－イ 2．－ウ 3．－ウ
3 (1)ア (2)イ (3)エ (4)オ (5)ウ
4 (1)ウ (2)イ (3)ア (4)エ (5)カ (6)オ

演習7（p.93〜102）
1 1．－イ 2．－ウ 3．－イ 4．－ア
2 1．(1)イ (2)エ (3)オ (4)キ
　　2．ⓐ10時にお約束なさったそうです。
　　　　ⓑただいま部長の森が参ります。
　　3．－イ
3 1．－ウ 2．－ウ 3．－ウ 4．－イ 5．－ア
4 1．－イ 2．－ウ 3．－イ 4．－ア
5 1．－ウ 2．－イ 3．－イ
6 1．－エ 2．－ウ
7 1．－イ 2．－ア 3．－イ 4．－イ
8 1．－エ 2．－ウ 3．－エ
9 1．－ウ 2．－エ 3．－ウ 4．－ウ
10 1．－ウ 2．－エ 3．－ウ
11 (1) 乗用車（自家用）　　(2) 乗用車（タクシー）

(3) 列車　　　　(4) 宴席

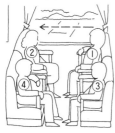

演習8（p.107〜108）
1 1．－ウ 2．－イ 3．－ウ 4．－エ 5．－ア
2 (1)ア (2)エ (3)ク (4)カ
3 (1)イ (2)エ (3)カ (4)ク

■**第2編 演習**

演習1（p.116〜117）
1 1．(1)オ (2)エ (3)イ
　　2．(1)イ (2)オ (3)ア
2 (1)エ (2)イ
3 1．－ウ 2．－ウ 3．－ア
　　4．－イ 5．－イ 6．－ア

演習2（p.140〜159）
1 1．(1)イ (2)ウ (3)オ (4)キ
　　2．(1)ウ (2)ア (3)オ (4)ク
　　3．(1)イ (2)エ (3)オ (4)ク (5)キ (6)サ (7)シ
2 1．－イ 2．－ウ
　　3．

ア	課長でないのは松井さんだけである。
	松井さんだけが課長なのではなく，課長はほかにもいる。
イ	社長（九州に出張中）の秘書から，電話があった。
	社長の秘書（九州に出張中）から，電話があった。
ウ	新入社員全員と総務課員の半数が出席する。
	新入社員と総務課員のそれぞれ半数が出席する。
エ	この製品も，前の製品と同様に，爆発的には売れないだろう。
	この製品は，前の製品とはちがって，爆発的には売れないだろう。
オ	8月1日の午後か，8月2日の午後にお伺いします。
	8月1日中か，8月2日の午後にお伺いします。
カ	このスーパーには，なんでもそろっている。
	このスーパーにはない。

　　4．ア．異議　イ．関心　ウ．現状
　　　　エ．競争　オ．改定　カ．異動
　　　　キ．適用　ク．追及　ケ．大勢
　　　　コ．核心　サ．過小　シ．泥仕合
　　　　ス．私財　セ．必至
3 カ
4 1．(1)ア (2)オ (3)エ (4)キ
　　2．(1)ク (2)ス (3)オ (4)サ (5)イ (6)ア (7)コ
　　3．(1)ウ (2)エ (3)カ (4)ア
5 1．－イ 2．－ウ 3．－ウ 4．－ウ 5．－イ
6 (1)イ (2)ウ (3)カ (4)オ
7 (1)カ (2)ウ (3)エ (4)ク
8 1．(1)ア (2)エ (3)カ (4)ク
　　2．－ア
　　3．－エ
9 1．(1)ア (2)ウ (3)オ (4)キ
　　2．－エ
　　3．－ア
10 1．(1)イ (2)ア (3)オ
　　2．ア
　　3．ウ

11 1．(1)イ　(2)ウ　(3)カ　(4)キ
　 2．(1)エ　(2)ア　(3)キ　(4)ク
　 3．(1)イ　(2)ウ　(3)カ　(4)ク　(5)ケ　(6)サ
　 4．(1)イ　(2)ウ　(3)カ　(4)キ
12 1．－エ
　 2．－ウ
13 1．－ウ
　 2．－ア
14 1．(1)カ　(2)ア　(3)エ　(4)キ
　 2．－オ
15 1．(1)イ　(2)エ　(3)オ　(4)ク
　 2．－ア
16 1．(1)イ　(2)エ　(3)キ　(4)ク
　 2．－ア
17 1．(1)エ　(2)キ　(3)カ　(4)ア
　 2．－ア
18 1．(1)ア　(2)エ　(3)カ　(4)キ
　 2．－エ
19 1．(1)ウ　(2)カ　(3)オ　(4)ク
　 2．－ア
20 1．(1)ア　(2)カ　(3)ク　(4)ケ
　 2．－イ
21 1．(1)イ　(2)オ　(3)ク　(4)ウ
　 2．－ウ
22 イ
23 1．－イ　2．－ウ
24 (1)ネチケット
　 (2)SNS
　 (3)ダウンロード・アップロード
　 (4)メーリングリスト
　 (5)Web会議
25 1．ワープロソフト…企画書の入力
　　　インターネット閲覧ソフト（ブラウザソフト）
　　　表計算ソフト
　　　データ処理グラフ作成
　　　（画像処理ソフト…デジタルカメラ画像の読み
　　　込み。ソフトを使わなくても読み取れる場合も
　　　ある。）
　 2．企画の内容よりもパソコンを使って体裁よく仕
　　　上げることにばかりに集中していたから。

演習3（p.169〜170）
1 1．(1)ウ　(2)オ　(3)ク　(4)ア
　 2．(1)ウ　(2)エ　(3)ア
　 3．(1)イ　(2)カ　(3)エ
　 4．(1)ア　(2)エ　(3)ウ
　 5．(1)エ　(2)ア　(3)イ
　 6．(1)ウ　(2)ア　(3)イ

2 1．(1)イ　(2)エ　(3)カ　(4)キ
　 2．

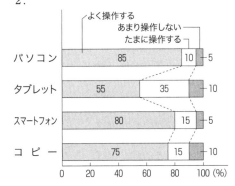

演習4（p.176〜177）
1 1．① 「公衆Wi-Fi」
　　 ② 「次世代型普及へ　都が整備」
　　 ③ 「まず年度内に670カ所」
　　 ④ 「安全な通信，観光・災害時も」
　 2．(1) 安全で使い勝手のよい
　　 (2) 都立学校，1000カ所
　　 (3) エリア，民間，区市町村
　 3．無線通信区間が暗号化され盗聴などの危険が少
　　 なく，1度登録すればパスワードなどの入力な
　　 しに自動接続できるため利便性も高い。
　 4．鉄道駅や空港，ホテル，飲食店，商業施設など
　　 の民間施設や区市町村施設
　 5．(1) 基幹インフラ（インフラ）
　　 (2) どこでも，何があっても
　　 (3) 平時，次世代公衆Wi-Fi（公衆Wi-Fi）
　　 (4) 高齢者，デバイス

演習5（p.180〜182）
1 1．－イ　2．－ウ
2 (1)エ　(2)カ　(3)キ　(4)オ　(5)ク　(6)ケ　(7)セ　(8)ス
3 1．イ　2．イ　3．ア　4．エ　5．エ

■模擬試験問題

問題1（p.184）
(1)①ア　②ウ　(2)イ　(3)イ　(4)イ　(5)ウ

問題2（p.185）
(1)イ　(2)イ　(3)ア　(4)イ　(5)ウ

問題3（p.186）
(1)ア　(2)ア　(3)イ　(4)ウ　(5)ウ

問題4（p.187）
(1)ア　(2)ア　(3)ウ　(4)ウ　(5)ア

問題5（p.188〜189）
(1)ウ　(2)ウ　(3)イ　(4)ア　(5)イ

問題6（p.190〜191）
(1)イ　(2)イ　(3)イ　(4)イ　(5)ウ

問題7（p.192〜194）
(1)ウ　(2)イ　(3)ア　(4)ウ　(5)イ

「問題7はビジネス能力検定ジョブパス（令和5年12月3日実施）出題問題」

■時事問題

●**問題1**（p.195）
(1)　①生成AI（人工知能）
　　　②文章や画像
　　　③モデル
(2)　④大谷翔平＆WBC（ワールド・ベースボール・クラシック）
　　　⑤WBC優勝
　　　⑥阪神タイガース
　　　⑦本塁打王
　　　⑧大谷売れ
(3)　⑨円安リッチ訪日客
　　　⑩免税売上高
(4)　⑪chocoZAP（チョコザップ）
　　　⑫101万

●**問題2**（p.196〜197）
(1)ウ　(2)ア　(3)ウ　(4)イ

●**問題3**（p.198〜199）
(1)ウ　(2)エ　(3)イ　(4)ウ

●**問題4**（p.200）
(1)　2050年の国内の大学入学者が49万人になる。
(2)－イ
(3)　①800　②101　③80　④留学生数　⑤80